ニュープレーヤーによる
ニューゲーム

ハイレバレッジ
不動産投資

High Leverage
Real Estate Investment

川津昌作 著
Kawatsu Shosaku

清文社

は　し　が　き

　アメリカのメジャーリーグ。すでに同国でも人気選手となったイチローが、やはりメジャーを代表するサイヤング賞投手、アスレティックスのバリー・ジトの投げた大きく変化するカーブにのけぞりながら、何とかヒットにする。ボールパークの歓声が、最高潮に達する瞬間である。

　イチローはポスティングと呼ばれる入札方式による競争入札によって、最も高い値段をつけたマリナーズに入団した。一方、バリー・ジトは、アスレティックスのゼネラルマネージャー（GM）に見出され開花した投手である。デビュー以来3年間、非常に低い年俸であったにもかかわらず、2002年に投手部門の最高峰、サイヤング賞を獲得した。また、年俸だけで言えば、言わずと知れたニューヨークヤンキースのA・ロットは、28億円の年俸を手にヤンキースへ移籍した。2004年のことである。

　球団にとってかけがえのないこれらの資産は、どのような考えに基づいて評価され、その結果、どのような貢献を球団にもたらしたのであろうか。

　今、アメリカメジャーリーグにおいて、1つの新しい潮流が生まれようとしている。それはまったく野球経験のないハーバード大学等の著名な最高学府を卒業した若者が、ファーム（市場）に埋もれた選手（資産）を新しいビジネスモデル、データ処理によって評価し、見出しているという事実である。

　新しいビジネスプレーヤー（マネージャー）の登場が、メジャーリーグ市場にどのような影響をもたらしていくのか。非常に興味深いところである。

　将来の価値を評価することができれば、大儲けができる。このような投資家のニーズは、デリバティブ商品の評価という革新的な投資技術を生み出し、その後の投資市場の成長に大きく貢献した。投資を評価することの本質は何だろうか。投資の対象となる資産価値は、市場の中で変動する。

ここで質問してみよう。ソニーの業績変動と、あなたのお住まいの賃貸マンションの家賃の変動とでは、どちらが大きいであろうか。
　これは当たり前と言ってもよいだろう。賃貸マンションの家賃の方が、変動幅は少ないはずである。家賃が毎年大きく変動する話など、聞いたことがない。
　なのになぜ、不動産投資はリスクが高いと言われるのであろうか。
　これにはさまざまな考え方があるが、その1つとして、バブル経済の崩壊を経験し、未だそのトラウマに怯えている投資家が、リスクを過大評価してしまうことをその要因として挙げられる。
　不動産投資に対して期待する収益は、不動産投資をすることによって引き受けるリスクの対価として取得するものである。明らかに得る期待収益よりリスクが高ければ、投資はなされない。反対に期待収益に対してリスクが低いと判断したならば、投資が行われるはずである。リスクを過大評価すれば、当然、投資は抑制される。
　バブル経済の時期には、リスクマネジメントどころか、"リスク"という言葉すらなかったことは説明するまでもない。「ポストデフレ時代」と言われても、リスクの概念、リスクマネジメントの技術がなければ、当然適正なリスクを評価することもできず、やみくもにリスクを過大評価することになってしまう。
　高い投資技術に基づく評価ができなければ、ビジネスリスク、市場リスク、金利変動リスク、財務リスク、流動性リスク、リーガルリスク、為替リスク、信用リスク、環境リスク、担保リスク、価値変動リスク、バランスシートリスク、地震リスク、土壌汚染リスク、デフォルトリスク、地政学リスク、競争リスク、ポートフォリオリスク、モデルリスク、クロージングリスク、アスベストリスク等々、すべてのリスクを重ねなくてはならない。
　何にでも単純に"リスク"という言葉をつければリスクの精通者になれるようなリスク市場では、投資は成り立たない。

今、このようなリスクの本質を正確な技術で評価し、リスクをヘッジして不確実性を低くしつつ高いレバレッジを効かせ、高い収益性を目指して果敢に投資を行っているビジネスプレーヤーが市場に登場し始めた。リスクマネーを使って投資を行う新しいセクターである。特にリスクマネーを使って行う象徴的な投資ビークルが、不動産ファンド、REIT（リート）である。ただし、ポストデフレ時代の不動産投資の特徴を、これらのファンドビジネスと限定してしまうことは大きな間違いである。ニュープレーヤーによるニューゲームの本質は、リスクマネーを使って絶対的な利益を目指すことにある。

　バブル経済時期の投資はリスクマネジメントを何らせず、いきなりレバレッジを効かせる手法であった。しかしながら新しい手法においては、独自に開発された投資技術を駆使して、高度にマネジメントされた収益にレバレッジを効かせる。リスク評価、投資マネジメント技術、そしてレバレッジの本質を理解している新しいプレーヤーによる不動産投資である。

　彼らは、日本のバブル経済時の不動産投資の経験がほとんどない30代の新しい市場参入者であり、海外で不動産投資の実践を行っていた人たちである。またあるいは、シンクタンク、証券業界等、従来の不動産市場の投資手法とはまったく異なった概念で新たに参入してきた人たちである。

　このような潮流を受け、最近日本でも大学院等のビジネススクールで不動産投資論のコースが登場しつつある。早稲田大学、明治大学、慶應義塾大学、明海大学、日本大学等、大学院のファイナンスの課程において不動産投資論が重要視され始めた。彼らの新しい知識・理論のバックアップを提供できる環境ができつつあるわけだ。

　ではなぜ、ここに至って、ニュープレーヤーによる「新しい革新的」な投資技術が市場で顕在化してきたのであろうか。

　1970年代、高度成長期の調整、オイルショックを経て、1980年代から景気

の回復が始まり、不動産投資市場も新しい局面に入った。一般の投資家が不動産投資市場に参入し、多くの不動産投資が始まった。やがて市場は過熱し、バブル経済となり、破綻、そしてデフレ不況を経てポストデフレ時代になり、今、回復基調から成長基調に入ろうとしている。

　この一連の市場サイクルの完結の中で、市場のダイナミックな変動に応じた新しい投資戦略、マネジメントに対する要求が市場にニーズとして現れ、それに応えた技術が確立されてきたのがこの要因である。成長時のハイレバレッジビジネスだけでなく、調整・停滞期のディストレスアセットビジネス等、市場サイクルの中で投資技術が連結したのだ。

　不動産投資市場におけるこのような革新的な不動産投資技術の登場は、ファンド、J-REITといった市場の上位に位置する投資ビークルだけのものではない。これらの技術の確立によって最も恩恵を受けるのは、上質な投資戦略、マネジメント技術を持ち得ない個人レベルの実物不動産投資家であろう。

　例えば、ディストレスアセットをマネジメントできるバイアウトファンド等が存在する市場では、出口戦略に多くの選択肢を与え、流動性リスクが低い魅力のある不動産投資市場となり、個人の市場への参入をより可能とする。個人の投資家層が成功し、成長し、さらに不動産投資が進めば、不動産投資市場のボトムアップともなり、層の厚い市場となる。その結果、活性化された市場となれば、経済全体を引っ張る牽引にもなりえるわけだ。

　しかし、その一方でニュープレーヤーによる迷走も市場で顕在化し始めている。一部IT関連企業の時価総額至上主義によるさまざまな疑惑問題である。投資事業体の時価総額は成長度合いを測る重要な尺度である。結論から申し上げると、不動産投資ファンドも、安価な資産を購入し再生して評価を高めることによって大きな投資成果を挙げる。そしてこのような物件購入をし続ける限りファンドは永遠に成長し続ける。もし新規物件の取得をやめれば、既存の所有物件の家賃収入だけが投資成果となる。これは投資概念の成

長ではない。投資概念においては、成長は再生技術、ブランド価値の付加戦略を通じて、レントが改善し資産の評価が上がることを通じて実現するものである。しかし、そこには資産を再生するという社会ニーズを満足することによってはじめて、市場における存在価値がある。どのような社会ニーズが市場にあり、どのような投資活動を通じてニーズに応えるかは、常に自問自答しなくてはならない。

　さあ、バブル経済の崩壊のトラウマによるリスクプレミアムの過大評価に陥らず、果敢にリスクに立ち向かう「ニュープレーヤーによるニューゲーム」の始まりである。

　本書は、これらニュープレーヤーによるニューゲームの本質とその戦略について著したものである。

　本書が、新しいビジネスモデルを持って、新しく証券、金融、建設等の各分野から不動産投資市場へ、果敢にリスクポジション取りに参加してくるニュープレーヤーが、今後の不動産投資市場の多いなる成長に貢献するための一助となれば幸いである。

　なお、本書は著者の前著作『不動産投資戦略』(清文社、2004年)の中で紹介したプロパティマネジメント、アセットマネジメント、リスクヘッジ技術を用いて書いたものである。このため本書では、これら技術の仔細な内容については言及していない。必要に応じて前著作を参照していただきたい。

　末筆ではあるが、本書における種々の分析にあたりデータを利用させていただいた株式会社生駒データサービスシステム(IDSS)をはじめ多くのシンクタンクに感謝申し上げたい。

平成18年2月

川津　昌作

目次

第1章 ニュープレーヤー・ニューゲーム

1.1 不動産投資におけるレバレッジ　　*3*

　　Column 1　資本政策　　*19*

1.2 ニュープレーヤー・ニューゲームの誕生　　*21*

1.2.1　リスクマネーとは？　*22*

　　Column 2　不良債権　　*28*

1.2.2　世界のリスクマネー市場はどのような状況にあるのか？　*30*

　　Column 3　レーガノミクス　　*35*

1.2.3　ファイナンス理論の歴史　*37*

　　Column 4　ガウスの最小二乗法と正規分布　　*47*

1.2.4　市場の新しいニーズに応える新しい技術革新　*50*

　　Column 5　多様性　　*59*

1.2.5　ヘッジファンドビジネスの特徴　*61*

1.2.6　日本の年金市場に何が起きているのだろうか？　*66*

第2章　アクティブな不動産投資ビジネス

2.1　不動産投資市場の効率性　　77

Column 6　金利　*81*

2.2　日本の不動産マネジメントの体系　　83

2.2.1　プロパティマネジメント　*84*

Column 7　ブランドプロパティマネジメント戦略　*87*

2.2.2　リスクヘッジ技術　*89*

2.2.3　アセットマネジメント　*93*

2.2.4　レバレッジの決定（資本政策）　*95*

Column 8　ストラクチャードファイナンス　*98*

2.3　レバレッジによる成長戦略　　99

2.4　日本の実物不動産投資におけるレバレッジ　　101

2.5　投資ビークルにおけるハイレバレッジの組成　　104

2.6　リスクマネジメントとレバレッジ　　112

2.7　日本の不動産ファンド　　115

第3章 投資市場の市場サイクル

3.1	限界投資効率	*125*
3.2	リスクプレミアム	*130*
	Column 9　システマティックリスクとアンシステマティックリスク	*134*
3.3	リスクプレミアムと資産評価	*136*
	Column 10　資本コスト　*140*	
3.4	市場サイクルと不動産投資	*142*
	Column 11　バブル経済　*148*	
3.5	不良債権と再生	*150*
3.5.1	バブル経済の発生と崩壊　*150*	
	Column 12　ケインズ経済学　*154*	
3.5.2	バブル経済破綻後の日本再生　*158*	
3.6	市場サイクルと不動産投資ビジネス	*163*
3.7	アービトラージとバリューアップ	*168*
3.8	ポストデフレ経済下の市場メカニズム	*171*
3.9	資産とファンドの流動化	*174*

第4章 投資の成長

- 4.1 成長とは　*179*
- 4.2 適正な成長ポジション　*182*
- 4.3 「日本」という投資ビークルの成長　*187*
  - Column 13　市場の失敗　*199*
- 4.4 新しい投資ビークル　*201*
  - Column 14　導管性　*208*
- 4.5 知的無形資産——ニュープレーヤー　*209*
  - Column 15　ダイナミックな投資資産評価　*214*

第5章 個人による実物不動産投資　*217*

 終 章　*225*

 補 論　**不動産投資における収益の特徴**

1　不動産投資の収益特性　*241*

2　東京・大阪・名古屋の賃貸マンション市場における賃料特性の調査　*255*

　（1）　調査分析の背景とその目的　*255*
　（2）　サンプルデータに関する補足事項　*258*
　（3）　推定結果及び分析　*259*
　（4）　調査の分析総括と今後の課題　*265*

●参考文献　*267*
●索引　*270*

装幀・デザイン　東 雅之

第1章

ニュープレーヤー・ニューゲーム

1.1 不動産投資におけるレバレッジ

1.2 ニュープレーヤー・ニューゲームの誕生

1.1 不動産投資におけるレバレッジ

レバレッジ（leverage）の理論自体は、決して新しい考え方ではない。難解な数学の公式・定理を用いた均衡モデルとは違い、きわめて単純な仕組みである。ましてやビジネススクールではなく、大学のファイナンスのレベルで登場する理論である。

レバレッジの仕組みとは、不動産投資をする時に自己資金であるエクイティ資金だけでなく、外部からのデット資金を用いることによって、単純に投資の借入金利と収益[1]性（投資利回り）の関係において、収益性が借入金利より高ければ「正のレバレッジ効果」を生じ、収益性より借入金利が高ければ「逆のレバレッジ効果」が生じるというものである。理論的な机上論としては、これ以上の説明はない。

しかし、実際の不動産投資市場の現場では、単に投資の収益性と借入金利の関係といっても、金利が一定で収益性が改善されるケース、収益性が一定であるが金利が下がることによって正のレバレッジ効果が生じるケース。あるいは収益性が一定で金利が上昇するケース、金利が一定で収益性が悪化することによって逆レバレッジ効果が生じるケースがある。そしてさらに、これら正のレバレッジ効果、逆のレバレッジ効果が、実際の投資成果である成長にどのように貢献するのか、又はどのような壊滅的な破綻をもたらすのかということが、実際の不動産投資を行う上で非常に重要になる。

日本の大学のファイナンスの課程においては、レバレッジを財務リスクの指標として捉えるのが一般的である。レバレッジが高ければ（LTV、負債比率あるいは借入比率が高い状況）、当然ファンダメンタルズの変化等によって逆レバレッジになると、破綻する確率が高くなる。これを財務上のリスク[2]概念として捉えているわけである。

---

[1] 収益：投資における収益とは、家賃等の収入から経費を控除した純利益を意味する。

逆レバレッジが生じて財務上のバランスを失い、仮に債務超過を起こす可能性がある場合、バランスシート上から資産をオフバランスさせる**出口戦略**(3)、資産の収益を改善させるバリューアップ戦略等が最初から用意されていれば、財務上のアンバランス自体が直接投資主体の破綻につながるほどのリスクになるわけではない。

　債務超過による信用不安を担保する準備がなされていない場合、信用リスクを招き、出口戦略がなければ当然流動性リスクとなり、投資主体を破綻させてしまう。このように考えるレバレッジの仕組みを多用する場合、単に投

■図表1－1　投資ビークルの構造

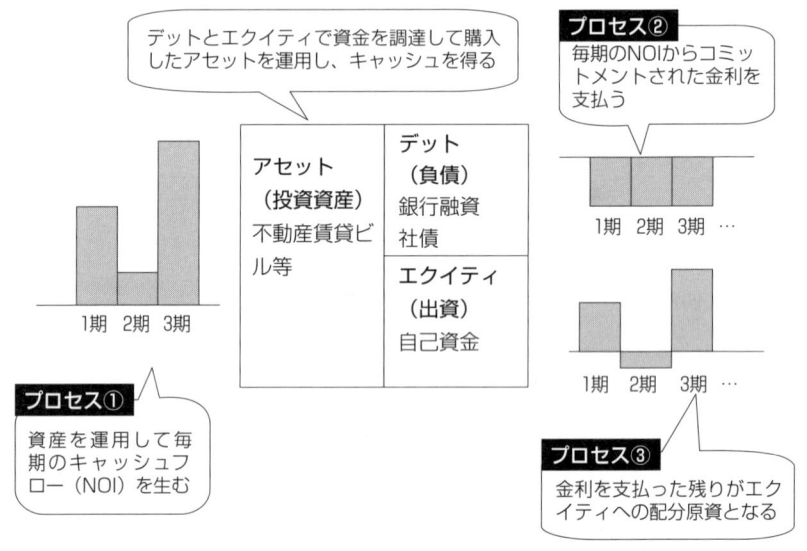

(2) **リスク**：リスクとは、変動を意味する。例えば、期待収益率の変動が大きければリスクが大きくなり、変動が小さければリスクは小さくなる。変動が大きいということは、期待以上に収益が大きく上がったり、また、期待以下に大きく下がったりする。リスクは一般に、大きく下がるダウンサイドのリスクを指す。

(3) **出口戦略**：投資資産を半永久的に保有するバイホールド戦略に対し、期間を想定して、その間の運用、売却益をトータルして投資成果とする投資戦略が、バブル経済崩壊以降、主流となってきた。出口とは、資産を売却してキャッシュインする状態をいう。はじめからどのような状況で出口を計画するかという投資の最も重要な戦略である。

資形態の資本政策上のリスクである財務リスクの範囲だけで考えるのではなく、不動産投資が直面するあらゆる成長戦略、リスクのマネジメント、市場のメカニズムにまで視野を広げてマネジメントする必要がある。

　不動産投資を行う場合、100％自己資金であるエクイティ資金で行うケースもあるが、通常、ある程度の銀行の融資資金、あるいはノンリコースローン資金等のデット資金を用いて資金調達を行い、資産を購入して投資行動を行う。このエクイティ資金とデット資金の、戦略的に最適な組み合わせを目指すことが、投資主体の資本政策となる。

　投資主体は、個人をはじめ、株式会社、その他の法人、**特定目的会社（SPC）**[4]、ファンド、パートナーシップ、協同組合等、さまざまな投資形態（ビークル）を用いる。このような投資形態の中で、戦略的な資本の組み合わせを選択し、より競争優位ある投資の成果を目指す。「戦略的」とは、投資主体が目指す成果の実現にとって「最も良い選択肢を選ぶこと」であり、必ずしも市場の均衡的な最適性を選択することではない。

　図表1－1に示すように、投資ビークルはそれぞれの資本政策に基づいてさまざまな財務構造を持ち、その財務構造によってその投資の戦略性が特徴づけられる。営利を目的に投資を行う大前提として、少ない資本を効率良く運用して高い成果を得ることが重要である。

　資本効率を高める手法としてレバレッジがある。レバレッジはアメリカ英語で「てこ」、イギリス英語で「歯車」という言語に由来している。いずれにしてもてこ（歯車）を利用してその効果を増幅し、小さな資金で大きな効果を得る手法である。特にハイレバレッジ戦略を用いたビークルを「ハイレバレッジ・インスティテューション（HLI）」と呼び、その代表がアメリカで生まれたヘッジファンド等である。

---

[4] **特定目的会社（SPC）**：SPC（Special Purpose Company）とは、SPV（Vehicle）の1つで、資産の証券化のため、1998年SPC法で整備された。資産を保有し、それを担保に証券を発行する証券化のための特定の株式会社である。

「レバレッジが高い」ということは、成長を期待できる反面、大きなリスクを包含することを意味する。このレバレッジを示す指標の1つがLTV（Lone To Value）である。次ページ図表1－2の資産の価値（Value）に対する借入（Loan）の割合がLTVとなる。

　一般に投資ビークルは、アセット（資産）、銀行融資・社債等で調達されるデット、自己資金あるいは出資金等のエクイティで構成される。このビークルを特徴づける意味でも、LTVが重要な指標となる。LTVは**自己資本比率**[5]を示す指標である。LTVはPTI（Pay To Income）と対の言葉で使われることがある。LTVは投資ビークルの資金調達構造を示し、PTIは返済能力を示す指標である。

　金融機関の融資審査は、本来、PTIが中心となるべきものであるが、1990年代の日本のバブル経済期には、PTIに重点を置いた審査はほとんどなされず、LTVを担保する資産担保価値の審査に重きを置いていた。

　不動産から得られるインカムゲインではなく資産のキャピタルゲインがバブル当時の投資の目的であり、当然、金融機関の融資審査もキャピタルゲインがその審査の対象となっていた。最近の考え方では、単に返済能力だけではなく、返済「意欲」をも審査される。デフレ経済不況を経験して返済不能のモラルハザードが生じた中での市場の新たな対応、変化でもある。

　レバレッジは、少ない資本でその投資効果を高める成長ツールであり、不動産投資にとってなくてはならない手法である。しかし、過熱した市場では、投下資本の効率性を過剰に求めるあまり、不動産投資のリスク概念の中で許容される範囲を超過した非常に高いレバレッジを多用するケースも少なからず登場する。投資ビークルがどのような水準のレバレッジを用いているかを示す指標がLTVとなる。

　投資ビークルの基本的な財務構造は、一般企業の財務構造と比べて大きく違うわけではない。資産（アセット）の部、負債（デット）の部、資本（エ

---

[5]**自己資本比率**：総資本（自己資本＋負債）に対する自己資本の割合。

図表1-2 LTVの構造

LTV (Loan To Value) = 負債（借入れ）÷ 総資産価値（総投資額）

クイティ）の部からなり、デットとエクイティの合計がアセットとなる。アセットの利益率を示す指標として総資産利益率ROA（Return on Asset）、エクイティの利益率を示す指標として株主資本利益率ROE（Return on Equity）がある（図表1-2参照）。

ROA（総資産利益率：Return on Asset）：資産の収益率、キャップレート
ROA＝純利益÷総資産
　　＝NOI÷資産総額
純利益は通常、家賃から経費を引いたネット収益（NOI）を指す ⇔ グロス収益

ROE（株主資本利益率：Return on Equity）：資本出資に配分される収益率
ROE＝配当利益÷自己資本
　　＝出資者に配分される利益÷出資者総額（エクイティ）
　　＝自己資本還元利益率、配当収益率、キャッシュ・オン・キャッシュ　等

ちなみに、デットの利益率（コスト率）を示す指標が金利となる。資産からの運用収入は、資産の運用によって得られた家賃等すべての合計である。

ROAとは、この収入からそれぞれの貢献に応じた配分（不動産管理費等の諸経費、固定資産税等）を差し引いた純利益NOI（Net Operating Income）を資産総額で割ったものである。

これに対してROEとは、NOIから融資資金提供者に対する貢献配分としての借入利息を支払った後、さらに資本支出等の特別経費、内部留保金を控除した後の、資本出資者に対する配当原資を資本金で割ったものである。つまり、最終的な出資者の貢献度に対する収益性を示す。

不動産投資においては、投資主体の出資金が如何に効率良く運用されるかが大前提となる。したがって、ROEが重要な最終目標となる。

ここで不動産資産総額Aから得られる収益率（ROA：総資産利益率）をa、収益額をA(a)とする。負債総額Dの平均利子率（金利）をi、支払利子額をD(i)とする。資本（エクイティ）総額Eに帰属する収益の合計をE(e)とする。図表1－2より

不動産資産総額A＝負債総額D＋資本総額E……①

不動産資産から得られる収益額A(a)

　＝不動産資産総額A×a(ROA：総資産利益率)……②

支払利子額D(i)

　＝負債総額D×i(平均利子率)……③

資本（エクイティ）に帰属する利益配当E(e)

　＝A(a)－D(i)＝②不動産資産総額A×a－③負債総額D×i

　＝(①負債総額D＋資本総額E)×a－負債総額D×i

　＝D×a＋E×a－D×i　となり

　＝資本総額E×a＋(a－i)負債総額D　……④

④の両辺を資本（エクイティ）総額Eで割ると

$$\frac{E(e)}{エクイティ総額\ E}$$

$$= ROE = a + (a-i) \times \frac{負債総額\ D}{エクイティ総額\ E}$$

このため、レバレッジは次のように表される。

$$ROE = a + (a-i) \times \frac{負債総額\ D}{エクイティ総額\ E}$$

$\frac{負債総額\ D}{エクイティ総額\ E}$ は E／D レシオ又は財務レバレッジと呼ばれるが、ここでは便宜上、レバレッジレシオとする。通常レバレッジは $\frac{資産総額}{エクイティ総額}$ を示し、何「倍」と表現する。さらにこの式は

$$ROE = a + (a-i) \times \frac{負債総額\ D}{エクイティ総額\ E}$$

$$= ①\ ROA + ②(ROA-i) \times ③\ D／E$$

に分けられる。

①がアセット本来の収益率、②がレバレッジの効果、③がレバレッジレシオである。

a＞i → ① ROA＋②効果×③レバレッジレシオとなり
　　　　：正効果がレバレッジレシオによって増幅される
a＜i → ① ROA－②効果×③レバレッジレシオとなり
　　　　：逆効果がレバレッジレシオによって増幅される

$$レバレッジ効果 = (a-i) \times \frac{負債総額\ D}{エクイティ総額\ E}$$

不動産投資事業の主体的投資家である出資者に還元される利益の指標であるROEは、

$$ROE = ROA + (ROA - 平均利子率) \times レバレッジレシオ$$

となる。不動産資産の収益性であるROAと借入資金の平均利子率（負債金

利）との関係によって、正のレバレッジ効果にも、逆レバレッジ効果にもなる。これがレバレッジの仕組みである。負債金利より不動産資産の収益性が上回る時、正のレバレッジ効果を得ることができる。

このレバレッジレシオが高い時、上記式で示すところの±（効果）はより大きく増幅され、小さければ増幅も少ない。このレバレッジレシオによる増幅は＋も－も関係なく機能することにレバレッジの特徴がある。

通常の実物不動産投資に使われるレバレッジは2～3倍であり、多くても10倍になることはない。ただし、ファンドのような投資ビークルを使うと、ハイレバレッジを実現することが可能となる。

ノーベル経済学賞を受賞した学者等で構成され、ファイナンスのドリームチームと呼ばれ、当初非常に大きな高収益を上げていた著名なヘッジファンドLTCM[6]は、後の新聞報道等で50倍とも100倍ともいわれるハイレバレッジを組成した事実が明らかにされている。

投資家がどのようなリスクポジションをとれるかによって、それに応じたリターンが期待される。リスクをとれない投資家がハイレバレッジな投資ビークルを作り上げ、リスクテークの許容範囲を超えた投資を行い、高いリターンを期待すると、非常に大きな破綻をする可能性が強くなる。このため「どのようなリスクポジションをとるか」という前提において、レバレッジは用いられる。

日本のバブル経済時のようなリスクの概念がない時代におけるレバレッジの多用は、まさに後述のモディリアーニ＝ミラー（MM）理論における「完全なる競争市場のものとで負債政策がまったく企業価値に影響しない」という、つまり100％借入資金を使うことによって企業（投資ビークル）の成長の最大化が正当化されることを実践していたようなものである（Column 1 参照）。

---

[6] LTCM（Long-Term Capital Management）：1990年末に破綻したヘッジファンドの名称。

このように、レバレッジはどのようなリスクポジションをとるかが前提であって、その範囲で最大限の成長を実現するための成長ツールでなくてはならない。

●不動産投資におけるレバレッジ効果のシミュレーション

次の不動産投資ビークルA（ロー・レバレッジモデル）・B（ミドル・レバレッジモデル）・C（ハイ・レバレッジモデル）を用いて、さまざまなファンダメンタルズの局面〔Ⅰ．好景気経済、Ⅱ．過熱・インフレ経済、Ⅲ．不景気・デフレ経済、Ⅳ．後退・不景気下における高金利経済〕においてシミュレーションを行い、それぞれのレバレッジ効果を確認する。配当とは、資本出資者に対する利益配分である。

●不動産投資A：ロー・レバレッジ投資ビークル

10億円の不動産賃貸ビルを自己資金8億円、銀行借入2億円で調達した資金で購入。⇨ LTV 20％

●不動産投資B：ミドル・レバレッジ投資ビークル

10億円の不動産賃貸ビルを自己資金5億円、銀行借入5億円で調達した資金で購入。⇨ LTV 50％

●不動産投資C：ハイ・レバレッジ投資ビークル

10億円の不動産賃貸ビルを自己資金2億円、銀行借入8億円で調達した資金で購入。⇨ LTV 80％

Ⅰ 好景気経済：好景気により安定した収益率が確保されている時の不動産投資（ROA 7％、借入金利3％とする）

〔不動産投資A〕

　　LTV 20％、ROA 7％、借入金利 3％とすると、

　　配当 10億円×7％－金利2億円×3％＝6,400万円

　　ROE 6,400万円÷8億円＝ <u>8％</u>

〔不動産投資B〕

 LTV　50%、ROA　7%、借入金利　3%とすると、

 配当　10億円×7%－金利5億円×3%＝5,500万円

 ROE　5,500万円÷5億円＝<u>11%</u>

〔不動産投資C〕

 LTV　80%、ROA　7%、借入金利　3%とすると、

 配当　10億円×7%－金利8億円×3%＝4,600万円

 ROE　4,600万円÷2億円＝<u>23%</u>

Ⅱ－1　過熱・インフレ経済：景気が過熱して金利が上昇し始めた時の不動産投資（ROA8%、借入金利7%とする）

〔不動産投資A〕

 LTV　20%、ROA　8%、借入金利　7%とすると、

 配当　10億円×8%－金利2億円×7%＝6,600万円

 ROE　6,600万円÷8億円＝<u>8.25%</u>

〔不動産投資B〕

 LTV　50%、ROA　8%、借入金利　7%とすると、

 配当　10億円×8%－金利5億円×7%＝4,500万円

 ROE　4,500万円÷5億円＝<u>9%</u>

〔不動産投資C〕

 LTV　80%、ROA　8%、借入金利　7%とすると、

 配当　10億円×8%－金利8億円×7%＝2,400万円

 ROE　2,400万円÷2億円＝<u>12%</u>

Ⅲ　不景気・デフレ経済：景気が後退して収益性が一気に下落し始めた時の不動産投資（ROA2%、借入金利3%とする）

〔不動産投資A〕

 LTV　20%、ROA　2%、借入金利　3%とすると、

 配当　10億円×2%－金利2億円×3%＝1,400万円

 ROE　1,400万円÷8億円＝<u>1.75%</u>

〔不動産投資 B〕

　LTV　50%、ROA　2％、借入金利　3％とすると、

　配当　10億円×2％－金利5億円×3％＝500万円

　ROE　500万円÷5億円＝1％

〔不動産投資 C〕

　LTV　80%、ROA　2％、借入金利　3％とすると、

　配当　10億円×2％－金利8億円×3％＝－400万円

　ROE　破綻

Ⅳ　後退・不景気下における高金利経済：景気が後退しているにもかかわらず金利が上昇した時の不動産投資（ROA3％、借入金利5％とする）

〔不動産投資 A〕

　LTV　20%、ROA　3％、借入金利　5％とすると、

　配当　10億円×3％－2億円×金利5％＝2,000万円

　ROE　2,000万円÷8億円＝2.5％

〔不動産投資 B〕

　LTV　50%、ROA　3％、借入金利　5％とすると、

　配当　10億円×3％－金利5億円×5％＝500万円

　ROE　500万円÷5億円＝0.1％

〔不動産投資 C〕

　LTV　80%、ROA　3％、借入金利　5％とすると、

　配当　10億円×3％－金利8億円×5％＝－1,000万円

　ROE　破綻

　ケースⅢのC及びケースⅣのC状態になれば、配当は損失が発生して、内部留保の取崩し、新たな資金投入が要求される。それができなければ資本の毀損、債務超過を起こし破綻となる。

図表1-3　各投資ビークルにおけるROE比較

投資ビークル	景気局面	LTV	ROA	利子	ROE	レバレッジ
ロー・レバレッジビークルA	Ⅰ拡大	20%	7%	3%	8 %	1.25
	Ⅱ過熱	20%	8%	7%	8.25%	1.25
	Ⅲ不景気	20%	2%	3%	1.75%	1.25
	Ⅳ後退	20%	3%	5%	2.5 %	1.25
ミドル・レバレッジビークルB	Ⅰ拡大	50%	7%	3%	11 %	2
	Ⅱ過熱	50%	8%	7%	9 %	2
	Ⅲ不景気	50%	2%	3%	1 %	2
	Ⅳ後退	50%	3%	5%	0.1 %	2
ハイ・レバレッジビークルC	Ⅰ拡大	80%	7%	3%	23 %	5
	Ⅱ過熱	80%	8%	7%	12 %	5
	Ⅲ不景気	80%	2%	3%	破綻	5
	Ⅳ後退	80%	3%	5%	破綻	5

　不動産投資A、B、Cそれぞれの投資ビークルの特徴としては、AからB、Cになるほど、ハイレバレッジな投資形態ビークルになる。CにおけるケースⅢ、Ⅳの経済局面は破綻を意味している。

　図表1-3によりロー・レバレッジビークルAとハイ・レバレッジビークルCを比べると、Cでは非常に大きな収益を実現しているが、逆レバレッジ（Ⅲ、Ⅳ）になると大きな破綻となる。ロー・レバレッジビークルAでは、正のレバレッジの時にそれほど大きな収益率を実現していない。ただし、逆レバレッジになっても破綻までには至っていない。

　日本では1990年代後半から2000年代前半のデフレ経済不況下に、バブル経済時になされた不動産投資の多くが破綻した。破綻した不動産投資の多くが、過熱した市場で、非常にハイリスクなハイレバレッジビークルを設定し、デフレ経済になって利益の低下による逆レバレッジを生じたものであった。

　投資が行われる当初は、ほとんどのケースにおいて正のレバレッジを期待

できる計画になっているはずである。しかしファンダメンタルズの変化、ビジネスリスクの増大等により、収益が変動し、金利と収益が逆転するオーバーレバレッジが生じ、結果的に逆レバレッジ効果が生じる。これは投資開始時点の静的な予測に基づく投資行動である。

　投資は、将来の市場変動、投資環境の変化等を織り込んだ動的（ダイナミック）な予測によってなされなくてはならない。オーバーレバレッジがどのような状況で生じるかというデータ、知識、経験を織り込んだ、変動することを前提とした投資概念がなければ、信頼のある投資行動はできない。

　では次に、正のレバレッジ効果から逆レバレッジ効果に変わるオーバーレバレッジがどのような市場メカニズムによって生じるかについて、さらに詳しくⅡの過熱インフレ経済で逆レバレッジを想定したシミュレーションで考えてみる。

Ⅱ－2　過熱・インフレ経済：景気が過熱して金利が上昇し始めた時の不動産投資（ROA 8％、借入金利9％とする）

〔不動産投資A〕

　LTV　20％、ROA　8％、借入金利　9％とすると、

　配当　10億円×8％－金利2億円×9％＝6,200万円

　ROE　6,200万円÷8億円＝<u>7.75％</u>

〔不動産投資B〕

　LTV　50％、ROA　8％、借入金利　9％とすると、

　配当　10億円×8％－金利5億円×9％＝3,500万円

　ROE　3,500万円÷5億円＝<u>7％</u>

〔不動産投資C〕

　LTV　80％、ROA　8％、借入金利　9％とすると、

　配当　10億円×8％－金利8億円×9％＝800万円

　ROE　800万円÷2億円＝<u>4％</u>

Ⅱ-2が12ページのⅡ-1と違うのは、景気が過熱して収益がピークになっている状態で、金利が上昇し始め、レバレッジ効果が正から逆へ反転するオーバーレバレッジを引き起こした点にある。しかしこの時点では、ハイレバレッジビークルCといえども破綻にまでは至っていない。
　レバレッジの仕組みの中では、収益率と金利のポジションによって正・逆のレバレッジがそれぞれに応じて生じる。しかし、Ⅱ-2のように収益が十分にある場合、たとえ逆レバレッジになっても収益率と金利との逆鞘を十分に吸収でき、大きな破綻にまでは至らない。反対に、Ⅲ、ⅣのCのように収益率が落ち込み十分にない場合、金利との逆鞘を吸収できず、破綻につながる。
　図表1-4は東京、大阪、名古屋における不動産単年度の総合収益率と長期プライムレートの関係を示したものであるが、1970年以降の30年間に、収益率と金利のポジションチェンジが頻繁に起きていることが観察できる。
　1990年代後半から2000年初めのデフレ経済におけるポジションチェンジが、

図表1-4　長期プライムレート・不動産総合収益率ポジションマップ

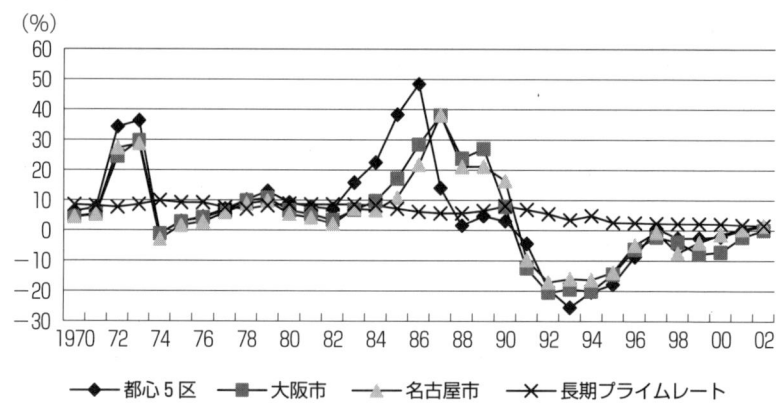

使用データ出所：生駒データサービスシステム（IDSS）、日銀
長期プライムレートは年初高値を使用。

第1章 ニュープレーヤー・ニューゲーム

特に多くの破綻を生み出したことはいうまでもない。過去の日本では、企業収益にしろ、不動産投資収益率にしろ、収益が十分に高い時、それを大きく上回って市場金利が設定されるケースは少なく、収益が高い時に破綻の危機につながるオーバーレバレッジが生じることはなかった。

逆に金利が市場を先取りして早く下がるか、市場動向より遅く下がるかは、政策金利の動向に依存するため、さまざまなケースがある。金利の遅効性、先行性を予測することはできないが、経験的に、不動産の収益性が下落する時、金利も急激に下落するケースがよく見られる。

仮に金利の下落と市場の収益性の下落が同じトレンドを示しても、その不動産収益が急激に下落する「ジャンプの特性」を持っていると仮定するなら、そこにオーバーレバレッジが生じるメカニズムが存在することによる。不動産収益のジャンプのメカニズムは、市場での賃料プライシングの特性、借家法等のバイアス、空室率の特性、そして何よりも不動産投資は一般事業投資と違い変動費が低いこと等に特徴づけられる。何らかの理由で空室率が上昇すると、固定費が大きい分、全体の収益に対する影響は非常に大きくなる。

成長のメカニズムとしては、収益性が上昇トレンドの時、あるいは今後大幅な上昇が見込まれる時、ハイレバレッジによる大きな成長が期待できる。逆に収益性の上昇の持続が期待できない時、あるいは収益そのものが低い時のハイレバレッジは、破綻の危険が非常に高い。ファンダメンタルズ、賃料のテクニカルな分析については、巻末の補論において仔細に分析する。

図表1－4からは、1980年台後半に生じた非常に大きな正のレバレッジ効果を生む収益と金利のギャップから、その後1990年代の「失われた10年」と言われる長期にわたるバブル崩壊につながる逆レバレッジ効果へのチェンジが明確に観察できる。これがレバレッジ戦略を多用する場合のオーバーレバレッジのメカニズムである。

日本のバブル経済の投資が破綻し、その後「失われた10年」とも言われ破綻からの回復ができなかった最大の理由は、オーバーレバレッジが想定でき

なかったこと、収益が悪化した時にその収益を改善する再生技術がなかったことが主な要因である。

　十分に収益率がある状況では多少の逆レバレッジも大きな影響はないが、収益率が低い時には少しの逆レバレッジさえも大きな悪影響を与える。したがって、バブル経済崩壊後は、市場金利を政策的に抑え続けなくてはならない結果となった。しかしその後の長期にわたる低金利政策は、高い投資成果に対するニーズを市場に顕在化させた。

　このオーバーレバレッジのメカニズムを「ハイレバレッジ＝財務リスク」の概念で捉えるのが、オールドプレーヤー（Old Player）によるオールドゲーム（Old Game）である。不動産投資が、何の戦略性もなく、単に市場のファンダメンタルズにおけるイールドギャップだけに頼った投資であれば、当然「ハイレバレッジ＝財務リスク」が成り立ち、非常にリスクの高い「投機」行為であることになる。

　しかし、リスク概念のないバブル経済時とは違い、劣下した収益を改善する競争優位あるプロパティマネジメント、金利の変動をヘッジする金融ファイナンスによるヘッジ技術、出口戦略として流動性リスクを回避するアセットマネジメントの技術等、すでに多くの新しい投資技術が普及し始めている昨今、日本でもレバレッジをリスクの高い戦略としてネガティブに捉えるのではなく、むしろ成長のための技術としてポジティブに多用することを可能としている。

　新しいプレーヤー（New Player）による新しいゲーム（New Game）の始まりである。

　これまでの投資概念が、リスクの概念を持たず単純なデット資金で利潤の拡大を目指す手法であったのに対して、新しい投資概念は、リスクマネーでリスクポジションをとりながら、より効率の良い投資成果を目指す手法となる。

第1章 ニュープレーヤー・ニューゲーム

Column 1　　資本政策

　負債、株主資本をどのように構成して総資本政策を行うかという問題は、企業等投資ビークルの成長に直接大きな影響を与え、投資ビークルの価値の最大化に直結する。

　したがってこの問題は、ファイナンスの歴史の中でも根幹をなすテーマであり、これまでも多くの議論を呼んできた。資本政策の議論は、大きく分けて3つある。「加重平均資本コストの最小化」、「MM理論」、「エージェンシーコスト」である。

　加重平均資本コストの最小化は、株主資本への配当、各種負債への金利コスト、これらを加重平均することによって資本コストを算出し、この資本コストがもっと小さくなるように資本を構成するという考え方である。

　これに対して、F.モディリアーニ・M.H.ミラーによるMM理論は、「完全資本市場、株主の合理的行動、完全確実性の過程のもとでは、企業価値は資本政策によって決まるものではない。」という命題であり、どのような資本と負債の構成をとっても、企業価値にはまったく影響を与えないという考え方である。

　ただし、税金が存在すると、負債の支払金利が税務コストに計上されるため、企業経営者は100％負債構成にして税制効果を期待しようとする。しかしこの考え方には、無尽蔵に借り入れることが可能であり、また負債をどれだけ増やしても倒産することがないという前提に立っている。バブル経済は、まさに借入れが無尽蔵であるかのごとく、金融機関からのインセンティブを与えられて過剰投資を誘発した。

　投資ビークルの「導管性」により配当金が金利と同じように経費とみなされるSPC、あるいは今後期待されるLLC等では、税制効果によるインセンティブはないが、リスクポジションの概念からどのように資本構造を

19

ガバメントするかといった考え方が必要になる。

　エージェンシーコストの問題は、株式会社のような資本と経営者が分離する投資ビークルにおいて、依頼主（プリンシパル）と委託者（エージェンシー）の間に情報の非対称性がある場合、その非対称性を補うコストが生じる。このコストのいかんによって資本の構成が変わるという考えである。

　例えば、経営者が安定性を志向して株式を大量に発行すると、株主の利益は薄くなる。反対に株主は少ない株主資本額でレバレッジを効かせて、資本を効率的に使い、高いROEの実現を経営者に要求する。事業等に対する共通の情報がなく経営方針に両者の共通認識がないと、株主の利益と経営者の利益が相反することになる。

　このように、依頼者と委託者の間で違った認識、目的があると、調達する資本構成にも影響が出てくる。この問題に対する対価がエージェンシーコストとなる。

　資本政策は、株主と経営者との関係、またこの両者が置かれている市場環境によって変化するが、企業あるいは投資上の成長過程においても資本政策は変わってくる。スタートアップ企業から、デットファイナンスで成長し、エクイティファイナンスで安定成長を目指し、やがて上場公開をする。しかしその後、TOBにより自社株の公開買い付けを行い、非上場を行うこともある。経営者によるマネジメントバイアウトもその1つである。資本政策はこのように事業の成長と密接な関係がある。

1.2 ニュープレーヤー・ニューゲームの誕生

　1990年前後において、「バブル経済」と呼ばれる日本の不動産投資史上非常にシンボリックな一時代があった。この時代には、高度成長時代を通じて富を蓄えた個人、円高等により内部資金を急速に高めた企業を問わず、多くの投資家が不動産投資にチャレンジし、投資市場へ果敢に参入した。

　しかしこれら投資家の中には、その後のデフレ経済不況を乗り切れず、破綻したケースも少なくない。破綻の原因の多くは、レバレッジの多用によるオーバーレバレッジに対処できなかった点にあった。そしてポストデフレ時代になっても、これらの投資家にとってはバブル破綻がトラウマとなり、リスクを適正に評価できず、新しい投資に対して挑戦できない状況が長く続いた。

　その一方で、1990年前後のバブル時代からすでに15年余りが経過し、当時投資した投下資金を回収し、成功体験に基づいて新しい投資先を模索している投資家も少なからずいる。いわゆるバブル経済における不動産投資の勝ち組である。

　そして今、さらに大きな資金セクターとして、デフレ経済を通じて個人の将来に対する不安をヘッジするために蓄えられた預貯金、年金資金が、高い利回りを求めて新たな投資先を探し、市場を浮動し始めている。

　年金資金、あるいは個人の老後の備えとして蓄えられた預貯金は、国是として最も大事に扱われなくてはならない資金であると同時に、本来リスクがとれない資金であり、確実に運用され元本が保証されなくてはならない。その他にも、地方の金融機関が優良な投資先を見つけられず、仕方なく国債・公社債投信等で運用をしている**待機資金**[7]がある。

　ただし、今の日本では定期預金、あるいは国債、公社債等に投資をしても1％台の運用益にしかならないのが実態である。このような運用利回りでは、

現在の生活あるいは将来の生活保障を得ることができず、むしろ蓄えた原資金を食いつぶしてしまう可能性すらある。期待した利回りを要求できる市場は存在しないに等しい。

このような状況にあって、株で儲けたあぶく資金とは違う、個人の生活資金・老後の蓄えである国家的に最も高貴な資金が、市場に対して高い利回りを要求し始めている。そして、新しいこれらの運用資金の受け皿として期待されているのがリスクマネー市場である。

また、グローバリゼーションの潮流の中で市場原理が浸透し、勝ち組と負け組みとの差が非常に明確になってきた。短期的で最も高い利回りを求めて世界中を駆け回るホットマネー等に関する情報が身近に接するようになり、勝ち組を標榜して、高い利回りを求めるニーズが市場に広がり始めた。投資市場におけるヘッジファンド等に対するニーズの高まりも、その現れの1つである。

ヘッジファンドに代表される最近のファンドマネーが従来の**ファンドマネー**(8)と異なるのは、同じリスクに対する投資マネーであっても、従来のようにリスクを分散して最小にする市場の平均的な均衡（インデックス）利回りを求めた投資ではなく、より効率性、高い利回りを求め、そのために高いリスクを引き受けることをヘジテートしないリスクマネーである点にある。

1.2.1 リスクマネーとは？

「ハゲタカファンド」と揶揄される資金が、1990年代後半、日本の市場に

---

(7) **待機資金**：本来、市中銀行は預金を企業に貸すことを通じて、金融市場全体の信用を創造するという機能を持つ。優良な貸出先がなく国債で運用するということは、資金を実体経済に還流させることなく金融市場の中で滞留させ、経済全体を停滞させることになる。

(8) **ファンドマネー**：会社、任意共同体、組合等、さまざまな投資形態の器に、特定の投資を目的として集められた資金。特にリスクのある投資がなされる場合が多く、リスクマネーともいわれる。

第1章 ニュープレーヤー・ニューゲーム

参入してきた。当時バルクセール(9)と呼ばれた手法で、日本の不良債権を買いあさったとされている。不良債権とは、予定していた収益を生まなくなった資産に貸しつけている銀行の融資債権である。ちなみに収益を生まなくなった資産を英語に訳すと"non performance assets"であり、これに融資していた"non performance debt"が不良債権の英語訳である。

　これらを安く購入してバリューアップ(10)あるいはバリューメイクして、再び日本市場で高く売り抜けることにより、非常に高い収益が期待できる。ただし、簡単にバリューアップできるとは限らず、それには高度な技術を要し、当然高いリスクを伴う。ハゲタカファンドは、当初からこのような高リスクポジションを前提に集められた高リスクへの投資資金であり、それ相応の高いリターンを要求する。

　アメリカの**リップルウッド・ホールディングス**(11)系のファンドが1998年に破綻した日本長期信用銀行を債務9割カット、**瑕疵担保付**(12)で約1,200億円といわれるリスクマネーで第三者割当ての増資を引き受け、営業権を取得した。この出来事は当時新聞紙上で、ハゲタカファンドの象徴として物議をかもし出した。この旧長銀がハゲタカファンドの資金を利用し再生して、

---

(9) **バルクセール**：金融機関等再生技術を持たないセクターが、不良資産をまとめ専門の再生技術を持ったファンド等に一括して売却すること。バイアウト市場の初期には、債権額の10%のような金額で売却された。バイアウト市場が大きくなるにつれて、バルクセールといえども高騰し始めた。

(10) **バリューアップ**：劣化した収益を改善することにより、資産そのものの価値を上げる手法。

(11) **リップルウッド・ホールディングス**：ティモシー・コリンズ最高経営責任者（CEO）率いる米国投資会社。さまざまなファイナンス技術、証券技術を用いて、日本で大型企業再生案件に投資をする海外資本系企業再生ファンド。再生ファンドには他にも、三菱自動車に再生投資をしている独立系のフェニックス・キャピタル。日本の証券系では野村プリンシパル（ハウステンボス）、日興プリンシパル（タワーレコード）、銀行系でみずほキャピタル等がある。

(12) **瑕疵担保**：旧長銀の正常と判定された貸出債権額に、将来もし2割以上債権回収不能等の瑕疵があった場合、国が税金で補償する契約。

新生銀行として2004年に再上場を果たした。上場の売出し価格は525円、初日に880円台まで値を上げた。新生銀行は2004年の再上場で持ち株の約3分の1を525円で、市場で合法的に売却した。この時の売買総額が約2,300億円、差し引き1,000億円の利益を上げ、なおかつ現在、8億株以上を保有している。つまり、時価評価1株600円としても、4,800億円の資産を保有していることになる。

　日本の資金で、どこも手を上げることができなかった旧長銀のリスクを引き受けたのが、ハゲタカファンドと侮蔑されたリスクマネーである。ただし、決して旧長銀の資産を食い散らかして捨て去るのではなく、「上場」という投資の出口戦略を見事にやり通した結果の報酬である。

　このファンドは同様に2001年、経営危機に陥ったリゾートホテルの宮崎シーガイヤ等を買収している。旧長銀の場合は、日本の中心地である東京を拠点とした非常に重要な金融セクターであり、ある意味において国策主導で処理が進んだ。それがたまたま海外のファンドマネーであったことになる。実際リップルウッド以外に、この案件に触手を伸ばしていたリスクマネーセクターが他にもあった。

　では九州、宮崎シーガイヤのケースはどうなのだろうか。

　従来の銀行からの**間接金融**(13)マネーによる資金救済を待つとすると、まず政府の金融緩和政策を待ち、日銀の**マネーサプライ**(14)の量的緩和を待ち、日銀という銀行の最も川上の集中管理ダムから放流されるマネーがまず都市銀行に入るのを待ち、順次東京の優良企業に融資が優先され、一巡してから

---

(13)**間接金融**：銀行により資金余剰な部門と資金が不足している部門を仲介されてくる資金を間接金融という。これに対して直接証券市場で資金の貸し手と借り手が需給のやりとりをすることを直接金融という。

(14)**マネーサプライ**：民間の資金需要の動向と金融政策の効果を計る指標。金融機関以外の民間部門が保有する通貨残高。マネタリズムの考え方、貨幣数量説 MV＝PT（M：貨幣量、P：物価水準、V：貨幣の流通速度、T：取引量）では、物価水準は貨幣量でコントロールされる。

地方の中核都市の優良企業に融資が推進され、さらにそれが一巡して地方都市の資金を必要としている優良企業へと行き渡る。

　これが従来の経済システムであり、間接金融システムによる中央銀行からマネーがコントロールされる手続きである。

　このように地方の宮崎、ましてや現状では利益を生まない破綻融資先まで資金が回ってくるためには、それなりの手続きと、官製の意思決定システムにおける優先順位を待たなくてはならない。しかし、市場の末端まで資金が回ってくる頃には、川上の東京ではもう資金がだぶつき始めてしまう。市場の末端まで資金が十分に行き渡らず、景気が低迷しているにもかかわらず東京等で都心の地価等の上昇を引き起こし、資金の引き締めが叫ばれるようになってしまう。これが従来のノンリスクマネーによる間接金融仲介機能システムである。

　高度成長期以降、東京等の都心から順次社会基盤整備を進め、いよいよ本当に政府の手で資源の最適配分がなされなくてはならない地方の公共施設に着手し始めた時、財政が底をついた日本経済と同じように、非常に時間のかかる官主導の手続き・意思決定の非効率性がもたらす弊害である。

　これに対し、ファンド形式を採って日本に参入したリスクマネーは、このような行政的手順、産業構造的ヒエラルキー、銀行の優先順位をまったく必要とせず、市場原理に基づいてリスクに見合うリターンが用意されれば、すぐにどんな地方へも、いわゆるヘリコプターで現地に直接飛来して落下傘方式でピンポイントに資金を投下できる。すべてリスク市場の市場原理にのっとった行動となる。

　前者の間接金融によるシステムを例えるなら、手足の外傷怪我を、内服薬を飲んで治療に専念しようとするが、なかなか治らないため次から次へと薬を大量に投与する。しかし投与しすぎて治らないうちに副作用を併発してしまい、患部に有効に機能し始める前に内服薬を止めなくてはならないようなものだ。

そして後者のファンド形式によるリスクマネーは、市場原理によるリスクマネーとして内服薬ではなく、いきなり患部に外科治療を施し、局部治療により手足の機能を回復し、体全体が機能を取り戻し始める状況である。従来の効率の悪くなった手順とは関係なく、地方の地域経済、都心の不良債権を問わず、市場原理による優先順位で資金を投入して活性化させることが可能となる。銀行全体の経営を改善させるのを待ってから傘下の不良債権企業（投資事業）を再生させるのではなく、銀行の持つ不良部門を局部的に再生させることによって銀行全体を再生させる。その優先基準はリスクマネー市場の市場原理である。これが新しいリスクマネーである。

　日本では従来、資金の供給仲介を主に銀行が担ってきた。銀行は一般から預金を集め、それを必要とする企業に仲介融資する。しかし、一般から集められた預金は要求払い預金であり、預金者の要求があれば、いつでも払い戻さなくてはならない。決して元本を毀損するようなリスクのある企業に融資をすることがあってはならない。つまり、リスクがとれないノンリスクマネーである。日本の金融システムでは**護送船団方式**(15)をとり、グループ全体で投資事業に対するガバナンスを機能させ、全体の中で許容される範囲でリスクを引き受けるシステムであった。

　この許容範囲を超えて不良資産が増殖すると、システム全体が破綻する。これがデフレ経済に起きた日本の金融クライシスである。前述したように、ノンリスクマネーを仲介する間接金融システムでは、リスクマネーを市場に供給することは基本的にできない。したがって市場原理ではなく国の政策的なインセンティブによって、ようやくリスク市場に資金が供給されてきたのが従来の日本である。バブル経済の破綻を経験し、リスクに対して過大な評価をしてしまうトラウマを抱えている日本の民間金融セクターでは、これか

---

(15)**護送船団方式**：産業界では系列を作り、株の持合等をして、グループ内で協力、統治を行ってきた。特に銀行業界では、最も体力のない銀行に合わせた基準（金利）を設定して競争を避けた日本独特のシステム。

ら拡大しようとするリスク市場のニーズに応えられない状況にあったのである。

　さて日本でも、1990年代末にこのような海外からのファンド形態のリスクマネーの参入がインセンティブとなり、ニュープレーヤーによるリスクマネーが登場し、リスクマネー市場として成長し始めた。その後、企業再生という名目で日本の**公的再生**(16)ビークルが機能し始めたのも2000年以降のことである。

　景気の回復とともに、従来の民間金融機関からもリスクを引き受ける資金が市場に流入し始め、収益を生まない企業の再生、つまり不良債権処理が2005年までに大方処理されることになる。**ディストレスアセットマネジメント**(17)の登場である。そして、リスクマネー市場に年金等個人の資金が高い利回りを求めて流入し始めている。これには国策である、資金のノンリスクマネー市場からリスクマネー市場へのシフトが後押しすることになる。

---

(16)**公的再生**：1990年代は破綻した債権の回収がそのほとんどで、破綻した企業等の投資ビークル再生が本格化したのは2003年の株式会社産業再生機構法が施行されてからである。産業再生機構ではその後、2005年までに40件以上の再生に関わっている。

(17)**ディストレスアセットマネジメント**：不良資産の再生事業。ディストレスアセット（distress asset）とは、差し押さえられて抵当権を実行された資産、苦境に落ち入って投げ売りされている資産を意味する。

Column 2　　　　不良債権

　不良債権とは、元金の返済、約定利息の支払いが滞った融資債権である。英語では、収益を生まなくなった融資として bad debt の他、銀行の不良債権として bad loan、defaulted loans、non-performing loan、non-performing debt 等が用いられる。また、不良資産として non-performing assets（NPA）等が使われる。銀行の不良債権は、銀行法によるリスク管理債権と金融再生法の金融再生法開示債権によって定義される。

金融再生法開示債権	リスク管理債権
破綻更生債権及びこれらに順ずる債権	破綻先債権
危険債権	延滞債権
要管理債権	3ヶ月以上延滞債権
	貸出条件緩和債権

　リスク管理債権は銀行による貸出金を対象として、1999年から貸借対照表に明記するとともに、ディスクロージャー誌に掲載することとなった。この基準は米国証券取引委員会の基準とも合い照らし、グローバルスタンダードを満たすとされている。金融再生法による開示基準は、銀行に貸出金だけでなく、貸付有価証券外国為替を含む与信すべてを対象としている。この2つの基準の他に、銀行が独自に行う自己査定がある。

　不良債権処理の手法についてはさまざまな手法があるが、まずは資産を持て余している投資主体から、いち早く流動化させることが第一歩となる。主なものとしては、再生を目的とした投資ビークルに安く売却されて、バランスシートからライターオフされることをもって処理ということになる。再生を目的とした投資ビークルに安く売却されるということは、第2章で登場するディストレスアセットマネジメントに託されることになる。そし

てこれは、デットファイナンスからリスクマネーによるファイナンスに転換することを意味している。この転換に伴うさまざまなパラダイムチェンジが本書でとりあげる「ニューゲームの始まり」の本質となる。

このように考えると、不良債権が発生する根源は、リスクをコミットメントされる範囲では本来扱うことのできない投資をノンリスクマネーでファイナンスしてしまった、という点にあると考えられる。これはリスクの評価方法の問題であり、同時に日本の投資市場のノンリスクマネー以外のファイナンスのシステムが脆弱であったことに起因していたわけである。

リスクマネーのシステムの育成強化は、銀行だけの問題ではなく、証券業界、保険業界を含めた金融システム全体の問題であった。バブル経済の破綻とともに日本の金融システムの中で顕在化してきた問題は、銀行業界の不良債権問題、証券業界のコンプライアンスの欠如から生じた証券不祥事、保険業界の株主の持ち合いによる馴れ合い体質である。この3つの問題の顕在化は複雑に絡み合い、「経済大国」といわれた日本の威信をおとしめた。

その後1997年末、信用クライシスから海外でジャパンプレミアムが発生したのも、このような問題が足かせになっていたともいえる。1996年、橋本首相による日本版ビッグバンは、フリー（自由化）、フェア（公正化）、グローバル（国際化）を御旗に、これらの問題を解決するとともに、世界に冠たる金融システムを作ることを目指した。

10年を経て、一貫した最優先事項として、銀行には不良債権処理による経営体質の強化が求められ、都市銀行がユニバーサルバンク構想の下で3つのメガバンクに再編された。これらのメガバンクは、単なる間接金融仲介、国債販売等のシンジケーションの経営体質から、投資銀行、リテールバンク、企業融資、プライベートバンクその他新規商品の組成、受託販売等新規分野による再生を目指している。不動産投資ビジネスのニューゲームのスキームとなる1998年の旧SPC法、1999年のサービサー法、2000年の資産の流動化法等々も、日本版ビッグバンの中で改革されたスキームである。

1.2.2 世界のリスクマネー市場はどのような状況にあるのか？

　世界のリスクマネー市場の状況については、アメリカの新しいリスクマネー市場の成立を、1993年のRTC[18]（Resolution Trust Corporation）設立前後の比較で見るとわかりやすい。

　アメリカは第2次世界大戦後、政府の機能が拡大し、公共投資を増大させて市場をコントロールするいわば**混合経済**[19]になっていた。当然このような経済体制では、公共投資をとりまとめる政府が経済市場のガバナンスとなっていた。これに対してロナルド・レーガン大統領（1981〜1989）の時代になると、マネタリズムによる市場メカニズム主義が台頭し、「小さな政府」が叫ばれた。市場で成功し力を持つことが、そのまま認められる時代になっていた。

　レーガン大統領によってなされたサプライサイドの経済政策が**レーガノミクス**[20]である。しかし、サプライサイドの政策に基づく減税が機能せず、税収増がなされず、その一方で増大する軍備による財政赤字のアンバランスの中でインフレを生じ、レーガノミクスは破綻した。

　確かにレーガン大統領が目指した通り、レーガノミクスは減税により消費を拡大させ、小さな政府を標榜し、規制緩和による投資を促進させた。1981

---

[18] RTC：アメリカの整理信託公社。破綻した銀行（S&L）から公金（税金）により不良債権を買い取り、その後、資産を証券化の手法を使って市場に流動化させた。市場の不良再生ビジネスへのインセンティブとなる公的機能であり、その後日本のRCC（整理回収機構）の原型となる。

[19] 混合経済：公共事業は本来政府が行うもので、官主導による社会主義的要素が強い。しかし資本主義諸国においても、戦後の復興のために公共投資を拡大した。その結果、市場のメカニズムだけでなく、政府主導による配分が大きな意味をなす経済システムとなった。このような経済システムを混合経済という。

[20] レーガノミクス：レーガン大統領によるアメリカの象徴的な経済政策。1970年代の石油危機・インフレを打開し急速に経済を立て直し、軍事力を高め国威を高揚した政策。1981年の税制改革で減税（投資減税、減価償却の特例等）により特に石油関連の企業の利益誘導の政策がなされ、不動産投資の拡大と共に景気を牽引し急成長した。20世紀を代表するアメリカの80年代黄金期となる。

年のレーガン大統領が行った経済再生アクションとしてのキャピタルゲイン課税の低税率化、減価償却の特例加速償却あるいは損益通算の特例により、不動産投資市場は急激な刺激を受け拡大した。多くの**リミテッドパートナーシップ**(21)が組まれ、そのため建設ラッシュを生み、不動産投資が拡大した。

しかし、1986年の税制改革により投資の税制上のメリットがなくなり、多くのリミテッドパートナーシップが破綻し、不動産投資市場は急激に収縮した。これに伴い、これらの投資ビークルに過剰な融資をしていた金融機関も破綻し始めた。1988年時点で、アメリカ全土で3,000行（総資産1兆3,520億ドル）あった貯蓄貸付組合（S&L）のうち、700行以上が破綻している。日本でも有名になった「大きすぎてつぶせられない（too big to fail）」原則を生んだ銀行、コンチネンタル・イリノイ・ナショナル・バンクの行き詰まりも、この時のものである。広大な、巨額の不良債権の発生である。

その後、ブッシュ、クリントン大統領を経て、1993年、**公的資金**(22)により不良債権を買い取ったRTCによって、不良債権のバルクセールが行われた。この不良債権を購入して急成長を遂げたのが、現在アメリカで約200社、日本円にして30兆円以上の市場規模になるUS-REIT(23)産業（REITには保有資産によりモーゲージ、エクイティ、両方のハイブリットタイプがある）である。つまり、不動産資産を直接購入したリスクマネーによるファンドである。この時期、特にエクイティREITが1990年代に急成長した社会的存在

---

(21) **リミテッドパートナーシップ**（LP）：アメリカで始まった共同投資事業の形態。日本では匿名組合に相当する。代表権のある無限責任のゼネラルパートナーと、出資額に応じた有限責任のリミテッドパートナーによる投資形態。パートナーシップには課税されず、パートナーの運用益に課税される。

(22) **公的資金**：公的資金とは文字通り、税金による財政資金を直接投入することを意味してきた。しかし、それではモラルハザードを生じるため、預金保険機構を通じ、金融機関が保険金を支払ってその範囲（ペイオフ）で預金を保証する支援に変わった。ただし、それを超えて支援が必要な場合は、やはり税金による政府財政により国民負担となる。

(23) **REIT**：リート（Real Estate Investment Trust）。公開型の不動産投資信託。アメリカでは上場されているREIT会社で1つの産業となっている。REITは1960年にアメリカでスキームが誕生している。

機能は、不良債権の再生であった。

その後REITは、株式・証券投資に代替する投資としての地位を築き、年金資金が流入したことにより、アメリカの投資市場の中で非常に重要な地位を占めるようになる。このようなREITによるリスクマネー市場の拡大は、その後の日本が踏襲することとなる。

アメリカでも、年金資金の投資スタイルは株式と債券がその中心であった。これは現代ポートフォリオ理論に基づく市場ポートフォリオと無リスク資産に投資をする典型的な均衡モデルの投資スタイルである。しかし1990年代に入り、オルタナティブ（代替的）投資が注目され、年金資金が関心を持たれるようになった。新興経済途上諸国の**エマージング市場**(24)化、ソビエト連邦の崩壊、中国の市場開放による台頭等、グローバルに浸透する市場原理により、ホットなリスクマネー市場が世界的に拡大し始めた背景があるといえよう。

オルタナティブ投資とは、狭義の金融投資の中で言えば、株式、債券への現物投資以外に、先物、オプション等のデリバティブへの投資を意味するが、広義には金融資産への投資だけでなく、石油等の商品、不動産、ベンチャービジネス、エマージング市場等、幅広い投資レンジを意味する。

このようなオルタナティブな投資に特化したのが「ヘッジファンド」である。ファンドは投資形態のビークルを意味する。

ヘッジファンドは投資に応じて独自の仕組み（ストラクチャー）を持つ投資ビークルであり、その投資戦略は千差万別である。不動産投資をオルタナティブ投資の対象とならしめたのが「不動産の証券化」である。

不動産の証券化は、アメリカの戦後から存在していたMBS（Mortgage Backed Security）が代表的なものである。アメリカでは日本と違い、住宅

---

(24)**エマージング市場**：アジア、中南米あるいは東欧などの「新しく台頭してきた（エマージング）」、急成長し始めた国々にある企業・金融機関だけでなく、公的資金の資金需要に対する投資市場を指す。高いリターンが期待できる半面カントリーリスクが高く、リスクマネーの投資先の象徴的な市場となる。

第1章　ニュープレーヤー・ニューゲーム

ローンをプーリングして証券化し市場で販売するセキュリタイゼーションが、戦後から発達していた。アメリカの戦後復興の住宅政策が、この証券化を通してファイナンスされてきたのである。この住宅ローンの証券化であるRMBS（Residential-MBS）を原資産としたデリバティブ商品等もヘッジファンドによって盛んに投資されている。また、RMBSに遅れて、1990年代に入り商業不動産の証券化CMBS（Commercial-MBS）が始まった。1998年のロシア通貨危機に、日本の野村證券が巨額損失を出したのがこのCMBSであった。

このように、ヘッジファンド発達の背景には、1990年代に入ってから、不動産のエクイティ（REIT）、住宅ローンモーゲージ（RMBS）、商業不動産モーゲージ（CMBS）という、不動産ファイナンスのエクイティとデットの**セキュリタイゼーション（証券化）**[25]が、市場原理による、より高い・効率の良い利回りに対する市場ニーズに呼応して開発・育成されたことが貢献している。

セキュリタイゼーションは、従来からあるM&A、**バイアウト**[26]市場、グローバルな市場原理の拡大とあいまって、ファイナンスの革命をもたらした。このような市場での新しい技術の台頭の中で、ファンドによるビジネスモデルも拡大成長した。これらはすべて"レーガノミクスによって生じた不動産投資→破綻"のパラダイムとは違った、新しい人たちによる新しいビジネスモデルである。

アメリカにおけるニュープレーヤーによるニューゲームの始まりであった。

---

[25]**セキュリタイゼーション（証券化）**：不動産資産から得られるインカム、キャピタルあるいは開発利益を配当原資とした証券。この証券により不動産を実物市場でなく、セカンダリーマーケットの証券市場で売買できるようになる。投資の対象も直接不動産でなく、証券を対象とすることができる。証券化により不動産から有価証券に変態することが可能となり、有価証券投資としての税制等のメリットが受けられる。

[26]**バイアウト**：企業等投資事業を再生する意味であるが、最近は再生を目指して、対象は企業に限らず、ディストレスアセット等、幅広く買われる。バイアウトの手法にLBO（レバレッジバイアウト）、MBO（マネジメントバイアウト）等がある。

1990年代からのヘッジファンドビジネスの急速な拡大、そして不動産ファンドビジネスの急速な拡大は、アメリカだけでなく、世界に急速に拡大し始めることになる。アメリカだけでも実質1990年から組成が始まり、2004年には資産規模1兆ドルにせまり、約8,000以上のヘッジファンドが組成されているといわれている。2010年にはさらに倍の資産規模になるという予測すらある。どの国の当局も現実にはその全容をつかみきれていないのが実態である。

　不動産に関する公開ファンドにおいては、アメリカだけで現在30兆円の市場規模に達し、世界中でリストされているREITに限ってみても、オーストラリア、韓国、シンガポール、マレーシア、ヨーロッパ諸国に拡大している。上場されていない私募形式の不動産投資ファンドにいたっては、その組成されている国だけでなく、ファンドマネーの投資対象となっている国はグローバルに広がっている。アメリカのリスクマネー、ドイツのリスクマネー、イギリスのリスクマネー……これらは必ずしも自国のリスク資産に投資をしているとは限らない。

　また、日本の再生案件、アジアのエマージング市場、とりわけ中国への関心は非常に高まっている。これらすべては、1990年代以降の市場原理に基づくリスクマネー市場のダイナッミクな動きである。

Column 3　レーガノミクス

　1960年代のベトナム戦争とインフレ、1970年代の2度にわたるオイルショックとインフレにより、スタグフレーション（不景気とインフレが同時進行する経済局面）が生じていた1981年、ジミー・カーター大統領に代わって、ロナルド・レーガン（第40代、共和党）大統領が誕生した。レーガン大統領の採った経済政策が「レーガノミクス」と呼ばれる。

　レーガン大統領の経済政策の主眼は、インフレの退治と、「強いアメリカ」の再生であった。そのための主な経済政策としては、高金利、企業・高額所得者への減税、軍事増強であり、社会福祉の抑制であった。従来のケインジアンの考え方に基づく財政支出を推し進める混合経済下の「大きな政府」から、マネタリズム、サプライサイドの経済政策による市場のメカニズムにウエイトを置いた「小さな政府」を標榜する政策へと変わった。

　その一方で、ソ連との冷戦末期にあり、軍備の拡大を進めた。減税政策、サプライサイド（企業、産業等の供給側重視）の政策による景気回復により、財政上の増収と、軍事支出をバランスさせようという考え方であった。1981年の経済拡大政策経済再生アクション（The Economic Recovery Tax Act of 1981）により損益通算のほか、減価償却の短縮、非居住用不動産の減価償却の平均35年から15年への短縮化、純キャピタルゲインの最高税率の28％から20％への引下げがなされた。これによりパートナーシップを用いた不動産投資ブームが起きた。

　このような所得税の減税の他、投資減税等により企業、石油産業、軍需産業が拡大した。しかし最終的には、サプライサイドの政策の減税による税金の増収が思うように実現せず、軍事支出拡大のバランスがとれず、巨額の財政赤字と貿易赤字（特に対日本）を生み出した。この2つの赤字が「双子の赤字」と呼ばれるようになる。

これに対して、日本がアメリカの国債を買うことによって資金供給する構図が、この時出来上がった。時は中曽根、レーガンによる"ロン・ヤス"の日米関係（政策協調）の時代である。
　その後、経済引き締めを目的とした1986年のTax Reform Actが転機となり、土地クライシス、これにリンクした金融クライシスが生じ、その処理には1993年のRTCの出現等、不良債権処理の完了を待たねばならなかった。
　レーガン大統領の保守主義と、後の第43代ブッシュ大統領の新保守（ネオコン）主義とを対比すると、アメリカのイデオロギーの変遷がよく分かる。
　両者の似ている点は、市場競争に対応できない弱者へのセーフティーネットに対する政府の役割を過小評価し、市場原理の力で強者（富める者）がますます強くなることに関し、寛容であったといえよう。
　石油、軍需産業への肩入れという点も似ている。レーガン時代のイデオロギー上の敵はソ連であった。ただし、レーガンの時代にソ連は崩壊しており、軍需費の垂れ流しとは言われているが、一定の成果を見ていることになる。
　第2次世界大戦後、ケインジアンによる総需要をコントロールする政府の役割が拡大した時代から、レーガノミクスを経て市場メカニズムへ傾倒して小さな政府を標榜し、その後振り子が何度か触れはしたが、第43代ブッシュ大統領の下で、グローバルな市場メカニズムによる新しい局面に入った。

1.2.3 ファイナンス理論の歴史

投資ファイナンスの歴史は、市場のニーズの歴史でもある。市場の新しいニーズに対して常に新しい革新的な技術を開発することによって、市場の成長に応えてきた。

●ポートフォリオセレクション理論

投資における現代ファイナンスの起源は、1952年のハリー・マーコウィッツ（1990年ノーベル経済学賞受賞）のポートフォリオセレクション理論から始まる。卵をすべて1つのバスケットに入れるより、いくつかのバスケットに分散した方が、落とした時のリスクが少ないという考え方である。リスクを減らすためにポートフォリオを分散させる**モダンポートフォリオ理論（MPT）**[27]の始まりである。フィナンシャルジャーナル誌に掲載されたポートフォリオセレクションの論文は、数学式で書かれた15ページの論文であった。

当時、証券投資の手法に「分散」という考え方はあまりなかった。ファンド、株式投信にも**アクティブ投資**[28]がなされ、その分析も当然対象株のファンダメンタルな分析に基づくものであった。ポートフォリオセレクションは、マーコウィッツが当時学位論文のテーマの打ち合わせのために担当教授を訪問した際に、その教授に株をセールスに来ていたセールスマンとの雑談の中からヒントを得、作り上げたものである。CAPM理論を導く新しい革新的な概念として、その後のファイナンス技術に多大な影響を与えた。

ポートフォリオセレクションの特徴は、それまでのアクティブ投資の考え

---

[27] **モダンポートフォリオ理論**：ハリー・マーコウィッツのポートフォリオセレクション、ウイリアム・シャープのCAPM理論、モディリアーニ＝ミラーのMM理論を指す。または株式市場における投資戦略とレバレッジ戦略の学術的基礎を作ったこの3人を指す。この功績により、この3人は1990年、同時にノーベル経済学賞を受賞している。

[28] **アクティブ投資**：企業業績に関する個別のファンダメンタルな分析をすることによって、市場での企業価値を個別に判断して投資を行う手法。パッシブ投資に対峙して使われる。パッシブ投資はβ値が1に近い、市場の平均的なポートフォリオ（インデックス）に投資する手法である。

方がその株そのものの収益を見ていたのに対して、2つの違った株の相関性（共分散）に注目したところにある。これにより、所与の収益率に対して最もリスクが小さくなるポートフォリオを求めることができた。これが効率的ポートフォリオと呼ばれるものである。

この時アメリカでは戦後の繁栄に基づき企業が成長し、1950年代以降企業年金の規模が急激に大きくなり、年金運用における投資の技術に関心が集まり始めた時代であった。

〔2資産間のリスク〕
 σ_p：ポートフォリオのリスク　　W_a、W_b：資産A、Bの投資ウエイト
 σ_a、σ_b：資産A、Bのリスク　　ρ_{ab}：資産Aと資産Bのリターンの相関係数
 $\sigma_p = \sqrt{w_a^2 \times \sigma_a^2 + w_b^2 \times \sigma_b^2 + 2 \times \rho_{ab} \times w_a \times w_b \times \sigma_a \times \sigma_b}$

〔多資産間のリスク〕
 σ_p：ポートフォリオのリスク　　W_i：資産iの投資ウエイト
 σ_i：資産iのリスク　　ρ_{ij}：資産iと資産jのリターンの相関係数
 $\sigma_p = \sqrt{(w_i^2 \sigma_i^2) + 2\Sigma(\rho_{ij} W_i W_j \sigma_i \sigma_j)}$
 ⇒このリスクが最も小さくなる組み合わせを見つける。

しかし、ポートフォリオセレクション理論といえども、当時十分に計算能力を持ったコンピュータがなく、人の計算で処理しなくてはならない状況では、せいぜい十数個の株式の分散・共分散を計算するのが限界であった。最適なポートフォリオを見つけるには、平均・分散によるすべての資産の間の共分散を手で計算する必要があった。実用性に問題があったわけだ。

現実には、たとえ現代のようなコンピュータ能力をもってしても、市場にあるすべての銘柄の共分散を計算し、最適なポートフォリオを計算するには、かなりの時間を必要とする。つまり、理論的には投資市場に受け入れられる概念ではあったが、現実に使われたことはなかったと言わざるを得ない。企業の業績情報を分析して投資するアクティブ投資が主流であった時代背景には、このような事情もあった。

● CAPM（キャップエム）理論

　これに対して、その後のマーコウィッツの教え子でもあるウィリアム・シャープ（1990年ノーベル経済学賞受賞）らによる資本資産価格モデル（Capital Asset Pricing Model, CAPM）が1960年代に入り登場した。

　このモデルは、各々資産と平均的な市場ポートフォリオとの共分散を求めることによって得られる均衡モデルであった。個々の株価収益 R_i が市場の平均的なポートフォリオ収益 R_M に近い動き方をすることから、回帰分析により各銘柄の共分散を割り出す簡便な手法を考えた。実際、数十銘柄による比較においては、変わらない結果が得られた。

　市場で CAPM の概念が成立すると考える人は、市場の効率的なポートフォリオと預貯金等の安全資産を保有すればよいことになる。インデックスファンド（市場の平均的）による**パッシブ投資**[29]の登場である。

　この考え方により、市場ではアクティブ投資が、インデックス等への投資が中心となるパッシブ投資に席巻されることになる。アメリカでは1950年代から拡大してきた年金資金が1970年代に入り、1973年のオイルショック、為替変動等、外からのリスクにさらされて、企業倒産、運用の失敗等が続き中途脱退等を生じ、年金を受けられないという社会問題が顕在し始めた。

　1974年にはエリサ法（従業員退職所得保証法（ERISA：Employee Retirement Income Security Act of 1974））が制定された。プルーデントマンルール等、年金の運用受託者に対して善管注意義務が課され、現代ポートフォリオ理論がその規準として明記された。市場がアクティブ運用に対して、新しい市場でのリスク分散的な運用を求めた時代であった。市場ニーズに応えた投資技術の革新である。

　CAPM の均衡モデルは、収益とリスク（β：ベータ値＞0）の1次関数式で表される。

---

[29]**パッシブ投資**：アクティブ投資の反対の手法。市場平均ポートフォリオに投資する手法。特にその後のミューチュアルファンドの主要な手法となる。

> リスク資産の期待収益率　$E(R_P) = R_F + [E(R_M) - R_F]\beta$
> $E(R_P)$：個別資産の収益率　　R_F：無リスク資産の収益率
> $E(R_M)$：市場（マーケット）ポートフォリオの収益率
>
> β：ベータ値　　$\beta = \dfrac{C[R_i, R_M]}{\sigma_M^2}$
>
> この式の意味は、市場の平均的な収益から安全資産の収益を引いた収益、つまり安全資産を超える超過収益に、その資産のリスク指標のβ値を掛けて、安全資産の収益率に加算したものがリスク資産の期待収益率となる。リスクが高ければリターンも高くなるリスク資産が持つβ値による１次関数である。βは、リスク資産と市場マーケットポートフォリオの収益率の共分散を分散で割ったものである。過去のデータを元に回帰分析で推定される。日本では東証からTOPIXに関する株価のβ値が公表されている。

　上記のように、CAPMの均衡が成り立つ時、リターンが高くなればリスクも高くなるというリターンとリスクの関係が成り立つ概念である。マーコウィッツのポートフォリオセレクションが資産間の共分散に着目する考えであったのに対して、CAPMは市場の効率的ポートフォリオと対象の資産と分散共分散に着目した。この共分散をβ値の考えで表すことになる。つまり、非常に実用性が出てきたわけだ。

　平均的な市場ポートフォリオ[30]とはスタンダード＆プアーズ500であり、TOPIX（東証株価指数）等である。このTOPIXが１単位変動すると、その資産、つまり個々の株式の株価がどれだけ変動するかを示したものである。このβ値が１より高ければリスクが高く、低ければリスクが低いこととなる。例えば、東証から公表されている三菱地所の直近６ヶ月のβ値が1.2で東京建物が1.8であれば、東京建物の方がリスクが高いことになる。

---

[30] **平均的な市場ポートフォリオ**：インデックスファンド等で投資されるポートフォリオとは、厳密には異なる。インデックスファンド等ではコスト等のバイアスがあるため、TOPIXとは異なる。

不動産投資がインフレに強いとか、株式等の代替的な投資に強いといわれるのは、特にアメリカにおいて不動産銘柄、あるいは REIT 産業の株に対する β 値が1以下にあることに要因する。

この β 値が1に近いポートフォリオ（市場平均ポートフォリオ≒1）を組成したものがインデックスであり、インデックスに投資して市場の平均的な収益を目指すのがパッシブ投資（↔アクティブ投資）である。実際のインデックスファンドは各アセットクラスのインデックスを組み合わせてさらに最適なポートフォリオ見つけ出し、少しでも市場全体の平均より上の収益を目指す。

このように、現代ポートフォリオ理論より実用性の高い CAPM を手にして、インデックスファンドによる運用が市場を席巻した。これを「CAPM 革命」と呼ぶ人もある。この手法を用いて拡大したのが**ミューチュアルファンド**[31]である。ミューチュアルファンド（↔ヘッジファンド）はファンダメンタルズ分析を必要とせず、インデックスにだけ投資を行うため、コストが安く市場に受け入れやすかった点も拡大に起因している。

しかし、この CAPM が成り立つには、いくつかの前提が必要であった。その1つとして、市場が「効率的」であることが大前提であった。つまり、市場に参加するすべての人が同じ情報を持つ必要があった。しかし、これは現実にはあり得ないことであり、このような、市場に相対して平均的な運用をするインデックス投資への投資が主流の市場において、何らかの優位な立場をとりたい人のニーズがなおざりになっていった。このなおざりにされた市場のニーズが、その後、市場原理の中で、市場を牽引する新たなニーズ、ヘッジファンドとして台頭することになる。

●効率的市場仮説

1970年、市場の効率性を学術的にまとめ上げたのがフェマである。フェマ

---

[31] ミューチュアルファンド：アメリカの投資信託で、複数の投資家から資金を募るオープンエンド型投資信託。

による効率的市場仮説"Efficient Capital Markets"は、市場をストロング、セミストロング、ウィークに分けて効率性の度合いを論じた。

最も効率的な「ストロングな市場」では、すべての情報が市場へ瞬時に行き渡っており、極端な例、インサイダーな情報といえども情報の優位性を持たない市場である。このような市場では、株価はすべての情報をすべて織り込んでいるために予想が不可能であり、ランダムに変動するとされる。株価のランダムウォーク仮説である。

「セミストロングな市場」においては、企業が公表する情報やさまざまな媒体が配信する情報について効率的であるとされる。

「ウィークな市場」とは、過去のイベント情報についてのみ効率的な市場である。このようなウィークな市場では、自己回帰性が強く[32]、過去の収益の記録が示すトレンドによって、将来の予測が可能な市場である。日本の地価によって形成される不動産投資市場等が、まさにこれに当てはまる。市場が効率的であれば資産評価はランダムで予想不可能であり、効率でなければ資産評価は予想可能となる。

パッシブ投資とアクティブ投資の優位性の比較において議論になるのが、「この市場が効率的か」という点である。株式投資のアクティブ投資は、その株に示される企業業績に関する情報を仔細に分析して、その優位性を判断する。もし市場の効率性が強ければ、情報はすべて株価に織り込まれており情報分析による優位性（超過収益）は存在しない。投資しようとする市場の効率性が高いと信じる投資家は、アクティブ投資がパッシブ投資に勝てないと判断して、パッシブ投資、いわゆるインデックス投資へ走ることになる。

不動産に投資をする場合も、市場が効率的かどうかの検証なしにアクティブ、パッシブの戦略は議論できない。日本の不動産投資市場が効率的かそう

[32] **自己回帰性が強い**：自己の過去の記録に強い相関性があること。効率性が強い市場でランダムに動くことの反対に、効率性が弱いと昨年あるいは昨日の動きから将来の変動を読むことができる。

でないかは第2章で検討する。

　アメリカの1960-70年代は、米ソ冷戦による緊張、その後の緊張緩和という象徴的な時代であり、この冷戦に対して優位な立場に立ちたいというのがアメリカにおける市場のニーズであった。核弾頭を積んだ大陸間弾道ミサイル（ICBM）の開発競争が繰り広げられていた時代である。ロケットの弾道計算をするロケット工学と、複雑な弾道計算をさせるスーパーコンピュータの開発が、この時代のニーズに応えたわけである。

　そして、その後のロケット開発競争の停止（アポロ計画：1968-1972年）とともに、ロケット工学の頭脳がファイナンスの分野へと流出した。また、コンピュータ開発の進歩により、ファイナンスの世界にワークステーション等のコンピュータが貢献し始めた。

●ブラック＝ショールズモデルとMM理論

　1973年、数学者フィッシャー・ブラック（2年後他界）と経済学者マイロン・ショールズ（その後ヘッジファンドLTCMに参加する）によって、オプション理論を一気に実用性あるものにした「ブラック＝ショールズモデル」が登場する。「ファイナンス史上最も美しい均衡式」と呼ばれたものである。

　このモデルは、ロバート・マートン（同じくLTCMに参加する）が数学的に証明することによって世に出た。このモデルによって、ファイナンスのオプション評価が、オプションの行使価格、行使期間、安全資産のレート、原資産のボラティリティ、原資産の価格が分かれば、誰もが小型計算機で割り出すことが可能となった。オプションに代表されるデリバティブ時代の幕開けとなったわけだ。

　オプション評価モデルは、ポートフォリオ理論、MM理論、CAPMと並び賞賛され、1997年、マイロン・ショールズ、ロバート・マートンはノーベル経済学賞を受賞している。

　この時代のファイナンス理論の歴史において、もう1つ重要な理論がある。

MM理論である。MM理論は1961年モディリアーニとマートン・ミラー（1990年ノーベル賞受賞）によって、「完全資本市場、株主の合理的行動、完全確実性の過程のもとでは、企業価値は資本政策によって決まるものではない。」という命題を証した理論である。倒産の危険性がなければ、税金によるインセンティブの下、企業は100％借入れによるレバレッジを効かせることにより企業価値を高めるという考え方である。この考え方は、ファンドの資本政策の議論のスタートとなる概念である。

●市場のニーズとファイナンス理論

1969年、ノーベル賞に経済学賞が加わった。ノーベル経済学賞の対象は、1970-80年代、国の通貨政策、経済政策に役立つ経済学理論、政策論に重点が置かれていたが、1990年代に入りファイナンス分野の受賞が急増した。

投資ファイナンスの社会ニーズに対して、新しい革新技術によって応えたファイナンスの技術概念が評価されるのが1990年以降である。これには、国・政府の役割が非常に大きな影響を持っていた経済システムから、1990年以降、市場原理による金融理論、ファイナンス理論、行動理論、つまりボーダレスの市場システムの理論が台頭してきたことが背景にあった。

そして時代は、単にファンダメンタルズに左右されるだけの平均的な収益ではなく、市場原理に基づいた「絶対収益」に対する新たなニーズが市場に高まってきたわけである。絶対的な収益とは、時には市場の平均に関係ない高い収益、あるいは投資家が望むヘッジされた収益等、カスタマイズされた技法を必要とする。

リスク概念がない時代から市場にリスクが顕在化する時代へと移り、やがてこれらのリスクをマネジメントした収益に対するニーズが市場に登場してきたのである。ニュープレーヤーによるニューゲームの始まりである。

1996年、ピーター・L・バーンスタインによる著作『Against The Gods（神々への反逆）』がアメリカで発刊され大ブレークした。リスクに対する歴史書の大ブレークは、まさにリスクに対する関心が市場に顕在化したことを

示すものである。日本では1998年に邦題『リスク―神々への反逆』（日本経済新聞社）で発刊され、やはり大ブレークしている。

　リスクという概念は、すでにギリシャ神話の時代から「サイコロ賭博」という形で存在していた。サイコロの出る目には、確かに何らかの偶然性があった。しかし、この偶然性（秩序）＝リスクは神のみぞが知り、つかさどる領域であった。その後、14〜16世紀におけるルネサンス革命（人間回帰）を経て統計学・確率の概念が確立された（Column 4 参照）。これによってリスクが神の領域ではなく、人間が計量化できる領域の概念になった。この一連の歴史について、神々への反逆として著した本である。

　この『リスク―神々への反逆』は、リスク概念に関する歴史読本である。このような本が大ブレークするには、ファイナンスの理論から一歩進んで、金融工学が学問として、投資実務に対する実効性あるものとして関心が持たれるにいたった背景がある。このような市場の新しい関心・ニーズが顕在化し始めたのが、ほんの10年前である。金融工学のリスクを計量化してマネジメントする考え方は、まさに投資ビジネスにおけるニューゲームに必要な技術革新である。

　日本でも現在、公共投資が景気を刺激するスタイルの経済政策から、市場原理による経済の効率化によるスタイルの経済政策へと変わりつつある。このようなパラダイムチェンジの中で、土木工学、数理工学の非常に優秀な能力がファイナンスの世界に流入しつつある。これらはすべて、市場で顕在化した新しいニーズに対して応えるべく技術革新となって市場の成長に貢献している。このような新たな参入がニュープレーヤーの本質でもある。

図表1-5 ノーベル経済学賞の受賞者と対象研究

年代	ノーベル経済学賞受賞者	研究分野
1969	ラグナル・フリッシュ、ヤン・ティンバーゲン	経済過程の分析
1970	ポール・サミュエルソン	静学的及び動学的経済理論
1971	サイモン・クズネッツ	経済成長に関する理論
1972	ジョン・ヒックス、ケネス・アロー	一般的経済均衡理論
1973	ワシリー・レオンチェフ	投入産出分析
1974	グンナー・ミュルダール、フリードリヒ・ハイエク	貨幣理論及び経済変動理論
1975	レオニード・カントロビッチ、チャリング・クープマンス	資源の最適配分に関する理論
1976	ミルトン・フリードマン	消費分析・金融史・金融理論
1977	ベルティル・オリーン、ジェイムズ・ミード	国際貿易 資本移動に関する理論
1978	ハーバート・サイモン	意思決定プロセス研究
1979	セオドア・シュルツ、アーサー・ルイス	経済発展
1980	ローレンス・クライン	景気変動・経済政策
1981	ジェームズ・トービン	金融市場
1982	ジョージ・スティグラー	産業構造市場の役割
1983	ジェラール・ドブルー	一般均衡理論経済理論
1984	リチャード・ストーン	国民勘定のシステム
1985	フランコ・モディリアーニ	貯蓄と金融市場
1986	ジェームズ・M・ブキャナン	公共選択の理論
1987	ロバート・ソロー	経済成長理論
1988	モーリス・アレ	市場資源の効率的利用に関する理論
1989	トリグヴェ・ホーヴェルモ	計量経済理論の体系化
1990	ハリー・マーコウィッツ、マートン・ミラー、ウィリアム・シャープ	ファイナンス理論
1991	ロナルド・コース	取引費用と財産権の発見
1992	ゲーリー・ベッカー	ミクロ経済学分析
1993	ロバート・フォーゲル、ダグラス・ノース	経済成長
1994	ラインハルト・ゼルテン、ジョン・ナッシュ、ジョン・ハルサニ	非協力ゲームの均衡の分析
1995	ロバート・ルーカス	経済分析に関する理論
1996	ジェームズ・マーリーズ、ウィリアム・ヴィックリー	非対称情報の下での経済理論
1997	ロバート・マートン、マイロン・ショールズ	オプション評価モデルの開発理論証明
1998	アマルティア・セン	厚生経済学への貢献を称えて
1999	ロバート・マンデル	最適通貨圏に関する理論
2000	ジェームズ・ヘックマン、ダニエル・マクファデン	ミクロ計量経済学
2001	ジョージ・アカロフ、マイケル・スペンス、ジョセフ・スティグリッツ	情報の非対称性の市場分析
2002	ダニエル・カーネマン、バーノン・スミス	行動ファイナンス
2003	ロバート・エングル、クライヴ・グレンジャー	経済の時系列分析
2004	フィン・キドランド、エドワード・プレスコット	動学的マクロ経済学

Column 4　ガウスの最小二乗法と正規分布

　ドイツ生まれのヨハン・カール・フリードリヒ・ガウス（1777－1855）は数学者、天文学者、物理学者の名をほしいままにするほど多くの研究成果を残した。特にその後のファイナンスに大きな影響を与えたのが「最小二乗法」と、ガウス分布とも呼ばれる「正規分布」である。正規分布とは、中心から左右対象に均等に分布する状態であり、「釣鐘（つりがね）型の分布」とも呼ばれる。

　ガウスは天文観測の中でデータを集計したところ、観測データの誤差に特徴があることを発見した。この誤差を修正して最も「近似」した数式に表したのが最小二乗法である。

　例えば、ある要因 X によって、ある結果 Y が決定される場合、この（X，Y）を散布図にグラフ化すると、下記図表①のように描かれるとする。この散分布の近似値を図表②のように割り出す方法（図表の中の実線）が最小二乗法である。この近似値線は y＝ax＋b の 1 次式の線形関数で表すことができ、この a、b を回帰分析で見つけることによって、近似値線を推定することができる。

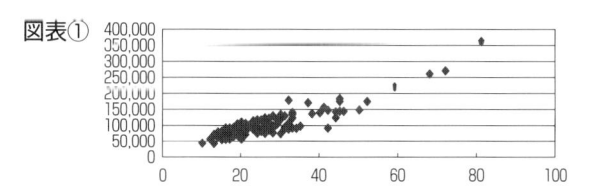

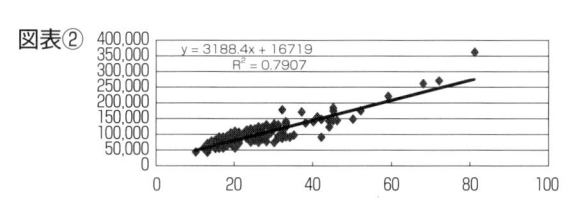

図表①

図表②　$y = 3188.4x + 16719$　$R^2 = 0.7907$

現在では、このa、bはエクセル等の計算ソフトで簡単に計算できる。図表②では、この近似値線y＝3188.4x＋16749で、このデータの79.07％の説明がつくことを示している。

　これが何を意味しているかというと、例えばある賃貸マンション市場において、20㎡の1Rマンションから80㎡のファミリーマンションまでいろいろな規模のマンションがあり、それぞれ募集賃料が決まっているとする。これらのサンプルの専有面積をX㎡とし、募集賃料をY円としてデータ集計を行い、近似値線を推定したとする。

　そこで今、新しい投資家が、この市場で25㎡の1Rマンションへの投資を希望する場合、この投資家はいくらで賃料を募集できるか調査することになる。通常は、地元の不動産屋へ電話等をして相場を調査する。しかし、対応した人物がどれほどの精通者で、この聞き取り調査がどれくらい正しいか分からない。

　不動産屋は通常の取引事例から相場を想定して答えることになる。この際、上記図表②のようなデータ処理ができていれば、地元の不動産業者でなくとも79％の確率で説明することができるわけだ。

　上記図表は2005年度の東京都新宿区の賃貸マンションの推定結果である。ちなみに25㎡は9万6,459円（実質賃料）と推定することができる。新宿区の最強の不動産屋のみが知る相場ではなく、データ処理ができる不動産屋であれば、そのデータ決定係数も含めて非常に信頼のある投資コンサルティングが可能となる。変数を㎡数だけでなく、築年数、立地、機能等他の属性変数を組み合わせた多変量解析分析により、市場のプライシングの推定が非常に高いレベルで可能となる（賃貸マンション調査の仔細な例は巻末の補論を参照）。

　この場合、図表上の観測値Yと推定された近似値線上の推定値yとの間には誤差が生じ、Y－y＝誤差εとなる。したがって、Y＝aX＋b＋εと表すことができる。

上記の例では、この誤差項がある分、説明が79％しかつかないことを示している。散布図のバラツキがもっと大きくなる（近似値線よりY値距離が離れる）と、誤差がより大きくなる。つまり、最小二乗法とは誤差の修正法である。

　そしてガウスは、この誤差を集計し分布にして観察してみると、平均を中心にして左右対称に分布することを発見した。これがガウス分布とも呼ばれる正規分布である。

　正規分布は数学的に表現すると、平均μと標準偏差σで表される。この場合、標準偏差とは左右対称のバラツキの計測値となる。株式、不動産等においても、投資収益率は平均的な収益率と、その収益率が変動するバラツキ（リスク）を測定することができる。つまり、通常投資収益率は正規分布に従うとされており、この正規分布から確率を用いてリスク計算を行うことが可能となる。誤差はこのような社会現象だけでなく、例えば工場で作られる工業製品にも誤差つまり不良が出てくる。この不良品をデータにすると、やはりなんらかの分布が得られる。生産管理の場においても、このような考え方が解決の手法となる。

　最小二乗法を用いたデータ処理により、そのエリアの最も神様的な存在の不動産屋のみが知る賃料相場が、誰でもが推定できるものとなり、神のみぞがつかさどっていたリスクを、確率の手法によって計量化することができるようになったわけである。

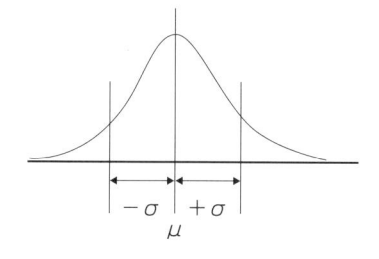

1.2.4 市場の新しいニーズに応える新しい技術革新

グローバリゼーションとは、市場原理によるヘゲモニー（主導権）を握るためのイデオロギーであるといえよう。アメリカがレーガン大統領のレーガノミクスにより「小さな政府」を標榜し、市場原理主義を前面に押し出して以来、ジョージ・ウォーカー・ブッシュ大統領（2001年〜）のネオコン主義に見られる、市場原理への傾倒、市場の中で強い力を保持することに対する羨望は、拝金主義とは行かないまでも、マネーによる力の優勝劣敗を国際社会レベルで顕在化させた。

そのような時代背景において、リスクマネー市場が急速に拡大し始めた。世界中で、先進諸国、新興国を問わず、それまでのノンリスクマネーにウエイトを置いた経済システムから、リスクマネー市場による経済システムへと傾倒し始めた。

イギリスが証券市場を活性化させるために行った金融改革ビッグバンは1986年の出来事である。アメリカでは前述の通り、間接金融システムによる金融機関の破綻処理が終わったのが1994年、クリントン大統領がRTCに追加公金注入を行って以降である。1996年の日本版ビッグバンも、まさに間接金融から**市場型間接金融**[33]への変革を目指したものであった。中国では計画経済から間接金融経済を飛び越えて市場原理の導入を実験している。

そもそも社会がどのようなイデオロギーであれ、その社会を統治するガバナンス主体が存在してはじめて市場が機能するはずである。新しい市場原理は、ある意味でこれまでの人（政府）によるガバナンスにとって代わろうとしている。人による統治が魅力あせた結果新しい市場原理が台頭してきたのか、新しい市場原理によって人によるガバナンスが駆逐されたのかは、後の歴史の証明を待たなくてはならないが、いずれにしてもボーダレスと呼ばれ

---

[33]**市場型間接金融**：従来の間接金融は、金融機関が資金の需要者と供給者とを直接つなぐだが、市場型間接金融では、銀行が集めた資金を、市場を通じて供給する。金融商品等に組成して市場に提供したりする。市場型間接金融では、需要者と供給者と市場とを金融機関がつなぐ。

第1章　ニュープレーヤー・ニューゲーム

る国際社会で、たとえ単民族国家といえども、国家単位の政府がなせる機能が急速に低下し、グローバルな新しい市場原理に従来のガバナンスが置き換わろうとしている。そして、ボーダレスで移動する**ホットなリスクマネー**[34]により、世界がいくつかの大きな市場、あるいは1つの大きな市場に統合されようとしている。結果的に国家あるいはイデオロギー等の違いがあっても、市場間の非相関性が低くなり、世界全体が1つのイベントに連動して動くようになる。同時世界的デフレ、原油価格高騰の世界規模での影響、先進諸国での少子高齢化が経済に与える影響等がそれである。

　また、一国の通貨イベントが主要なマネーセンターに与える影響も同時多発的である。日本の株価は、日単位でアメリカの株式市場に連動している。例えば東京の金融セクターにおいて、著者がスターバックスコーヒーで業界人とコーヒーブレイクをしながらビジネスの情報交換を行ったとしよう。次に、著者が香港の金融セクターに出向いて情報収集をしたとしよう。場所はやはりスターバックスコーヒーである。すでに世界中に「スタバ」がある。これがグローバルスタンダードである。

　「その国に行けばその国に従う」というのは過去の話で、どの国へ行ってもグローバルスタンダードに従う。多くの多様性が散在してグローバルな市場を形成しているのではなく、グローバル化により同質化しつつある。

　このような中で、分散投資によるリスク低減の効果が疑問視され始めた。分散投資によって平均化したリターンの低下による弊害の方が、リスク低減効果よりも問題視される状況になってきたわけだ。

　日本のファンダメンタルズも大きく変化しようとしている。高齢化・少子化による人口減少、国内の消費－産業構造の成熟により経済全体が低成長となっている。このようなファンダメンタルズの変化において、低成長により少なくなりつつある収益の再配分のあり方、再配分の効率性、社会保障・サービス機能の官から民への移行等、官による規制システムから市場原理に

[34]ホットなリスクマネー：最も短期に最大の利潤を求めて世界中を移動するリスクマネー。

よる効率の良いシステムへの構築が急がれている。

しかし現実に、長期間低成長に馴らされてしまっている日本は、グローバルな市場の中の市場平均以下の運用収益しか上げられないような敗者マインドに、何ら疑問を持たない状況にすらなってしまっている。「人口が減少するのだから、経済が収縮しても仕方ない」といったもっともらしい理由づけをして、自ら努力をすることをやめてしまっている。人口の減少が本格化する前から経済パフォーマンスの凋落が生じている、という本質に目を向けようとしない。まさに"ゆで蛙"状態になってしまっているのだ。

さて、このような現況を背景に、投資市場のニーズはどこにあるのであろうか。例えばアクティブ投資かパッシブ投資で考えるならば、どちらにトレンドが向いているのであろうか。

現在、市場にある投資戦略の差別化は、このどちらかに対局されることによってなされている。前述の通り、市場が効率的（セミストロング）であると信じる人は、アクティブ投資によって超過利益を得ることはできないと考え、パッシブ投資を行う。そうでない人、もしくはどうしても市場の平均的な収益に満足できない人は、アクティブ投資を目指すことになる。アクティブ投資は市場で多くの人が持っていない情報、もしくは情報を加工した結果得られる優位性ある情報を探すことによって、超過収益を得ようとするものである。それには市場の効率性が弱いことが大前提となる。

パッシブ投資のアクティブ投資に対する非難は、アクティブ投資の実績を加重平均すると、インデックスの利回りの実績より明らかに下回るという指摘である。ファイナンスの有識者の多くが、「アクティブ投資で大成功を収めるのは、市場の何分の一でしかない」と指摘する。そもそもアクティブ運用は、勝ち組と負け組とに明確に分けるのが目的であり、当然勝ち組はほんの一握りであり、その他多くが負け組になる。この勝ち組になりたい投資家がリスクをとってでも採りたい戦略である。このようなアクティブ投資を、

第1章 ニュープレーヤー・ニューゲーム

加重平均でパッシブ投資と比較すること自体、少々無理があるのかもしれない。実際、アクティブ投資で大成功を収めると、それは世界的な賞賛に値する。例えばジョージ・ソロス[35]、ウォーレン・バフェット[36]等がそれに当たる。

アクティブ投資の優位性を語るには、従来のファイナンス理論ではなく**行動ファイナンス**[37]の力を借りる必要があるのも事実であろう。市場には現実にパッシブ投資、アクティブ投資の両方が存在しているが、平均するとパッシブ投資より運用実績が低いといわれるにもかかわらずアクティブ投資が市場に存在する理由は、やはりそれに対する何らかのニーズが市場にあるといえよう。中には市場の効率性の高い方が優れているという、市場の効率性の程度によって社会的ニーズの優劣を判断する間違った考え方もある。この考え方においては、優れているとする市場を標榜するあまり、妄信的にパッシブ投資を信奉する傾向も見られる。彼らに言わせると「効率性のウィークな不動産投資市場など言及するに値しない」ということになるらしい。

一方、証券ビジネスでは、パッシブ運用に代表されるインデックスファンドビジネスの成功の秘訣は、高い利回りを実現しているかどうかではなく、販売プロモーション、つまりマーケティングに拠るところが大きいといわれている。さらには、パッシブ運用の全体がアクティブ運用の全体に勝る本質

---

[35] **ジョージ・ソロス**：ハンガリー生まれのユダヤ人。ソロスは戦後共産化した祖国からイギリスに渡り、ロンドン・スクール・オブ・エコノミックスを卒業後、アメリカに渡る。「クオンタムファンド」(1969) を設立。タイ通貨バーツに投機的な売り浴びせを行う等、マクログローバルな戦略投資家。

[36] **ウォーレン・バフェット**：1930年生まれ。コロンビア大学卒。コカコーラ、アメリカンエキスプレス、ウェルズファーゴ等の成長株を中心に、長期間にわたって莫大な利益を上げる。ビルゲイツとの資産額比べでも有名になるほどアメリカ随一の資産をなす。

[37] **行動ファイナンス**：市場にある非合理な投資行動、あるいは最近市場でその存在が認められているアノマリーを心理的な分野から解明する最近のまだ歴史の浅い学問。狼狽売りやパニック等は人の心理的なものである。

は、ファンドの運用コストの低さにあるといわれている。

　パッシブ運用は、アセットクラスのインデックス等に投資をする。アクティブ投資のように個別銘柄に対する情報収集、その他さまざまな投資技術を必要としない。したがってその分、アクティブ運用より運用コストが格段に安い。パッシブファンドはファンド規模が大きくなり、規模の面でもコストに大きく貢献するが、アクティブファンドはアセットマネージャーに対する報酬が高く、またファンドの規模が小さくコストが非常に高くなる。

　最近、投資信託のコストに関する面白い事例があった。アメリカに投資信託フィデリティ・インベストメンツの旗艦投信「マゼランファンド」という巨大ファンドがある。1977年から幾人かのカリスマファンドマーネジャーのアクティブ運用により大きな収益を実現し、2000年には1,000億ドル規模のファンドになった。

　しかし、大きくなりすぎたファンドはアクティビティーをなくし、アメリカの代表的なインデックスS&P500と同じような銘柄になってしまった。運用報酬だけアクティブ投資並みの隠れインデックスファンドであると批判されるようになったわけだ。実際にその後、資産総額も半分にまで落としてしまい、ファンドマネージャーの交代が報道されている。

　インデックスファンドは、そのバックボーンとなるCAPM理論によって、効率性が弱い市場である不動産、商品、その他の代替的投資を組み込むことができず、株式投資、債券投資だけに偏った投資しかできないことになる。

　パッシブファンドの運用の中心は、株式市場のインデックスである。株式とは、資金を調達して「株式会社」という投資ビークルのための資金を集めるためのツールである。株式会社とは、物的資産を拡大保有することによって成長する投資ビークルである。これはオールドゲームの理論である。

　パッシブ投資の対象となっている株式会社自体が、今後期待される投資ニーズを満足させる投資ビークルであるかどうかも十分に議論する必要がある。この点については第4章で仔細な検討を行う。

第1章　ニュープレーヤー・ニューゲーム

　アクティブ投資が目指すところは、平均的な収益ではなく、卓越した投資技術が存在することによる効果によって実現する「他に抜きん出た競争優位ある収益」である。極端なことを言えば、競争の上に成り立つ結果である。
　したがって、投資自体が「大多数のパッシブ投資」と「一部の勝ち負けがはっきりするアクティブ投資」という構図になり、規模はパッシブ投資に比べてはるかに小さくなる。証券会社のファンドビジネスは、大きなパッシブファンドと小さなアクティブファンドを何本も運用することになる。いくつものアクティブファンドに分散するファンド・オブ・ファンドを運用することも可能となる。

　このように、市場が効率的かそうでないかによって、アクティブ、パッシブといった戦略的投資における、そのメリット・デメリットは分かれることになる。しかし重要なのは、市場が効率的であるかないかだけではなく、市場は動的（時間と共に）に変化しており、効率的な局面、そうでない局面が絶えず変化しているという事実である。投資を行う上で重要なのは、静的な考え方ではなく、常に動的に考えることである。
　例えば、企業会計制度に非常に高い信頼性があり、ガバナンスがある市場で当然効率的な市場であるとしても、一度**エンロンのような不正会計処理**[38]が生じてガバナンスに信頼が持てなくなると、市場そのものの効率性に対しても当然影響が出てくる。また、効率的でない市場であっても、市場が何らかの均衡状態に収束すると、優位性ある情報がなくなることによって市場が効率的なる場合もありうる。
　このようなダイナミックに変化する投資市場にあっては、パッシブにして

---

[38] **エンロンのような不正会計処理**：2001年に破綻した全米7位のエネルギー産業。デリバティブの手法を用いて急成長した。2000年のカリフォルニアの電力不足危機に際しても、デリバティブの手法を用いて大きな混乱を招いた。最終的にデリバティブを使った粉飾決算を行い破綻した。この際、大手の監査事務所アーサーアンダーセンが関与し他事が発覚して、アメリカ企業に対するガバナンスの信頼を根底から壊すことになった。

もアクティブにしても、選択肢が多くあることが重要となる。後述する年金制度においても、従来の老後の生活を保障する大原則は、まずリスクをとらず元本を保証することにあったはずである。しかし、市場に平均的な運用利回り自体がマイナスを示すような市場では、たとえリスクをとらなくても当然元本を食いつぶすことになる。そのような事態が続けば、年金生活者はインデックスではなく、リスクをとってもアクティブな投資を目指さざるを得なくなる。

そうなると市場のニーズは、効率性が強い市場に対する投資だけでなく、効率性の弱い市場への投資となる。投資家のニーズに合わせたカスタマイズに応えるべく選択肢を持った柔軟な投資戦略が望まれるのである。このような動的な市場ニーズの変化の中で、アクティブ投資、パッシブ投資に対するニーズを確認する必要がある。もちろん、効率的な市場の程度は人のなせるものではなく、神のなせる業であると考える人は、永久的にパッシブ投資を信奉することになろう。

これに対してヘッジファンドは、1990年以降急成長して、現在1兆ドルとも言われている。ここで、パッシブなミューチュアルファンドからアクティブ運用のヘッジファンドへの潮流について見てみよう。

ミューチュアルファンドとヘッジファンドの大きな違いは、前者が市場のベンチマークに対し相対的利益を目標としているのに対して、後者は絶対的利益を目標としている点にある。市場において絶対的利益に対するニーズが拡大している状況を受け、ヘッジファンドも拡大している。そのようなニーズに対して、ヘッジファンドの投資ビジネスを応える新しい技術革新としては、以下のようなものが考えられる。

① 投資家の要求するニーズに合わせたカスタマイズができる自由度をもたらすこと。

② 単なる株式、債券、安全資産に対する市場の平均的なポートフォリオではなく、オプション・先物のデリバティブの金融商品をはじめ商品、

不動産等、オルタナティブな幅広いレンジの投資を提供すること。
③　市場原理に基づく平均的な市場動向とは関係ない、絶対的な高い収益率を追求できるファンドビジネス。
④　たとえマイナスになっても、「市場の平均的な収益だから」という言葉だけで説明されていることに対し、単なる説明責任（**アカウンタビリティー**[39]）だけではなく、明確なヘジテート（hesitate）が生まれている中で求められている新しい技術。
⑤　個人投資家に対応した初歩的な金融商品ではなく、レベルの高い専門家用の金融商品の提供。

現状日本でも、年金資金の多くがパッシブ運用のミューチュアルファンドで運用されている。年金資金の運用においては、世界中どの国においても厳しい規制がある。それは年金資金運用こそ、国のガバメントをつかさどる政治、行政セクターが守らなくてはいけない再分配機能の根本であるからである。老後の生活保障のサービスを享受できずして、国の統治を委託するエージェントに対するコストを負担できないからである。

　これらの規制は、年金資金の元本を保全することを大前提に考えている。したがって自ずと、インデックス投資等のパッシブ投資を前提とした考え方に立っている。しかし、グローバルな市場で見ると市場間の非相関性が低くなり、むしろ市場で次々に新しく顕在化するリスクの連動性の方が大きくなりつつある。特に安定成長期に入った先進諸国がそうである。

　このような市場で、従来のファイナンス理論に基づく市場平均ポートフォリオに投資をしても、必ずしも元本を保全し、かつ老後の豊かな生活保障を十分に満足させることができなくなりつつある。もちろん、成長段階にあり

---

[39]**アカウンタビリティー**：企業の内部的には、それぞれの職務に対する成果責任を意味する。対外的には経営者の投資家に対する説明責任の意味で使われる。本書ではほとんどの場合、後者の意味で使用している。

年金等の資金運用が想定以上に成長している国もある。市場原理の結果、そのあり様は千差万別である。このような状況を背景にして、強いもの、あるいは余裕があるもの、つまりリスクがとれるものが、絶対的な収益を求め出してきたと考える。このようなニーズに応える技術革新が、アクティブ投資のようなニュービジネスに求められているといえよう。

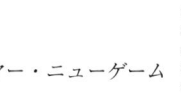

Column 5　　多様性

　不動産投資の対象となる「不動産の本質」とは何であろうか。
　土地を例にとろう。土地の本質を調べるために土壌調査を行い、その成分を掘り進めていくとする。しかし発見できることは、その有機成分、無機成分等の含有割合だけである。不動産投資の対象となるのはそれらの成分ではなく、この成分が経済活動、社会的意義、自然環境の中で担う役割がお互いに関与するシステムであり、このシステムの中で機能する効果に対して投資をする。
　このような機能は、多様性の中ではじめてその価値が認められる。多様性とは、市場の中で違った機能を持つ他の要素との共存によってはじめて、その機能が有効に機能し始める性格を意味する。
　生態系の多様性の言葉を借りるのであれば、「生物の多様性が確立されている場では、すべての生物にとって自由競争の場であり、その自由競争には大絶滅と大進化の機会があり、その結果として環境調和型のシステムをいろいろな場所で獲得することができる」となる。生態系の多様性を見てみると、一般的に熱帯雨林地域やサンゴ礁においては多様性が高いといわれる。このようなエリアの生物は温度が高くリンや窒素等の栄養塩が多く、無機的なものが少ない生態系である。(以上、井上民二　和田英人郎編『生物多様性とその保全（岩波講座・地球環境学〈5〉)』岩波書店（1998）P5、10より引用)
　不動産投資の投資対象となる本質が、単なる物件資産である無機的資産から、技術、戦略等、これらノウハウを持った人材等の有機的ともいうべき無形資産に移行していくのが、オールドゲームからニューゲームの移行過程と考えるならば、より進化した多様性のシステムの中で投資の対象となる資産を見極める必要がある。

デパート業界を例にとると、販売技術、人的競争力、商品開発に差がなく、主に価格戦略が大きなウエイトを占めている場合、大型店舗数を増やす、あるいは売り場面積を増やすといった無機的な物質資産の拡大による利潤拡大が経営戦略の主流となる。

　しかし、売り場面積の拡大、店舗数の拡大、あるいはリニューアルといった物質投資効果が期待できなくなる限界がある。この場合、物質的投資は淘汰され、商品開発能力、販売技術等の人的能力、無形資産に投資を行う経営戦略を行う。市場の成長段階、環境によって投資対象が変わってくる。

　そして市場は、ダイナミックな変動を繰り返している。変動が起きると、その変動の何らかのトレンドに基づいて市場の均衡点に移行する。その均衡点にたどり着く前後に関係なく新しい変化が起きれば、それによって生じるまた新しい均衡点に向かう。多様性に富む市場では常に新しい変化が起き、常に新しい均衡点に向かう。これがダイナミズムである。

　このように多様性に富む市場ではダイナミズムがあり、これによって出来上がる市場が進化した市場となる。多様性を構成する要素が喪失するなどして自由競争が機能しなくなると、その上に出来上がった調和も崩れることになる。

1.2.5　ヘッジファンドビジネスの特徴

　マスコミによく登場する著名なヘッジファンドに、ジョージ・ソロスのクオンタムファンド、ジョン・メリウェザーのLTCMがある。ヘッジファンドとは、ジョージ・ソロスによると「レバレッジを利用し、様々なヘッジ・テクニックを駆使したミューチュアルファンド」(ジュージ・ソロス『ソロスの錬金術』総合法令出版（1996））としている。

　公募型の誰でも小額から参加できるがデリバティブへの投資やショートセリング等ができない規制があるミューチュアルファンドに対して、参加できる金額のロットが大きく私募債型で、規制が少ないがリスクがとれる人しか参加できないのがヘッジファンドである。

　ミューチュアルファンドはアメリカで1924年に創設されて以来、ファイナンス史上のエポックメイキングとなるポートフォリオ理論・エリサ法のプルーデントマンルール・CAPM等の考え方を取り入れてきた。市場の平均的なポートフォリオに対して相対的に連動した収益を目指し、株式・債券を中心にしたポートフォリオモデルである。

　これに対してヘッジファンドは1949年に登場し、その原型はロング（買い持ち）ポジションとシュート（売り持ち）セリングのヘッジポートフォリオを組み、レバレッジを効かせたファンドモデルが起源とされている。

　両者の目指すところは、ミューチュアルファンドが市場のベンチマークに対して相対的な収益率を目指したのに対して、ヘッジファンドは絶対的な収益成績を目標としているところにある。

　「絶対的な」という概念は、人それぞれの主観によってまったく異なる。投資家によって異なる絶対的な目標を達成するためには、カスタマイズされた戦略が採れる自由度が必要になる。そのために規制が少なく、あらゆるオルタナティブ投資を対象にしたファンドである必要がある。

　ヘッジファンド史上、確かにクオンタムファンド、LTCM等は非常に有名ではあるが、LTCMが破綻した1998年当時でも、約400のヘッジファンド

が存在した中の1つにしかすぎない。しかし、一部のヘッジファンドが非常に強いパフォーマンスを実現したことによって、アクティブな投資手法を用いるファンドビジネスが注目を浴びるようになってきたのも事実である。その戦略（ポジション、投資対象、レバレッジ）はそれぞれのヘッジファンドにおいてまったく異なる。

　アメリカでミューチュアルファンドを中心に運用されていた年金資金が、1990年以降、部分的にではあるがヘッジファンドにシフトし始めたことが、まさにニューゲームへの劇的なパラダイムチェンジの始まりといえよう。

　オールドプレーヤーによるオールドゲームからニュープレーヤーによるニューゲームへのパラダイムチェンジを、ヘッジファンドに代表されるアクティブ投資への移行に見ることができるならば、ヘッジファンドの仕組み・戦略の特徴を見ることが、ニューゲームへの大きなアプローチとなる。

　ヘッジファンドは、その投資対象あるいは戦略によって、いくつかのカテゴリーに分けることができる。主なものがニュートラル、アービトラージ、グローバルマクロ、グロス、バリュー、セクター、破綻証券、エマージングマーケット、オポチュニスティック、レバレッジ債券、シュートオンリーであり（ジェームズ・オーウェンの分類に従う。『ヘッジファンド投資入門』ダイヤモンド社（2002））、その中でも有名なのが、ジョージ・ソロス等が活躍したグローバルマクロの戦略である。

　特にソロスは、ポンド等の通貨、円の国債あるいは一国の通貨のボラティリティに投資した。その他ミクロなイベント、例えば企業のレバレッジド・バイアウト、MBO[40]、M＆A、破産、訴訟、リストラ等のイベントに関連する投資機会を対象とする戦略。市場間の裁定機会に投資をする戦略。ロングとショート組み合わせたポートフォリオでリスクニュートラルな戦略等が代表的な戦略である。

　前述のジョージ・ソロスの言葉のように、ヘッジファンドの多くがレバ

レッジを効かせているという特徴があるが、すべてのヘッジファンドがレバレッジを効かせているわけではない。グローバルマクロ、アービトラージあるいはリスクニュートラルな戦略においては非常に高いレバレッジを効かせるのが通常であるが、他のヘッジファンドの中にはレバレッジによるハイリスクを選好しないものも多くある。仕組みから見て、ハイレバレッジを効かせる必然性がない戦略もあるといえよう。

グローバルマクロは、仕組みから見て必ずしもレバレッジを必要とするものではないと考えるが、ジョージ・ソロスのようなカリスマ的な主宰者が高いレバレッジを用いて非常に高い収益を上げていることから、ハイレバレッジ投資機関（HLI[41]）の代表的なものとして特徴づけされている。仕組み自体にハイレバレッジを効かせる必然性がなくても、短期で最大の利益を上げることを最大の目標とするホットマネーは、その目的のためにハイレバレッジを多用するのが普通である。LTCMも財務レバレッジだけでなく、デリバティブによるレバレッジを複雑に組み合わせ、ハイレバレッジを組成していた。前述の通り、その高収益の根源は、50倍から時には100倍ともいわれるレバレッジにあったと言わざるを得ない。

アービトラージ、あるいはニュートラルポジションを用いるヘッジファンドが直接のアセットから得られる収益は非常に小さく、数十ベイシスポイント（1 BP = 0.01%）である。したがって、ある程度のレバレッジを効かせることによってはじめてファンド全体の収益率が数十％になる。例えば、ア

---

[40] MBO：マネジメント・バイアウト（management buy-out）。企業をその経営者やその従業員によって買収すること。通常買収資金が少ないため金融機関等から資金を借り入れるため、結果的にレバレッジの高い投資手法になる。逆にファイナンスする側は間接金融の銀行でなく、リスクがとれ、高度な技術があり自由度の高いファンドが中心になる。日本ではファンドビジネスが市場に登場してはじめて市場での実効性が出てきた手法である。

[41] HLI：ハイレバレッジ・インスティテューション。高いレバレッジを効かせて投資をする投資セクターを指す。LTCMの破綻後、世界中の金融当局、国際機関（BIS）がHLIに対する監視規制を強めている。

セットからの直接の収益率が50ベイシスポイントとする。これに20倍のハイレバレッジをかけることで10％の収益となる。5倍くらいの通常のレバレッジだと2.5％にしかならない。

　高いリターンを実現するファンドは、それ以上のレバレッジを多用していると考えるのが普通である。当然ハイレバレッジは、それだけハイリスクのポジションであることには違いない。では、はたしてこのようなファンドビジネスの何がリスクの本質なのかを考えてみる必要がある。

　まず、ヘッジファンドとして原始的な形態であるロング、ショートを組み合わせたリスクニュートラルなヘッジファンドで考えてみる。ロングとは「買い持ち」であり、ショートとは「売り持ち」である。単純に説明すると、投資対象とする株式について「買い」と「売り」を同時に行うのである。現物を買って先物を売る、あるいは現物を売って先物を買う、どちらでもよいが、買いと売りを組み合わせたポートフォリオをポジションとしてとるのが**ニュートラルなポジション**(42)である。

　対象となる株価が下がった時、買っている分は損をするが、売っている分の益を受けることができる。逆に株価が上がった時、買っている分は益を出すことができるが、売っている分は損を出すことになる。このようなポートフォリオでは、株価が下がっても上がってもリスクは相殺されてしまう。リスクが中立（ニュートラル）になる。これがニュートラルポジションの特徴である。そして現実には、株価が上がったり下がったりする時に、どのように上がるか下がるかという中で、どちらか一方の微妙な鞘取りを行うことになる。

　ロングポジションだけであるなら、株価が上がれば数％の利益が可能となるが、株価が下がるリスクはそのまま残る。上り益と下り益を相殺すると同

---

(42)**ニュートラルなポジション**：ニュートラルとは中立を意味する。リスクニュートラルとはリスクがない状態を意味する。投資はリスク資産を保有することである。つまり、リスクポジションである。ニュートラルなポジションとは、保有するリスクを相殺する資産を持つことによってリスクをなくす、もしくは小さくすることである。

第1章　ニュープレーヤー・ニューゲーム

時にリスクを相殺することにより、なおかつ、どちらかの利鞘取りを目標にするわけである。リスクが中立なポジションである代わりに、利益は数ベイシスポイントという薄利になる。リスクが中立化された結果得られた投資収益に、高いレバレッジを効かせることができる。

　このどこに、リスクの本質があるのだろうか。

① リスクを中立化するポジションをとることにより、不確実性がかなり低く評価されるようになるが、リスクがまったく中立化されるわけではない。資産からの収益にはまだリスクが残っている。
② レバレッジにもいろいろある。原資産のリスクではなく、レバレッジ自体にリスクがある。

　通常は上記の2つが考えられるが、特にファンドビジネスにおけるレバレッジの多用においては、②が重要なポイントとなる。単純にレバレッジといってもいろいろな仕組みがあり、どのようなレバレッジを組むかが投資の戦略になる。レバレッジの仕組み、あるいはこの仕組みの出来不出来こそが、投資成果を左右する根源になるともいえよう。

　まず単純に、借入資金と自己資金による財務構造上のレバレッジがある。この他にデリバティブの仕組みによるレバレッジがある。デリバティブに包含されるレバレッジの仕組みは、そのやり方によって無限（市場で開発競争されている）にあり、簡単に説明できるものではない。それぞれのレバレッジの仕組みこそがまさに**金融技術**であり、1つ間違えば**錬金術**[43]の領域にもなりえるといえよう。

　最も簡単なものに「レポ取引」というものがある。これは原資産の株あるいは債券を、**貸借料を払って借りてくる**[44]ものである。つまり、そもそも

---

[43] 錬金術：錬金術の歴史はギリシャ神話にまで遡る。主に中世ヨーロッパ、中世アラビア、中国で行われた卑金属から貴金属、特に金を合成する技術を意味する。ファイナンスの歴史においても、19世紀の禁断金融市場以前に、古代からオプションの原型が使われており、このような技術を錬金術とみなしていた。

の手元資金は現物の株あるいは債券の価額を用意する必要なく、他所から借りてくれば事足りる。レポ取引に必要なコストさえあれば、ニュートラルポジションがとれるわけである。すでにこの時点で、少ない貸借料で現物価格を投資する分、レバレッジが効いていることになる。

デリバティブ取引を多用するファンド、特に私募ファンドの場合、自己申告されているレバレッジが財務レバレッジなのか、デリバティブのレバレッジが含まれているのかは曖昧であったり、あえてブラックボックスになっているケースもある。

LTCMもレポ取引を多用していた。想定外の1998年に起きたロシアの通貨危機に遭遇した時、レバレッジを解消するために借りている債券の現物を返却するために市場で購入しようとした。しかしその時、市場がすでにパニック状態に陥り、購入しようとしている現物の売りが市場に出ていない状況になってしまった。市場で希少になったものを買うためには、非常に高い資金が必要になる。そうなると返さなくてはならない現物が十分に手当てできず、レバレッジが解消できなくなる。

現実の市場ではこのようなイベントに参加して、市場の現物の価格を吊り上げて利益を上げるイベント戦略のヘッジファンドも存在する。LTCMのケースのリスクの本質は、流動性リスク、信用リスクである。財務リスクという単純な概念では説明できない本質を理解する必要がある。

1.2.6　日本の年金市場に何が起きているのだろうか？

少子高齢化社会への移行がもたらす影響は、日本の家計部門における資金需給の構造を変化させることにある。若い世代は、結婚費用、育児費用、教

---

(44) **賃貸借株**：最近の例では、フジテレビ・ライブドア問題において、キャピタルファンドSBIがフジテレビ株を借り入れている。このケースなどは、まさにM&A等の戦略イベントに参加して投資を行う典型的なアクティブ投資である。

育費用、自己投資、住宅ローン、自動車ローン等、多額の資金を必要とする資金需要セクターである。反対に高齢者は、生活費以上の大きな資金を必要とすることが少なく、老後のために蓄えた自己資金、生活保障基金の運用セクターである。

　少子高齢化社会ではない理想的なバランスを持つ世代構造の社会では、資金需要と運用供給との間に何らかのバランスがとれていると考える。これが、若者が減り、高齢者が増える高齢化社会になるということは、資金を必要とする資金需要セクターが減り、資金を運用したい資金供給セクターが急増することを意味している。併せて高齢化社会への移行は、大量消費社会から安定した消費社会に移り、国内需要の低下につながる。日本の企業部門においても同様に高い生産性（高収益）をあげられなくなる。つまり、国内での運用では高い収益性を期待できなくなるわけだ。

　「グローバル社会」の考えを認めたがらない考え方においては、民間資産に占める1,400兆円ともいわれる金融資金が、海外のハゲタカファンドの食い物にされてしまう危惧だけがクローズアップされる。しかしこのまま放置すれば、国内の資金需要が減り、国外の資金需要に供給して高い運用益を求めねばならない状況になるのは明らかである。それができなければ、いよいよ高齢化世代の貯蓄を取り崩さなければ生活が維持できない状況になってくる。

　そしてさらに、日本の年金システムの破綻が公然となってきた。近年、老後の生活保障に対するニーズが多くの人の関心事となっている。特にバブル経済破綻後、生活保障、老後の備えに対するニーズから、家計部門での資金保有が高まり、従来のように家計部門が国内企業等資金需要部門への資金供給の機能を果たす日本固有のシステムが崩れてきた。その一方で、家計貯蓄率が急速に低下しつつある。2003年には8％あった貯蓄率が、2010年には3％にまで落ち込む予測が立てられている（「経済財政白書（平成17年版）」でも同様の推計が明記されている）。

これは、前述のように将来の不安に対する貯蓄が継続する一方で、団塊世代の退職等、勤労者退職が増加して高齢化社会に入り、蓄積された貯蓄を取り崩さなくてはならない消費時代に入るという試算モデルによる予想である。しかし図表1－6の推計モデルを見ると、1991年には約15％の貯蓄率が記録されている。今の貯蓄額の多くが、バブル経済まで貯蓄によって急進したものであると考えられる。図表1－7の世帯当たりの平均貯蓄額を見ても、バブル経済（1990年）以降、貯蓄額が微増になっている。貯蓄額が蓄積されて

■ 図表1－6　日本の家計貯蓄率

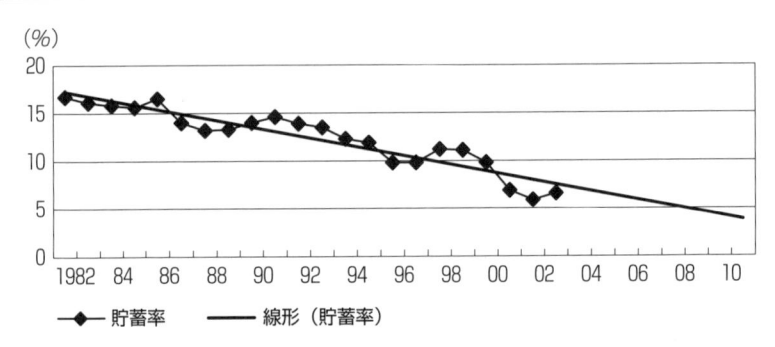

使用データ出所：「2004年版通商白書」

■ 図表1－7　日本の全世帯平均年収・貯蓄額・世帯主平均年齢

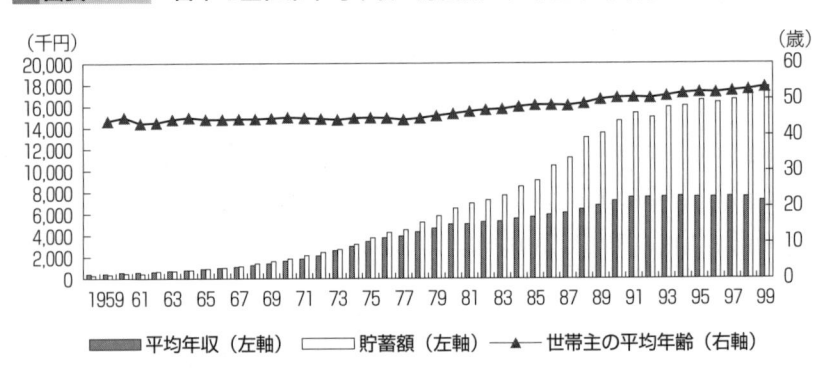

使用データ出所：総務省「家計調査」

第 1 章　ニュープレーヤー・ニューゲーム

いない状況下で貯蓄率が低下していくとすると、今後急激に貯蓄の取崩しが起きる可能性があることになる。

　貯蓄とは、ライフサイクル仮説により定義すれば「人の一生を通じてその所得が予想される時、その生涯にわたる消費から得られる効用を最大にするように消費計画を立て、期間において所得と消費の差額を貯蓄する」となる。

　かつての日本で貯蓄率が高かった理由は、**予備的動機**(45)、保険補償に対する備え、過少消費、資本の蓄積を必要とされる小規模事業・自営業者が多かったこと、政策的な税制によるインセンティブがあったこと等が挙げられる。しかし、経済システム・社会構造の変化、少子高齢化社会、低成長時代に入り、生産性の低下が貯蓄に対して大きな影響を与え始めた。このままでは、1,400兆円の巨額な民間金融資産の実質的な目減りは明らかである。

　さて、このような背景において、企業年金制度を中心とした年金制度改革が急速に進んでいる。わが国の年金制度は、一定の国による規制の下、企業年金制度を中心にして変革してきた。年金はもともと企業の退職金制度から派生したものであり、江戸時代における使用人の「暖簾分け」がその起源である。明治時代には、熟練職人の足止めのために退職金制度となった。そして経済の成長、企業規模の拡大を経て、退職金の急激な増加・支払負担を軽減するために支払いを平準化する年金制度へと変わった。1962年代には企業の年金掛け金を税務上経費とする税制適格退職年金制度となり、1965年には厚生年金制度が拡充された。以後、日本経済の高度成長期の間、非常に高い運用利回りを享受して、信頼性の高い老後の生活保障制度となった。

　しかし、バブル経済の崩壊後直面する運用の低利回りと、それまで労せずして得ることができた高い運用益にアグラをかいていたゆえに起きた年金システムの制度疲労により、その信用が崩れ始めた。これに追い討ちをかけたのがグローバリゼーションである。2001年に導入された諸外国の会計制度との平準化、いわゆる「会計ビッグバン」により、企業の積立不足（アンダー

---

(45)**予備的動機**：老後の所得低下に対する備え等。

69

■ 図表1-8

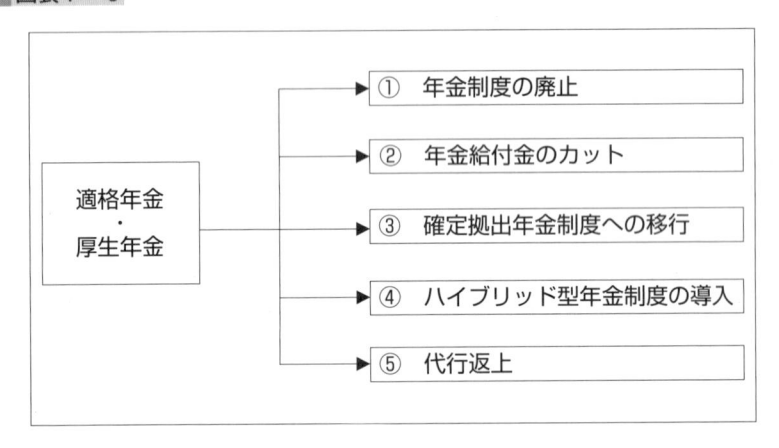

```
                    ┌─→ ① 年金制度の廃止
                    │
                    ├─→ ② 年金給付金のカット
  適格年金・         │
  厚生年金  ────────┼─→ ③ 確定拠出年金制度への移行
                    │
                    ├─→ ④ ハイブリッド型年金制度の導入
                    │
                    └─→ ⑤ 代行返上
```

ファンディング)・退職給付債務を時価評価で計上しなくてはならなくなった。企業が退職金積立債務のリスクを引き受けることになったのである。これにより、退職金の積立不足を隠し営業業績だけで市場評価を得ていた企業の評価が、急激に劣下することとなった。

現在移行しつつある、あるいは今後移行が予想されているトレンドは、大まかに分けると図表1-8のようになる。

図表1-8の①②の年金制度を放棄してしまうこと、現実に今支払える分まで給付をカットすることは、企業内の労使間の調整がとりにくいと考えられる。③は、これまでの**確定給付金制度**(46)に替わって、受給者が年金を運用するいわゆるアメリカでなされている**401k**(47)の日本版である。④は、簡単に言えば市場金利の連動した年金制度である。③④の特徴としては、これ

---

(46)**確定給付金制度**：期間、給料によって年金から支払われる給付額があらかじめ確定している年金制度。積立てが不足したり、運用が低迷して給付額が目減りした場合、企業・国が補填しなくてはならない。企業、国にリスクがある制度である。

(47)**401k**：401kとは、アメリカで制定された時の税法上の条文名である。アメリカでこの方式の確定拠出年金制度が普及した理由は、この法律により一定の適格があれば税制の繰延べが認められたことによって、この制度が普及定着した点にある。

までの制度ではアンダーファンディングリスクを企業がとっていたが、これを受給者がとる点にある。

このようなトレンドの中で②③④を組み合わせ、それぞれ企業の現状（積立不足の程度、今後の業績予測）に合わせた制度への移行が進んでいる。

厚生年金基金連合会のアンケートケート調査（2003年）によると、年金運用による修正総合利回りは調査開始18年平均で3.67％、5年平均0.12％、10年平均で2.17％となる。図表1－9のように東証一部株価収益率との比較を見ると、極めてパッシブな運用結果が見てとれる。

2003年度の厚生年金の運用資金は42兆1,130億円である。資産運用が調査過去最大になったにもかかわらず、前年より3.4兆円減少している。これは2003年における92基金の解散、203基金の代行返上、4基金の消滅による（厚生年金基金連合会「2003年次報告書」より）。

従来、資産運用を担当する機関は、信託銀行と生命保険であった。1990年以降は投資顧問会社が参入し、現在は今後広がると予想される**確定拠出年金**[48]をめぐって、銀行、証券会社、損保、その他代行会社を含め多くの企

図表1－9　年金運用修正総合利回りと東証株価収益率（1年保有）との比較

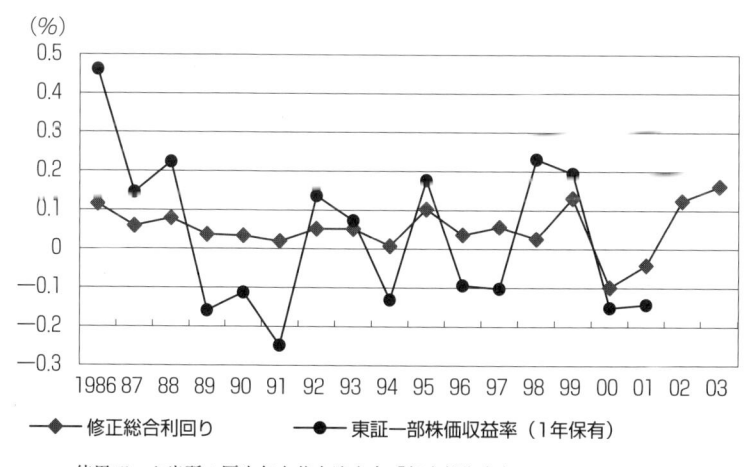

使用データ出所：厚生年金基金連合会「年次報告書」

■ 図表1－10　資産運用残高

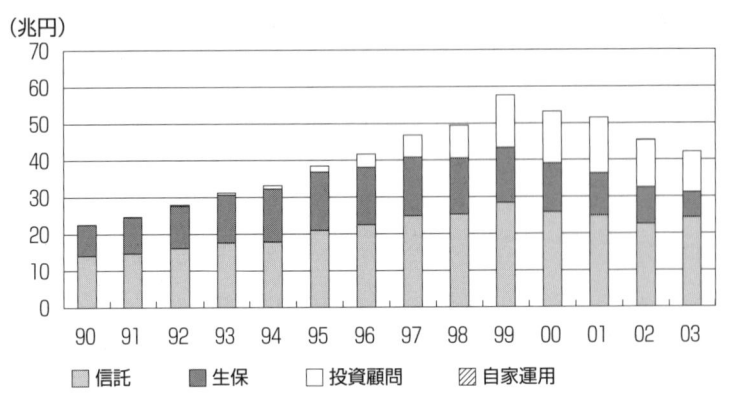

(兆円)

凡例：□ 信託　■ 生保　□ 投資顧問　▨ 自家運用

使用データ出所：厚生年金基金連合会「年次報告書」

業が参入を目指している。

　運用手法としては、ローリスク・ローリターンを志向するパッシブ運用から、ハイリスク・ハイリターンを志向するアクティブ運用に分散投資される。アメリカの確定拠出年金401kでは、エリサ法による運用規定によって、通常元本保証を含めて3種類以上のリスクグレードに分散する必要がある。

　当初この分散が3つであったものが、ニーズとともに分散数が増えるに従って、代替的（オルタナティブ）投資が組み込まれるようになった。その中で、年金運用におけるアクティブ投資の考え方が認められるようになってきたわけである。

　確定給付年金においては、運用が低ければ積立てが大きくなるため、運用が低い時代にはパッシブ運用でもハイリターンを志向するケースが見られたが、市場に連動する給付制度であるハイブリッド、あるいは確定拠出制度、**代行返上**(49)になれば、リスクが企業から国又は受給者に移るため、あえて

---

(48)**確定拠出年金**：掛け金とその後の運用によって給付金が決まる。給付金の変動リスクは受給者になる。しかし転職時等、年金を移動させる上で自由度が高い等のメリットがある。

第1章　ニュープレーヤー・ニューゲーム

リスクの高い運用をして失敗する必要はないという考え方から、パッシブ運用へのウエイトが増加している。特に、運用実績より運用コストが重要視される風潮がそれを後押ししている。前述のように、パッシブ運用の方がアクティブ運用に比べて、はるかにコストが安いからである。

　リスクをとらず、かつ、コストを削減するトレンドが現在の年金運用といえる。しかし、市場のニーズとしては、高齢者ほどリスク許容度が非常に高くなっている実態がある。高齢者ほど金融資産の保有が高くなる（30歳代の世帯の金融資産が約700万円に対して、60歳以上の金融資産が2,400万円となるが、その中でも高齢者ほど、株式、投資信託、外貨預金、外債の保有率が高くなっている（「経済財政白書（平成17年版）」））。

　貯蓄から投資へのシフトは、国の政策のプロパガンダだけでなく、市場のファンダメンタルズの変化に対応した確かなニーズといえる。このようなニーズに対して、相変わらず市場平均的な運用実績で事足りると考える当事者意識との市場ニーズのギャップは、今後ますます大きくなっていくものと考える。

　このような年金市場のニーズの変化を背景に、2001年以降導入された確定拠出年金等の影響を受けて、家計部門における株式等の保有が少なからず増加している。投信法の改正を経てREITが東証に上場され、不動産ファンドが上場された有価証券として、これら年金運用の対象となったのも、このような市場ニーズが後押ししたと考えることができる。

　1970年代、モダンポートフォリオ理論が確立された。しかし1990年代に入り市場主義によるグローバル化はボーダレス化をもたらし、政府の機能を非効率なものにしていった。エージェントである行政に委託されている年金資

---

(49)**代行返上**：厚生年金基金は、国の年金制度である厚生年金保険の一部を代行運用している。代行返上とは、株価低迷等で各基金とも予定利回りの確保が困難となり、この代行部分を国に返上することを意味する。現在は返上の動きが加速している。これまで株で運用していた場合、売却の必要が生じ、市場には売り圧力になる。

金等の、老後の生活保障システムに対する絶対的な投資収益という新しいニーズを顕在化してきた。市場パフォーマンスがマイナスになると運用もマイナスになり、全員が均等な保障を前提とした市場の平均的な収益ではなく、多くの人が絶対的な収益に対する魅力を知り、投資市場に新しいニーズを顕在化させたのである。

このようなニーズに応えるべく、投資市場のファイナンス形態はリスクマネーにウエイトを置いたものへと変態していった。リスクマネーにファイナンスされた投資形態ファンドビジネスの始まりである。ファンドビジネスは日本のバブル経済を経験していない、新しい不動産ビジネスプレーヤーによるニューゲームなのである。

第2章

アクティブな不動産投資ビジネス

- 2.1　不動産投資市場の効率性
- 2.2　日本の不動産マネジメントの体系
- 2.3　レバレッジによる成長戦略
- 2.4　日本の実物不動産投資におけるレバレッジ
- 2.5　投資ビークルにおけるハイレバレッジの組成
- 2.6　リスクマネジメントとレバレッジ
- 2.7　日本の不動産ファンド

2.1 不動産投資市場の効率性

第1章で見てきたように、市場の効率性が十分に強い（セミストロング）証券株式市場における投資理論の確立が、まさにファイナンス理論の歴史であった。逆に、効率性が弱い市場ではアクティブな投資に有効性があり、アクティブに対するニーズが市場にあることを見てきた。

日本の実物不動産の投資市場は、通常効率性が弱い（ウィーク）であるといわれている。株式市場に比べて非常に多くのバイアスがあるからである。また、非常に高い流通性コスト、保有コストがあり、何らかのイベント情報に基づいて資産が合理的に流動しにくい状況にある。さらに市場での不動産資産価格のプライシングの過程にタイムラグがあり、政策的な影響も受けやすい。

取引事例によるプライシングは、まず比較対象になるデータがあり、それに基づいて次のプライシングがなされる。取引事例によるプライシングには、事例間に伝達性が必要となり、当然そこには伝達性に基づく遅効性が生じる。

近年、不動産資産価格のプライシングにおいては、市場原理による収益に基づく考え方が普及しつつあるが、収益指標に関するデータベースの未整備から見ても、決して収益ベースの考えが十分に浸透しているわけではない。相続評価等公的評価機関においても、鑑定レベルでは収益に基づいた概念が持ち込まれているといわれるが、運用に当たっては依然として、取引比較によるプライシングによる運用がなされている。したがって価格の形成において、市場の何らかの均衡点に移行するのにタイムラグが生じ、結果的に**自己相関性**[1]が非常に強くなる。

---

(1) **自己相関性**：時間を遅らせた過去のデータとの相関性。1 yLAG（1年ラグ）とは1年前の自己データとの相関を意味する。この相関性が高いと過去の歴史（記録から）将来の予測が可能となる。効率性が高い市場では相関性が低く＝ランダムになり、過去のデータからの予測が不可能になる。株式市場でいわれる株価のランダムウォークである。

図表2-1　不動産総合収益率にみる日本の主要都市間の相関係数

	東京都区部	大阪市	名古屋市	札幌市	仙台市	京都市	神戸市	広島市	福岡市
東京都区部	1								
大阪市	0.81	1							
名古屋市	0.77	0.98	1						
札幌市	0.81	0.97	0.96	1					
仙台市	0.67	0.91	0.94	0.91	1				
京都市	0.60	0.94	0.95	0.89	0.93	1			
神戸市	0.64	0.96	0.96	0.92	0.91	0.97	1		
広島市	0.70	0.89	0.92	0.86	0.93	0.90	0.86	1	
福岡市	0.79	0.90	0.92	0.92	0.93	0.81	0.84	0.91	1

使用データ出所：IDSS不動産総合収益率（1970-2002）

　東京都心5区の不動産総合収益率（IDSS）と東証一部株価収益率（日本証券経済研究所）のデータ（ともに保有期間1年）を1980-2001年の期間で、1年ラグのそれぞれ自己相関を計算すると、不動産収益率が0.82、東証一部収益率が0.41となる。株式市場に比べ、不動産総合収益率に非常に高い自己相関性があることが分かる。つまり、不動産投資市場は効率的市場仮説の弱い市場ということになる。

　実物不動産投資の市場が効率的でないのであれば、アクティブ投資の有効性が高くなる。実際、図表2-1に示すように日本の各エリア間の相関係数を計算しても、それぞれが非常に高い相関性を示している。

　これは、平均分散モデルによる分散ポートフォリオを探しても、それほどリスクの低減にはならないことを示している。この相関表を見る限り、例えば一般に言われている日本の都市の市場占有率を東京圏が4割、大阪2割、名古屋1割として、東京を中心にウエイトを持ったポートフォリオを組成しても、リスク低減にならないのは計算するまでもない。あえてするならば、図表2-1により東京と最も相関性の低い仙台、京都、神戸とのポートフォリオがリスク低減となる。実物不動産投資における分散投資がそれほど有効

図表2-2　主要なJ-REITのポートフォリオ

	ジャパンリアルエステイト投資法人	日本ビルファンドマネジメント投資法人	日本レジデンシャル投資法人
ポートフォリオ	オフィスビル	オフィスビル	賃貸住宅
首都圏	81%	83%	89%
うち東京都内	77%	14%	5%
地方	19%	17%	11%
資産規模	4,300億円	3,220億円	1,360億円

使用データ出所：(社)不動産証券化協会HP「2005年各REITの財務報告」

ではないといえよう。もともと日本の不動産投資市場は、均等な国土作りの概念に基づき、さまざまな要素が平準化された、均等な1つの大きな市場に作られてきた経緯を考えても、分散効果が低いことは理解できる。

現在日本で上場されている主なJ-REITを見ても、資産ポートフォリオはそのほとんどが首都圏に集中している（図表2-2）。これらのJ-REITの投資戦略の特徴を見てみると、概ね以下のポイントに集約されよう。

① ファンダメンタルズ分析による個々の物件投資
② 資本投資の集中を目指したスケールメリット戦略
③ 上質なマネジメントの集約
④ バリューアップ戦略

①～③は、地域分散、アセットクラスの分散を目指した平均分散型のパッシブポートフォリオではなく、あくまで資本投下を特定のエリアに集中して、上質なマネジメントを集約的に投下する手法である。投資効率を重視して、ある程度ロットの大きいシンボリックな物件を選別し、ファンドのブランド戦略に貢献する物件を組み込む考え方である。

④は、日本のファンドビジネスが誕生した当初から現在に至る経済状況を背景としたファンドの主力戦略である。言うなれば、不良債権を再生する

ディストレスアセットマネジメント戦略である。

このように考えると、J-REIT の多くは必ずしもパッシブな戦略ではなく、アクティブな戦略をとったファンドであるといえる。リスク資産を保有する投資ポジションに対して、資産価値を最大に高めるプロパティマネジメント、資産が投資ビークルであるファンドへ如何に貢献するかをマネジメントするアセットマネジメント、そしてリスクをヘッジするヘッジ技術を駆使して、その結果当然コストにより圧縮させられるが、より良質な不動産収益にレバレッジを効かせて出資者に利益を還元する。これがアクティブ戦略を用いた新しいモデルである。アクティブな投資戦略が、ファンドというビークルを使うことにおいても可能となったわけだ。

ただし、現況 J-REIT に関しては、資産を安く買って高い利回りで保持するバイホールド戦略が中心であり、さらにもう一歩ふみこんだアクティブなバリューアップ戦略は私募ファンドに限られている。一部の J-REIT では裁定利益目的の売却を行っているが、最初から開発、再生を目的に売却益を得る形態の J-REIT はまだ多くない。

日本の不動産投資ファンドには、公開型の J-REIT と私募ファンド型がある。形態から言えば、両者の違いは第 1 章で解説したミューチュアルファンドとヘッジファンドの違いと同様である。

J-REIT には当然、デリバティブ投資に対する規制がある。デリバティブによる金利変動をヘッジすることはできない。しかし、リスクマネジメントはファイナンス商品を使ったヘッジマネジメントだけではない。収益性を劣下させないプロパティマネジメント、開発技術、**ソーシング**[2]技術、**リーシング**[3]技術等、すべてがリスクマネジメントの起点にある。

これら投資技術を駆使した結果の最終収益に適切なレバレッジを効かせて出資者に配当還元する仕組みにおいては、J-REIT も私募ファンドも原則変わらない。

---

(2)ソーシング：格安で優良な物件を市場の中で探す業務。
(3)リーシング：テナント管理から賃料回収までの業務。

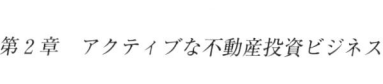

Column 6 　　金 利

　例えば今、手元資金１億円の運用を考えたとする。１億円で不動産を購入すると資金がなくなる。そこで、購入を延期して銀行に仮に１％の金利で預けたとすると、１年後には１億100万円の資金になる。

　この時購入しようとした不動産の物価変動が０％であるなら１年後購入の不動産価格も１億円であり、手元には100万円残り、実質金利が１％となる。物価変動率が１％であるなら、１年後の定期預金元利合計金額と１年後の物価が同じとなり、実質金利が０％となる。物価変動率が－１％であるなら不動産価格は9,900万円となり、差額が200万円となって元手の１億円に対して実質金利が２％となる。

名目金利	１年後	物価変動率	１年後	差　額	実質金利
1%	1.01億円	1%	1.01億円	0	0%
1%	1.01億円	0%	1億円	0.01億円	1%
1%	1.01億円	－1%	0.99億円	0.02億円	2%

　このようにマクロ経済では、金利を「名目金利」と「実質金利」に分けて考えることができる。名目金利とは、通常われわれが市場で使用している市場金利である。名目金利と実質金利の関係は

　　　名目金利 － 実質金利 ＋ 物価変動率

で表される。この関係式の意味するところは、実質金利の変動は経済成長を意味し、物価変動率はインフレ率を意味する。経済成長はその国の経済成長だけでなく、グローバルな関係国の成長率にも影響を受ける。インフレ率に影響を与える主な要因は、財物の需給関係（物価）・市場のリスクプレミアム（コスト）・金融政策（マネーサプライ等）であり、これらの要素を勘案して名目金利の変動を予測する必要がある。

　この関係式においては、例え市場（名目）金利が一定でも、物価が下が

れば実質金利が上昇する。実質的な金利が高ければ預金した方が得であり、消費・投資が進まなくなる。反対に市場金利が一定でも物価が上がれば実質金利が下がる。実質的な金利が下がれば銀行に預金しても大して儲からず、物を買った方が得になる。消費・投資が加速することになる。つまり実質金利が低ければ消費・投資が進み、高ければ消費・投資が減る。これが経済学の理論である。

したがって、一定のプラスの物価変動率（インフレ率）を目標設定することによって実質金利を下げようとする政策が「インフレターゲット論」である。インフレターゲットについてはいろいろな議論がなされてきた。確かにアメリカでは現在、所有している不動産価格が上がった分、借入れを増やして、それを消費にまわすという資産効果により、消費が増える現象が確認されている。アメリカでは実質金利と消費の相関性が確かに見られるが、貯蓄率が高い日本では実質金利が下がっても貯蓄にまわる分が大きく、必ずしも消費に対する相関性が認められないという見解もある。

ポストデフレ経済において「金利が上昇する」ということは、何を意味するのであろうか。市場金利の上昇は名目金利の上昇であり、実質金利もしくは物価変動率の上昇によって生じる。実質金利の上昇は市場の成長を意味し、物価が上昇するということは、例えば不動産等においては賃料が上昇することを意味し、その範囲の金利上昇であればオーバーレバレッジになるリスクはない。しかし、賃料などの上昇以上に金利が上昇するとオーバーレバレッジになるリスクが高い。

金利上昇の物価以外のリスクファクターは、金融政策（マネーサプライ）と市場のリスクプレミアムである。市場リスクの評価を誤ると、金利変動に関する予測に大きな影響が出る。

名目金利＝実質金利＋物価変動率は

市場金利 ＝ リスクフリーレート ＋ リスクプレミアム

と書き換えることができる（第3章参照）。

2.2 日本の不動産マネジメントの体系

　バブル経済時の不動産投資に見られた特徴は、ひたすら利潤拡大を目指して実物不動産の収益に直接高いレバレッジを効かせていたという点にある。それが「ハイレバレッジ＝財務リスク」の破綻によって、新しい投資技術が市場にニーズとして求められるようになった。

　不動産投資の投資マネジメントの戦略的な体系は、資産の収益をマネジメントするプロパティマネジメント、金利の変動リスクあるいは収益の劣下をマネジメントするリスクマネジメント、そして資産が投資ビークルに貢献するように資産管理を行うアセットマネジメントに分けられる。

　市場で均衡する「リターン＝リスク」の関係式は、投資の重要な大前提になる。リターンに対してリスクが高すぎる等、これが均衡にならない市場では投資を呼び込みにくい。近代ファイナンスにおいてCAPM理論が成り立つ考えの下では、次の1次関数式が成立した（P40参照）。

リスク資産の期待収益率　$E(R_P) = R_F + [E(R_M) - R_F]\beta$

　ただし、このためには市場が効率的である必要があった。実物不動産投資市場ではさまざまなバイアスがあるため、効率性が弱い。効率性が弱い市場では、常にリスク＝リターンの均衡状況にあるのではなく、乖離しているケースが多い。その乖離している状態から均衡に向かう状況にリスクポジションをとり、結果的に収益を得る。これが安い状況で資産を購入して、運用し、均衡状態になった時、つまり値上がりした時に大きな利益を得る投資の原理である。

　このような考え方はリスク＝リターンの均衡概念であるが、特に個々の実物不動産投資においてはリスク資産を保有したからといって、すぐに平均的なリターンが保障されるわけではない。逆に言えば、いろいろな情報を元に、

図表2-3 収益と金利との関係におけるマネジメントのポジション

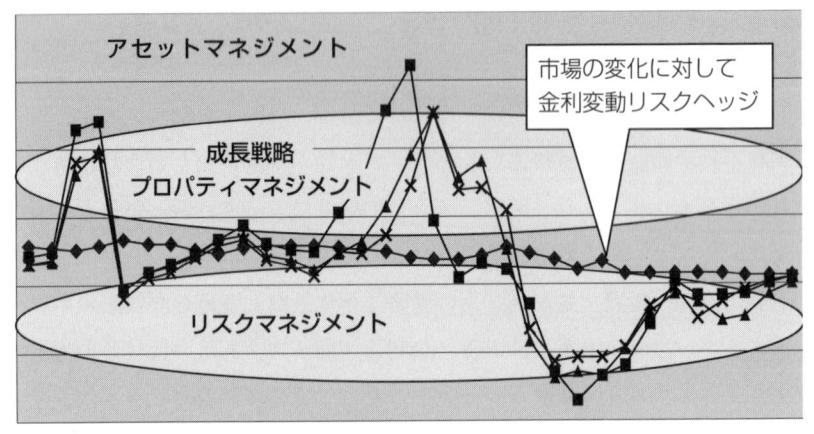

グラフ内ラベル：
- アセットマネジメント
- 成長戦略
- プロパティマネジメント
- リスクマネジメント
- 市場の変化に対して金利変動リスクヘッジ
- ■ リスク資産A　◆ リスク資産B　× リスク資産C

アクティブにマネジメントすることによってはじめて利益が実現する。株式投資、証券投資のように、保有期間に応じて誰でも同じ結果が得られるものとは違い、マネジメント技術の良し悪しによってリターンが変わってくるのが不動産投資であり、技術によって差が出るのがビジネスリスクである。

以下では図表2-3に基づいて、プロパティマネジメント・リスクマネジメント・アセットマネジメントを体系的に概説する。

2.2.1 プロパティマネジメント

プロパティマネジメントは、資産から得る収益を最大にする技術である。

レバレッジ戦略では

$$\text{ROE} = a + (a - i) \times \frac{\text{負債総額 } D}{\text{エクイティ総額 } E}$$

a：ROA　　i：金利

におけるa、つまりROAを向上させる手法と、適切なレバレッジを組成する技術に分けられる。

第2章　アクティブな不動産投資ビジネス

　まず、前者のROAを向上させるためのプロパティマネジメントとは、資産メンテナンスからリーシング（テナントのケア）、さまざまなプロモーション（販売チャネルへの営業）も含めたブランド戦略（付加価値の創造）等、資産の価値を高めるトータル的な活動である。賃貸資産のオペレーションにおける賃料管理は、失敗すると直接収入の劣下をもたらす。つまりプロパティマネジメントは、リスクマネジメントの起点ともなる。

　通常、資産の付加価値を維持するためのメンテナンス管理と、リーシングによるテナントの募集から賃料管理が体系的になされてはじめて効果的なプロパティマネジメントが可能となる。

　プロパティマネジメントを戦略的に行う目的は、他社と横並びの収益、市場の平均的な収益を目指すことではなく、「競争優位ある収益性の獲得」にある。そのために賃料を安くし、競合する他の参入を防ぐことによって長期的な安定した収益性を目指す場合も、また差別戦略によって他よりグレードの高い収益性を獲得する場合もありうる。

　例えばエレベーターのメンテナンスの場合、メーカーの純正からディスカウントメンテナンスに切り替えることによってコスト削減する程度のネガティブな業務が、プロパティマネジメントの最終目的ではないということだ。重要なのは、経費の節減を行った上で、さらにどれだけ付加価値を上げられるかであり、戦略的な経営努力の問題である。

　ブランドプロパティ戦略は、投資資産にブランド優位性をもたらすためのあらゆる努力、投資を行い、テナントからのロイヤリティーの獲得、テナントからの競争優位ある賃料の獲得を目指す手法である（拙著『不動産投資マネージメントの戦略』晃洋書房（2000）を参照）。ブランドプロパティ戦略によるマネジメントは、平均より優れた超過利益を得るための戦略的投資によって実現するものであり、当然、通常より高いオペレーションコストが要求される。

　税務では、修繕費と資本的支出という費用区分がある。これは税務上経費

になる修繕費と区別して、資産として計上する資本的支出である。資本的支出は新たな付加価値を生み、資産を形成する。つまり、修繕費と資本的支出の違いは、オペレーションコストと再投資の違いである。再投資を行い将来の収益につなげる行為が、プロパティマネジメントの最終目標になる。再投資はアセットマネジメントの領域で考えることもあるが、アセットマネジメントでは、資産を購入する時、あるいは売却する時のバリューアップの概念で再投資を捉える。

　運用期間中に新たなイノベーション・パラダイムチェンジが生じると、それに対して資産が劣下しないよう再投資する必要性が出てくる。このような場合、プロパティマネジメント主導の再投資となる。アセットマネジメント会社とプロパティマネジメント会社が名目上の存在であったり、組織上のコラボレーションがなかったりすると、取得時以外の再投資がなされず、結果的に収益の劣下を未然に防ぐことができない。

　このようなケースで高いレバレッジが効いていると、リスクがさらに増幅される。良質なマネジメントがなされている投資より、リスクの高い投資戦略となってしまう。

　昨今、非常に多くのプロパティマネジメント会社が市場に登場している。今、これらのビジネスプレーヤー間で関心の高い事柄は説明責任（アカウンタビリティー）である。信託法の改正などに伴って、プロパティマネジメントの位置づけがより明確になってきたことにより、その責任に対するアカウンタビリティーが要求されるようになってきたわけだ。しかし、市場の本当のニーズはアカウンタビリティーより収益のマネジメントに対する信頼性にあるはずである。報告書を何十枚と用意するマネジメント会社を見かけるが、重要なのは収益を劣下させない絶え間ない努力である。そのための革新的な技術開発を行う者こそが、市場で求められるニープレーヤーであるはずである。

Column 7　ブランドプロパティマネジメント戦略

　不動産資産はさまざまな要素、属性によって、その価値が構成、評価される。「収益」という基準で評価する市場価値はその１つでしかない。本来、市場での商品価値は、その運用する投資主体によって左右される。資産価値は短くても30-50年、歴史的価値を伴った場合は100年以上半永久にその資産価値が評価されることになる。このような価値を、マーケティング戦略の概念であるブランド価値で捉えようとするのが「ブランドプロパティマネジメント」である。

　投資の対象となる不動産価値がブランド価値を持つことによって、他に対して競争優位ある収益性を作り出すことができる。ブランドプロパティマネジメントを目指すマーケット戦略とは、以下のようなものである。

　「マーケティング戦略を駆使するブランドマネージャーは、ブランドプロパティから連想されるあらゆる品質、特質、機能が、さらにブランドプロパティの価値を高め、他社との競争優位に繋がるように戦略的な管理を目指す。そのためにはその商品（プロパティ）の特質である機能の属性を明確化する必要がある（ポジショニング）。そしてその特性に特化し、それをプロモート（広告、宣伝、パブリシティ）することにより顧客のニーズとジョイントする（アクセス）。そして顧客が満足する価値を提供する。一度価値を認めた顧客に対して、さらに、他社より価値の優位性を持ってもらうことにより、長期にわたり支持をしてもらう（ロイヤリティ）。そしてこのロイヤリティを長期にわたり維持・管理することにより高い収益性を実現する。この一連の戦略をブランドプロパティ戦略という。」（拙著『不動産投資戦略』P95（清文社、2004年））

　「ブランドエクイティを備えたビル」の反対語が「雑居ビル」である。雑居ビルはアピールすべきコンセプトを持たず、必要最低限のサービス効

用のための最小限の出費で運用を行い、経費を削減して収益を確保する戦略である。エレベーターメンテのディスカウント戦略等がその例である。

現在の競争戦略においてブランド価値は、資産に対するプロパティマネジメントのみによって形成されるわけではない。例えば、東京丸の内エリアにある新丸ビル、六本木エリアの六本木ヒルズ、品川エリア……、汐サイト……の○○ビルというように、ブランドがシングルのアセットで形成されるのではなく、エリアとして構築されたブランド価値によって競争優位が付加されるようになってきた。

つまり、単体のシングル資産だけでは、ブランドを市場で認めてもらうのが非常に難しい、もしくは評価されるまでに費用がかかりすぎ、費用対効果から意味がないほど競争が激しい状況になっている。エリア開発、エリア間競争というマーケティング戦略の中でブランドが形成されていくのであり、そのエリアの中で、資産がそのエリア全体のブランド価値にどのように貢献し、また、その資産にどのような収益をもたらすかが問われる。

エリアはそれぞれのブランドを持つ不動産資産から構成され、それぞれの資産の複合でより大きなシナジー効果を作り、エリアブランドを形成していく。一般企業のトヨタであれソニーであれ、ブランド抱える企業においてはブランドマネージャーが存在し、組織的にこのブランドの形成、そして維持管理がなされる。これらの企業では、ブランドこそがまさに他社と差別化する重要な企業戦略となる。

現代の「ブランド」という概念は、アメリカのデビット・アーカー（カルフォルニア大学バークレー校ビジネススクール名誉教授）によって体系化されたものである。デビット・アーカーは近年、ブランドポートフォリオ理論を紹介している。これは複数のブランドで構成されるグループにおいて、それぞれのブランドに序列があり、ブランドがブランドをサポートして全体の価値を形成するという考え方である。これこそまさに都市間競争、エリア戦略におけるブランドミックス戦略と同じである。

2.2.2 リスクヘッジ技術

投資をする時、必ずリスクが想定される。

例えば、その投資に対するリターンを得るには、投資家にとってどのようなリスクが内在するか。元本となる資金がいくらあり、その元本についてどの程度リスクがとれるか。あるいはどれくらいの期間固定してリスクにさらされても耐えられるか、といったものである。

その前提で、どういうリスク資産を保有すると、どれくらいのリターンが期待できるかという検討に入る。それは、投資技術によるヘッジやファイナンスによるヘッジ等、どのようなヘッジが可能かを考えることでもある。

リスクマネジメントは「リスクの移転」と「リスクヘッジ」に分けられる。リスクの移転は、リスクのある資産をオフバランスすることにある。リスク資産を保有してはじめてリターンを生む原則からすればネガティブな戦略となるが、アセットマネジメントの中でオフバランスすることが投資主体にとって貢献するものであれば、オフバランスといえども重要な戦略となる。つまり、この全体の流れの中でリスクマネジメントを組まなければならない。

期待するリターンを想定した上で、そのリターンを実現するために引き受けなくてはならないリスクを許容範囲に収めるためには、どれほどのリスクマネジメント（コスト）を必要とするかを考えることになる。リスクマネジメントはコストに直結し、コストは無限にかけられるものではない。このような考えに基づいてどの程度のリスクポジションをとるかということが、投資戦略において必ず考えなければならない問題となる。

リスクヘッジの仕組みには、相関性が相反するリスク資産を組み合わせることによってリスクを中立化する「分散」の手法と、デリバティブを用いてリスクを嫌う投資家（ヘッジャー）からリスクを好む投機家（スペキュレーター）にリスクを「転嫁」する手法がある。

実際、不動産投資においては前述のように、分散ポートフォリオの有効性はそれほど大きいものではなく、地域・資本・技術の集約、スケールメリッ

トの方が実行されている。デリバティブ商品を用いた変動リスクのヘッジは、デリバティブ商品の発展とともに普及している。

レバレッジ戦略では、金利変動リスクが重要なマネジメントの対象となる。**金利スワップ**[4]を利用して変動金利から固定金利へ交換することによってリスクをヘッジする、あるいは**金利キャップ**[5]を購入して一定以上の金利上昇をヘッジすることが可能となった。

一方、金利キャップ・金利スワップの普及とともに、このような金融商品の販売によるビジネスフィーの獲得が、金融機関の重要な収益となりつつもある。このため金融機関から強いセールスをされることがあり、それがデリバティブ商品購入の非常に強いインセンティブとなる場合がある。このビジネスフィーは、そのまま投資収益を低下させるコストとなる。金融機関が**利益誘導**[6]のためにこのような商品の販売を強いることによって**オーバーヘッジ**[7]になると、新たな**モラルハザード**[8]を生むことにもつながる。

われわれはバブル経済の崩壊に直面し、多くの犠牲を払ってさまざまな教

---

(4) **金利スワップ**：安いが変動リスクのある変動金利を持つ借入者と、高いがリスクのない固定金利を持つ借入者の間で、支払金利を交換する手法。市場でスワップの相手を探して成立する。相手は生保等の金融機関が引き受ける。この場合、仲介する銀行はフィービジネスにより利益を上げることができる。

(5) **金利キャップ**：キャップ料の支払いにより、定められた上限金利より金利が上昇した場合、上限金利と変動金利との差額を受け取ることができる。通常金融機関を相手に行う。

(6) **利益誘導**：2005年末、ある都市銀行が不動産会社の借入れに対する金利スワップのデリバティブ商品の販売に関して、公正取引委員会から排除勧告を受けた。これを受けて、金融庁は「優位的地位の乱用」について金融機関に対して審査の対象にするとしている。

(7) **オーバーヘッジ**：例えば1億円の借入金に対して1億円以上の金利キャップを買う、あるいは生涯年金5,000万円が必要なところへ1億円以上の年金をかける等、必要な想定額以上にヘッジをすること。過剰なリスクヘッジ。

(8) **モラルハザード**：通常オーバーレバレッジにならないように、収益の向上等の投資主体の経営努力がヘッジ技術の拡大によっておろそかになり、投資家の責任が曖昧になる。

訓を得た。その1つが「流動性リスク」である。

　財務リスクの本質の1つに流動性リスクがあることは、前述した通りである。このような経験から、対価を払ってでも流動性リスクをマネジメントすることの重要性を学習しているはずである。

　従来、銀行の担保付金銭貸借では、期限前償還が可能であった。厳密に言えば、借り手側には期限前償還オプションがあり、貸し手側には期限前償還リスクがあったことになる。

　しかし、最近のヘッジ技術を用いて金利のスワップを長期間契約すると、その解約の際には、銀行に対して解約による損失（相手の機会損失）を補償しなければならなくなる。何億単位にもロットが大きくなり、残存期間が10年以上に大きくなると、非常に大きな損失となる。これが原因でタイミング良く資産を流動させる機会を失い、最適なリスクポジションを崩すこともある。

　金利のヘッジは非常に重要な戦略となりつつあるが、流動性に対する備えを失う危険性があることを十分理解する必要がある。金融機関の利益誘導によって流動性リスクがないがしろにされるならば、バブル経済時の金融機関自身の利益誘導により、投資ビークルがハイレバレッジ化し、破綻を誘発したケースと同様になりかねない。

　投資家と金融機関との間に、メインバンク制等による信頼関係がなくなりつつある現在、金融機関の目先の利益と投資家の利益の間における何らかのバランスが必要となる。

　リスクマネジメントをする上で重要なのは、そのマネジメントが「誰のためのものか」を明確にする必要がある。従来の担保金銭付貸借とは別に、非遡及型のノンリコースローンが昨今普及拡大している。ノンリコースローンは、非遡及型の返済能力を担保とした金銭貸借である。では、はたして返済「能力」の審査だけでレンダー（融資資金提供者）の利益を守るに十分足りうるかといえば、答えはノーであろう。返済能力に加えて、返済「意欲」が

どれだけ強いかという考え方が重要になるからだ。

担保貸付の概念では、借り手は担保資産を放棄することで債務返済義務を免れるケースがある。債権債務の理論で言えば、債務超過をしても担保を放棄すれば、債務を返済する義務がなくなる。これは債務者の債務放棄オプションである。

従来、銀行はこのオプションに対抗するために、保証人を要求することによって返済意思を確認してきた。しかし現実には、連帯人は確かに返済を代行する担保能力があるかもしれないが、自分の責任でデフォルトしたわけではなく、返済意欲はほとんどない。それはそのまま回収コストの増大へとつながる。

担保をとらないノンリコースローンでは、返済能力だけではなく返済意欲の欠如をヘッジしなければならない。そのために、例えば、収益が劣下したらいきなりオーバーレバレッジになってしまうのではなく、何らかの事前に定められた水準で準備金を積み立てるトリガー条項等、多くの厳しい規定が設定されている。もちろん、金利変動のヘッジ手法についても設定しているのが通常である。

しかし、これらの厳しい規定はすべてレンダーの利益を守るためのものであり、そのコストは投資家の収益を大幅に圧縮するものである。投資の最適性は、このようなリスクヘッジコストと収益、リスクマネジメントとリターンマネジメントのバランスの中で求められる。

リスクマネジメントの目的とは、金融機関のフィービジネスチャンスのためのものなのか、融資権者の利益をヘッジするためのものなのか、投資家のビジネスリスクをヘッジするものなのか、あるいは市場の**システマティックなリスク**[9]をヘッジするためのものなのかを明確にしなければならない。

---

[9] システマティックリスク：リスクは、市場自体が持つ当事者の努力ではどうにもならないシステマティックリスクと、当事者の努力で低減できるアンシステマティックリスクとに分けられる。前者の代表が市場リスクであり、後者がビジネスリスク等である。

第2章　アクティブな不動産投資ビジネス

このような「リスクヘッジは誰のものか」という前提抜きに、リスクヘッジの効用を問うことはできない（リスクヘッジの最適性についての仔細な議論は、拙著『不動産投資戦略』（清文社、2004年）を参照していただきたい）。

2.2.3 アセットマネジメント

アセットマネジメントとプロパティマネジメントの使い分けについては、その位置づけが曖昧である場合が多い。つまり「ファンドの資産を購入するのがアセットマネジメントであり、管理資産のリーシング、建物管理を行うのがプロパティマネジメントである」という程度のものが多い。

アセットマネジメントは、「個々の資産がどのように投資主体へ貢献するか」をマネジメントすることである。貢献の仕方には、資産のインカム収益だけでなく、キャピタル収益もある。したがって、資産の売却、取得、あるいは蓄積された内部留保を使った再投資が、ファンドの投資主体に貢献するように管理することが主な目的となる。これはファンドだけに限ったことではなく、個人、組合、株式会社、財団、パートナーシップ、特定目的会社、協同組合等、あらゆる投資ビークルにとって必要な機能となる。

アセットマネジメントの概念自体、従来の不動産業から機能分解（アンバンドリング）したビジネスであり、当然ニュープレーヤーのシンボル的なビジネスになる。アセットマネジメントが行う物件の取得（アクイジション）や売却（オフバランス）は、不動産主体に貢献するインパクトが非常に大きい。したがって主な仕事は、物件の取得、売却に関する評価ポートフォリオの組成管理になる。前掲の図表2－3（P84）では、リスク資産A、B、Cの組成をイメージしている。

ニュープレーヤーは、例えば不動産鑑定士の資格を取得し、その他ビジネススクール等の出身による新しい知識を持ち、経営の知識を持ち、金融工学等を使った独自のビジネスモデルによる評価技術を行う。その他、証券業界、建設業界、シンクタンクの経験を持ち、新しいファイナンス技術、契約のク

ロージング技術、特に再生・バイアウトの技術・知識を身につけた人たちである。また、バイアウトのビジネスが日本に入ってきた当時、パートナーは海外からのプレーヤーであるケースが多かった。したがって、英語にも長けたところがある。リスクマネーを広く海外資本に求めるなら、海外の言葉は必須となる。

極端なことを言えば、従来の失敗した経験より、新しい知識に傾倒しているともいえる。したがって彼らは、バブル世代のビジネスプレーヤーではなく、むしろ30代の人たちである。

アセットマネジメントの重要な仕事である不動産取得の手法には、本来、「ソーシング」というビジネスが必要とされる。ソーシングとは、市場の中で優良な物件を見つけ出すことである。これは常に市場に入り込み、さまざまな情報の中から他社よりも早く売り物件を探し出し、あるいは売却予定者を見つけ出し、有利な相対で任意契約に持ち込む手法であった。

これに対して最近のファンドビジネスにおけるアクイジションは、再生ビークルを通じたバルクセール等の形で市場に出てくる資産を対象としたケースが多い。そしてそのほとんどが、ビット（Bid：入札）されて出てくる物件に対して応札する手法が採られる。そこでは、いくらで応札するかという評価技術の競争になる。

もちろん、この評価は単純な収益還元ではなく、再生すると賃料をどのくらい上げられるかという技術に裏づけられた評価である。現状の賃料から割り出した単純な資産価格ではなく、市場サイクルの中で変動を評価する。

しかし、ビット方式が主流の市場では、市場が過熱して応札価格の競争になると、一気に地価相場を上昇させる。さらに過熱すると、入札して落札してもファイナンスがつかずに流れるケースがあり、事前にファイナンスがつくところに限るセミクローズされた入札形式も登場する。

また、「カットオフ方式」と呼ばれる手法も出てくる。カットオフとは、

売値を決めずに売却物件として市場へオファーし、何らかの売り手の満足する価格が出た時点で、そこから例えば1ヶ月の期間を区切って、それ以上の価格のビットを受け付ける方式である。ビットにもいろいろな手法が工夫されて市場に登場する。過熱局面では安く取得する機会が狭まることになる。

従来、市場が冷え込んでいる時期には、入札をしても応札者が少なく、成立しないケースも多かった。しかしニューゲームの不動産投資においては、市場が冷え込んだ時にあえてリスクをとりに来る、リスクマネーにファイナンスされたディストレスアセットビジネス等の投資戦略があり、今後は景気が悪く市場が冷え込んだ場合でも、入札方式が増えることが考えられる。価格評価よりも再生価格にウエイトを置いた考え方であり、良質な再生技術があってはじめて成り立つ新しい概念の価格形成である。

その一方で、にわか私募ファンド・任意の組合、あるいは何らかの資産家を中心にした投資マネーグループに見られるように、金融機関出身の雇われアセットマネージャーが、出身金融機関からの入札情報だけで取得を行っている投資ビークルを見かける。「金融機関からの極秘情報」というのが彼らのふれこみである。

たしかにファンド市場が拡大してくると、前述のようなニュープレーヤーの技術がなくても、たまたま資産に恵まれれば簡単に100億、200億単位の投資グループが組成される。しかし、市場原理で徹底的に評価されるのがニューゲームであり、ファンドビジネスといっても、これはオールドプレーヤーによるオールドゲームにしか見えない。相場観だけを頼りに、公開入札で価格競争しかできず、当初に利回りを確保してもファンダメンタルズに左右されるリスクの高い投資でしかない。

2.2.4 レバレッジの決定（資本政策）

REIT、私募ファンドの中でも巨大なファンドになってくると、カリスマ性のある代表者の下にアセットマネジャーが何人もつく。あるいは専門の投

図表2-4　一般的なストラクチャードの構造

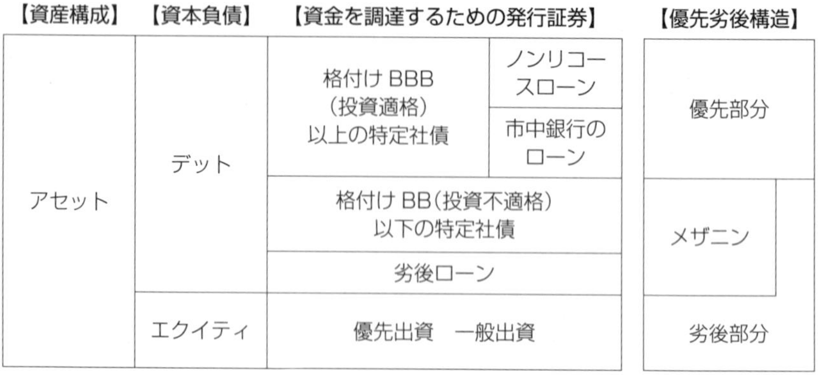

【資産構成】	【資本負債】	【資金を調達するための発行証券】		【優先劣後構造】
アセット	デット	格付けBBB（投資適格）以上の特定社債	ノンリコースローン	優先部分
			市中銀行のローン	
		格付けBB（投資不適格）以下の特定社債		メザニン
		劣後ローン		
	エクイティ	優先出資　一般出資		劣後部分

資顧問会社に一括して運用を依頼する。その上で目指すレバレッジ戦略を考慮して、資金調達が行われる。優先出資額、エクイティ、デットが複雑な優先劣後構造を多用しながら、最終的にレバレッジが決定される（図表2-4）。

　ニューゲームと呼ばれる新しい不動産投資においては、レバレッジは単純なエクイティ＝デットによる資本政策ではなく、「ストラクチャードファイナンス」と呼ばれる技法により細かく組み立てられた仕組みになっている。

　詳細なファイナンスの仕組みを組み合わせてレバレッジを組成すること自体が、リスクマネジマントともなる。どのようなストラクチャードを組むかによって、一般の市中銀行からノンリコース専門のノンバンク、あるいは証券会社と幅広くレンダーとも付き合うことになる。また、最終的に必要なファイナンス、目指すレバレッジの中で、最もリスクの少ない仕組みを組成することになる。

　ただひたすら利潤の拡大を目指したオールドゲームとは異なり、ニューゲームでは不確実性の少ない収益を確保するために、さまざまなマネジメントを駆使する。その結果、ストラクチャードコスト、マネジメントコストにより収益が圧縮される。圧縮されるがより不確実が低くなった収益に高いレ

バレッジを効かせることによって、不動産投資の目的を達成させる。つまり、許される範囲内でより高いレバレッジを組成することが重要な目的となる。

ストラクチャードファイナンスの技術を用いて、優先劣後構造によりレバレッジを組成する。レバレッジを高める技術としては、**エージェンシーコスト**[10]の削減がある。

適切なレバレッジを構築する上で必要になるのが、レンダー（貸し手：Lender）との信頼関係である。レバレッジを高めるには、それに伴うデフォルトリスクをどのようにして避けるかという考え方が必要になる。そして、デフォルトに関する情報をレンダーに開示する中で、信頼関係を構築することが必要になる。

エージェンシーコストは、情報の非対称性に対するコストである。市場の情報の対称性が完全な場合、レンダーもボロワー（借り手：Borrower）も投資家も、投資に関する情報をすべて知り得ることになる。したがって、投資におけるデフォルトに関する情報をすべて知り、適切なレバレッジを最高のポイントにまで高めることができる。効率性が弱い市場では当然、情報の対称性は低い。しかし、高いレバレッジを組成するには、レンダーの理解・協力なしにはありえない。

少ない情報の結果、少しでも疑義があれば、投資のすべてを完全に評価することができない。当然融資割合も低くなる。あるいは新たなリスクマネジメントコストが要求される。逆に価値以上の評価をメイクし過大な融資を引き出すと、当然本来のリスクが大きくなる。完全な情報はありえないにしても、両者の理解がハイレバレッジの最適なポジションを実現する。

---

[10] **エージェンシーコスト**：取引関係にある当事者間に双方に対する情報の格差がある時、それを補完するために必要とするコスト。例えばレンダー（貸し手）とボロワー（借り手）。社会サービスを委託する行政と住民。株主と経営者等の間にある情報の格差が大きければ、それを埋めるためのコストが大きくなる。

Column8　ストラクチャードファイナンス

　ストラクチャードとは、原資産から得られるキャッシュフローを分解して、異なるキャッシュフローを持つ金融商品へと原資産を組み替える仕組みである。リスクが小さく格付けが高い部分はキャッシュフローが小さく、反対にリスクが大きい部分はキャッシュフローが大きく設定される。これが優先劣後の基本形である。

　ストラクチャードファイナンスの手法では、デットファイナンスを優先劣後の仕組みで分解するだけではなく、例えば金利と元本返済を分けたストリップ債等のように、その属性によってニーズに適合させた仕組み商品等の開発を含めて、多種多様にファイナンスをカスタマイズした金融商品へと分解する。

　ストラクチャードファイナンスによって開発された金融商品は、デリバティブ商品の開発へとつながり、デット、エクイティファイナンスの発展に大きく寄与することになった。ストラクチャードファイナンスの発展を、ポートフォリオ理論等と並びファイナンスの一大革命と評価することもできるが、ポートフォリオ理論等と大きく違うところは、ポートフォリオ理論のように学際レベルの理論的な進歩開発ではなく、ビジネスの現場にてビジネスモデルとして開発された商品がほとんどであり、実益を得る形で評価されている点である。特に不動産の証券化、あるいはファンドビジネスにおいて当然のごとく使われている優先劣後の仕組みは、すべてストラクチャードファイナンスの初歩的な技術である。

　日本では、大垣尚司氏による著書『ストラクチャード・ファイナンス入門』（日本経済新聞社、1997年）によって、広く紹介された。この入門書は、ストラクチャードだけでなく証券化の基本的な教科書として普及し、この手の専門書としては異例であるが、翌年にはすでに10刷りを超える解説書となった。

2.3 レバレッジによる成長戦略

　不動産投資は、「最終的な投資の結果が、投資主体にどのように貢献するか」という考えの中で判断されなければならず、そのためにあらゆる戦略的なマネジメント技術を駆使する必要がある。

　投資資産からの収益をマネジメントする、あるいは賃料収入が劣下するリスクをマネジメントするプロパティマネジメント、そしてより競争優位ある収益を実現するブランドプロパティマネジメントは、いずれも収益の源泉となる賃料収入を確保するための技術である。劣下した収益を改善してバリューアップした資産をオフバランスすることによって投資主体に貢献し、最適なポートフォリオを実現するために新たに資産を購入（アクイジション）するアセットマネジメント、金利の変動リスクをヘッジするデリバティブを用いたヘッジ技術等がこれに当たる。

　不動産投資に限らず、例えば株式投資や債券投資においても、単に現物を保有するポジションをとるだけでなく、現物を買うと同時に先物を売ることによってヘッジを行う。これもマネジメント技術である。

　しかし、これらのマネジメント技術は、投資の収益に対して、ヘッジ、マネジメント効果の貢献の見返りとしてコストを要求する。最終的な収益は、投資資産の運用から得られる収入からこれらコストを差し引いたものとなる。これらのマネジメントを駆使せずに得られる収益と、駆使することで得られる収益とでは、当然後者の方が少ない。この少なくなった最終的な収益に対して、レバレッジをかけることによって目標の収益性を実現する。投資成果の成長は、このレバレッジの効かせ方次第でコントロールされる。

　適正な範囲で高いレバレッジをかければ、大きな成長が期待できる。従来のようにシングルアセットのプロパティマネジメントから得られる収益が不動産投資の最終的目的ではなく、より高度なマネジメント技術によって、よ

り不確実性を抑えた収益に高いレバレッジを効かせたものが、これからの最終収益となる。

このように考えると、マネジメント技術、ヘッジ技術と同様に、レバレッジ戦略が非常に重要な成長ツールとなる。それは同時に、投資技術を持たない投資主体が安易にレバレッジを多用することは、大きなリスクを伴うことを意味している。

投資においてどのような投資ポジションをとるかは、どのようなリスク資産を保有するかだけではなく、このレバレッジの効かせ方によるリスクを含めどのような戦略的ポジションをとるかという考え方になる。競争優位ある、より高い効率的な収益が不動産投資の目的ならば、新しいマネジメント技術を駆使してより確実な収益を確保し、どのようなレバレッジのポジションをとるかが、不動産投資における戦略となる。

バブル経済の崩壊は、リスク概念がないことにも起因していた。そしてその後、市場にはさまざまなリスクが顕在化してきた。これらのリスクに対するマネジメントが新たな市場ニーズとなった。そして多くの革新的なマネジメント技術が登場した。このような新しいマネジメントを使わずに不動産投資を行うことは、まさにオールドゲームに戻ることを意味する。しかし、同時にこれらのビジネスモデルを使用することは収益の圧縮につながる。そこで必要になるのがハイレバレッジである。つまり、ハイレバレッジこそがポストデフレ経済市場の新しいニーズである。ハイレバレッジを財務リスクの概念でしか捉えられないオールドプレーヤーは、例えそれが銀行であれ、投資家であれ、行政担当者であれ、いつまでも市場に居残るべきではない。

第2章 アクティブな不動産投資ビジネス

2.4 日本の実物不動産投資におけるレバレッジ

　不動産投資における最も単純なレバレッジは、資産担保による金融機関からのデット資金の投入である。第1章の投資ビークルA・B・Cで考えるならば、それぞれ**総資産÷自己資本＝レバレッジ倍**となる

●不動産投資A：ロー・レバレッジ投資ビークル
　10億円の不動産賃貸ビルを自己資金8億円、銀行借入2億円で調達した資金で購入⇨　LTV 20％
●不動産投資B：ミドル・レバレッジ投資ビークル
　10億円の不動産賃貸ビルを自己資金5億円、銀行借入5億円で調達した資金で購入⇨　LTV 50％
●不動産投資C：ハイ・レバレッジ投資ビークル
　10億円の不動産賃貸ビルを自己資金2億円、銀行借入8億円で調達した資金で購入⇨　LTV 80％

　レバレッジ倍は、投資ビークルAが1.25倍、Bが2倍、Cが5倍となる。自己資金が0円、100％借入資金になると、レバレッジは無限大となる。
　通常、銀行からシングルアセットに融資する場合、他に担保を用意しなければ当該資産価値の5～6割が融資の限度となり、自ずと2倍前後のレバレッジが限度となる。
　競争優位ある投資技術、それに伴う高い収益率等を金融機関に説明して情報の格差がなくなり、80％、90％という掛け目率の融資を獲得できれば、高いレバレッジの投資ビークルが組成できる。
　100％借入れの不動産投資は、一般の賃貸ビル、賃貸マンションではほとんど見られないが、例えばファッションホテル等では時々見られる。当然融

資側も非常に高いリスクを引き受けることから、金利も非常に高くなる。これらのホテルは高い収益が期待できるため、高いレバレッジの投資ビークルの組成が可能となる。

第1章のレバレッジのシミュレーションで確認したように、収益率の成長が期待でき、高い収益の維持が可能な場合、投資ビークルは高いレバレッジの成果を享受できるが、収益率の成長しない投資ビークルでハイレバレッジは許されない。

収益率、返済能力から判断して、仮に購入資産10億円に対してROAが6％、金利3％で借入期間を20年、純収益に対する借入償還割合を示すDSCR[11]を1.4とすると、以下の計算式から、6億3,750万円の借入れが可能となる。

> 10億円×ROA 6％＝6,000万円………NOI
> 6,000万円÷1.4＝4,285万円
> 4,285万円÷0.067216（3％、償還期間20年の金利元利均等償還率）
> 　＝63,750万円
> ※計算手法の仔細な解説については拙著『不動産投資戦略』（清文社、2004年）を参照。

DSCRを格付けの基準値としてみると、不動産の証券化等における格付けでは、投資適格は1.5以上が必要になる。したがって、1.4が限度と考えても、6億3,750万円の借入れが可能ということは、10億円の資産に対して融資掛け目率63％となる。10億円の資産に対して、10億円－6億3,750万円＝自己資本3億6,250万円であるから、2.7倍のレバレッジになる。返済能力を基準に考えたノンリコースローン等を使っても、この辺りが限度となる。

---

[11] DSCR：デットサービスカバレッジレシオ（Debt Service Coverage Ratio）。支払金利と返済元金を合計した償還金を分母に、賃料収入を分子にした倍率のこと。この数値が1以下だとデフォルト状態となる。

これが一般的な実物不動産のシングルアセット投資のレバレッジである。ちなみにROAが10%あるとして上記シミュレーションを設定すると、

```
10億円×ROA10％＝1億円………NOI
1億円÷1.4＝7,142万円
7,142万円÷0.067216＞10億円
```

となり、100％デット資金・自己資金0で投資をすることが可能となる。なお、「確実」に収益が高ければハイレバレッジが可能であることは、第1章において確認した通りである。

2.5 投資ビークルにおけるハイレバレッジの組成

〔レバレッジ・シミュレーション①〕

アセット (資産) 不動産 10億円	デット (負債) 5億円
	エクイティ (資本) 5億円

シミュレーション①では、数人でパートナーシップ（協同組合）を組成し、不動産現物投資を行う。

例えば、1人5,000万円の出資で10人、5億円を集めたとする。これに5億円のデットファイナンスを用意してトータル10億円の不動産資産を購入し運用する。通常の金融機関からデットファイナンスを受ければ評価が5割で、上記のような財務構造の投資ビークルとなる。レバレッジは2倍である。

この時、10人中のある投資家が5,000万円を自己資金で用意するのではなく、このパートナーシップを担保に2,000万円を借り入れ、残り3,000万円を自己資金で用意する。この投資家は1.66倍×2倍＝3.33倍レバレッジを効かせたことになる。これが不動産投資における最も原始的な投資ビークルである。

次に、シミュレーション②は株式投資を行うケースである。

〔レバレッジ・シミュレーション②〕

アセット (株式) 1億2,000万円 ＋ 1億4,280万円	デット 2,000万円
	証拠金貸借 1億4,280万円
	エクイティ 1億円

第2章 アクティブな不動産投資ビジネス

　手元に1億円用意する。この1億円で1億円の株を購入し、ロングポジションをとる。この場合、レバレッジは何もない。ここで、銀行から個人融資を2,000万円受け、総額1億2,000万円の株式投資を行う。レバレッジは1.2倍になる。

　次に、1億2,000万円の購入した株式を証拠金にして追加の株式を購入する。証拠金の評価を7割とすると、1億2,000万円×70％＝8,400万円が新たに購入でき、合計2億400万円となる。さらに8,400万円を証拠金にして新たな株の購入を行えば、8,400万円×70％＝5,880万円を追加し、合計2億6,280万円の総資産となる。元金の2.6倍のレバレッジとなる。

　この手法は、例えばジョージ・ソロスが主催したヘッジファンド、クオンタムファンドにおいて、ソロスが、ファンドの集めた資金のうち自己資金を株式投資に使い、借入資金では商品投機に投入した手法でもある。ソロスは、株式は追加証拠金として運用するためであるとしている（ジュージ・ソロス『ソロスの錬金術』P177（総合法令出版、1996年））。

　シミュレーション③では、いくつかの投資ビークルをつなげるケースを想定する。

〔レバレッジ・シミュレーション③〕

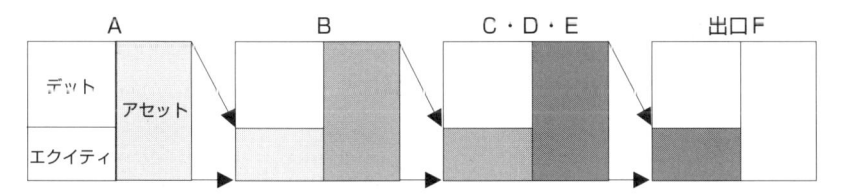

	エクイティ	デット	アセット	アセット利益	支払金利	E配当	ROA	金利	ROE
A	100,000,000	150,000,000	250,000,000	15,000,000	4,500,000	10,500,000	6%	3%	10.5%
B	250,000,000	375,000,000	625,000,000	37,500,000	11,250,000	26,250,000	6%	3%	26.3%
C	625,000,000	937,500,000	1,562,500,000	93,750,000	28,125,000	65,625,000	6%	3%	65.6%
D	1,562,500,000	2,343,750,000	3,906,250,000	234,375,000	70,312,500	164,062,500	6%	3%	164.1%
E	3,906,250,000	5,859,375,000	9,765,625,000	585,937,500	175,781,250	410,156,250	6%	3%	410.2%

Aでは、1億円の自己資金に対して1.5倍のデット資金を借り入れ、総額2億5,000万円の資産を購入するレバレッジ2.5倍の典型的な不動産投資ビークルである。

　ここで、2億5,000万円で投資する資産は直接現物不動産ではなく、次のBファンドのエクイティ投資を行う。同じように1.5倍のデット資金を調達して、合計6億2,500万円の資産を作り上げる。この時点で元金1億円に対して6.25倍のレバレッジとなる。

　さらに、同じように投資ビークルCにエクイティ投資を行う。投資ビークルCを組成することによって元金1億円は15億円の資産を支配し、レバレッジは15倍となる。さらに同じように投資ビークルDに投資を行えば39倍のレバレッジとなり、39億円の資産を支配する。さらに投資ビークルEへとつなぐ。

　この結果、資産として約100億円（9,765,625,000円）用意できたことになる。最終出口戦略として、次の投資ビークルFを用意する。

【投資ビークルF】

デット資金 700億円	アセット（不動産） 1,800億円
私募エクイティ 1,000億円	
自己資金 100億円	

　Fでは、優先出資の形で100億円、私募のエクイティとして1,000億円集め、デット資金として700億円を調達して1,800億円の資産を保有する私募ファンドを組成する。この投資ビークルFを公開ファンドとして上場させることができれば、出口戦略の完成である。

　このシミュレーション③は実現可能だろうか。あるいは単なる錬金術的な机上論だろうか。もし可能であるなら、どのようなリスクを包含しているのだろうか。不可能であるなら、どこに問題点があるのだろうか。

まず、このような不動産ファンドの組成が可能かどうかという以前に、グローバルなホットマネーとして知られるヘッジファンド等で用いられる10数倍のハイレバレッジは、このシミュレーションのCからDに相当する。さらに、ハイレバレッジ投資機関の代表格として有名なLTCMが用いたとされる50〜100倍のレバレッジは、このシミュレーションのDからEに相当する。

その他、現実に日本のインターネット上では、レバレッジ200倍のファンド投資（不動産以外）の募集が見受けられる。投資ビークルのシミュレーションの違いはあるものの、この程度のハイレバレッジな投資は、現実に市場に存在することを理解する必要がある。もっと極端な例を挙げれば、元手数百万円のスタートアップ企業がM&Aを繰り返し、時価総額数千億円のIT長者になった事例も市場には存在する。もっともこのようなケースは錬金術であると市場でも評価されているが。このような市場の現実に立って、このハイレバレッジ投資ビークルのどこに問題があるかを考えてみたい。

シミュレーション①のように、個人のビークルからスタートして現物出資をして、さまざまな投資ビークルを介して私募ファンドにたどり着く、最終的に公開ファンドを出口戦略に用いることは可能である。

もちろん、合法的にその手法が認められることであっても、個人の欲求だけからスタートすると、単なる錬金術でしかない。

この過程で重要な役割をするのが私募ファンドである。私募ファンドは「私募」といっても、ある程度大きなロットのリスクマネーを支配する投資家であり、明確な出口戦略を持つ専門性の高いファンドである。また、もしそれが年金資金のような公的資金であれば、当然その運用には投資のプロが携わっており、プロを納得させられる内容が必要となる。そのような高いレベルの投資ニーズに応える利回りと、信用に応えられるものでなくてはならない。投資家を納得させるだけの資産内容、高利回りを提供できるだけの投資技術、出口戦略、そして何よりも信用を補完するアカウンタビリティーが

必要となる。そしてその結果が投資家だけでなく社会に貢献するようなものでなければならない。そのようなアクティブファンドを組成できるかがカギとなる。

具体的には、投資家に認められるような、資産内容がある程度シンボリックで著名な不動産資産が必要になる。これらの著名な資産を有効利用することが社会への貢献となる。そしてこれらを極めて安い金額で購入するという投資原則に適うことこそが信用になる。当然アセットマネジメントに関するレベルの高い技術と出口戦略が必要となる。出口戦略のない投資は、破綻への投資であるといっても過言ではない。

このような不動産ファンドビジネスとして、出口戦略として注目されているのがREIT等の公開ファンドである。

これに対してREITは私募ファンドの出口、市場のゴミためではないという反論がある。エクイティREITが1990年代に入りアメリカで急成長した要因は、不良債権の受け皿という位置づけにあった。

REITはそもそも多人数よるリスク分散スキームである。何らかの理由で収益を生まなくなった資産（ディストレスアセット）を大勢でリスクを分散して安く購入し、再生等の技術を通して高い運用収益を生むスキームであった。その後、年金基金等の高貴な資金が流入して、他の株式投信よりも高価なブルーチップとなるREITも登場するが、当初はやはり市場の受け皿としての機能が、その社会的存在意義であった。

一般投資事業を例にして考えてみよう。まず、個人で会社を設立する。当然未公開である。レバレッジを効かせ収益を上げ、成長する。成長して規模が大きくなると、ファイナンスで個人レベルの出資では賄いきれなくなる。それと同時に、一個人の出資ではリスクをとりきれなくなる。

さらに成長が市場で認められると、いよいよ公開となるが、これは個人レベルの投資の出口であり、新たな投資ビークルでのスタートでもある。つまり、公開とは出口であり、同時に新しい集団運用である。私募ファンドの公

開も同じである。

　もう1つ、ファンドの社会的な存在意義を考えてみよう。

　例えば、不動産ビジネスとして新築の賃貸収益ビルを開発し、市場で販売したとする。このビルを購入する投資家が10年後売却による出口戦略を考え、10年後市場で売却する。次に、その築10年の物件を、やはりそのまた10年後の市場での売却を出口戦略として考えた上で購入する別の投資家がいるとする。この投資家が10年後（都合20年後）市場で売却する。さらに同じように、その築20年の収益物件を別の投資家が購入する。しかしこの投資家は、今度自分がこの物件を出口戦略として市場で売却する時は、30年後の物件である。

　ここで、「はたしてこのような古い物件を受けてくれる投資ビークルがあるのだろうか？」と不安になる。もしそのような投資ビークルがないと考えるならば、そもそも築20年の物件を購入することに対して消極的となる。そうなると、築20年の物件の流動性が少なくなり、流動性リスクの高い市場となる。

　このような市場では、当然築10年の物件の流動性にも影響する。となるとこの物件は、そもそも新築の物件も資産として半永久に持つようなバイホールドの戦略家にしか売れないことになり、結果として市場が極めて貧弱なものとなる。

　そこで、REITがリスクマネーで収益を生まなくなった資産をバリューアップする、古くなった資産を再生する等の機能を果たせば、これら資産の受け皿となる。もし何らかの理由で収益を生まなくなった不良資産の受け皿が市場にあれば、その市場は非常に層の厚い、実効性のある投資市場になる。これがREITの本来の社会的存在意義である。

　したがって、これらの資産の出口戦略としてREITが存在することは、決して間違った戦略ではない。ただし、2000年以降の日本においても、**地方銀行の資金運用**[12]部門であるとか、年金基金の資金が他に運用先がなく、REIT産業あるいは私募ファンド市場に流入した実態がある。その結果、

REITの本来の機能から乖離して、国家の最も高貴な資金運用の代表セクターのような機能が求められているのも事実である。

　話を戻して、このシミュレーション③の問題は、いわゆるハイレバレッジになる財務リスクと、レバレッジを重ねる上でのレンダーに対する対処である。これは、決して個々の投資ビークルにおいて無理のあるレバレッジではないにせよ、これだけのスキームを組成できる技術的実績を示すことが、レンダーあるいは参加するエクイティ投資家に対するアカウンタビリティーになるのではないだろうか。

　ハイレバレッジによるリスクは、従来の考え方では「財務リスク」ですべて片づけられていたが、不動産投資ビジネスのアンバンドリングとともに、その本質に即したリスクとその対処法が求められるようになった。逆レバレッジにならないだけのリスクマネジメント、プロパティマネジメント（収益劣下の回避）、アセットマネジメント（流動性リスクの回避）があることが大前提である。

　例えば、ハイレバレッジを用いた投資ビークルがオーバーレバレッジを生じようとする局面においては、資産を流動化させてハイレバレッジを解消することが、その対処法となる。従来であればその対処は不可能であったため、リスクとされてきた。それは、レバレッジを担当するのが財務担当者であり、財務担当者が従来のようにアセットマネジメントの能力を持たない場合、自ずと資産を流動化させることは不可能であるからである。

　出口戦略を事前に想定して資産流動化のスキームが用意されていれば、ハイレバレッジのリスクは低減される。

　「ハイレバレッジ＝財務リスク」の概念でしか捉えられなければ、オール

---

(12)**地方銀行の資金運用**：2000年以降REIT産業がスタートして、当初これらREIT株を買い支えたのが地方銀行の資金運用部門であった。これは当時、地方銀行が業務レベルで営業損を出さなければならない状況下で、期待されるREITの売買益が業務損益を補填できるものとして、特定の地銀がREIT株をこぞって保有した経緯があった。

ドプレーヤーによるオールドゲームでしかない。

　さまざまなヘッジ技術（金利変動リスクの回避）により当然コストがかかり、収益が奪われることになる。しかし、そこにこそレバレッジを効かせなければならない必然性、合理性が出てくるといえよう。

　市場に存在する私募ファンド、J-REITがシミュレーション③のA－Fのそれぞれの投資ビークルの役割をすることが可能となる。これらのビークル間を資産が移動することを、単なる錬金術の資産転がしと見るか、再生を前提とした適材適所の投資ビークルへの資産の移動と見るかによって、このレバレッジスキームの価値が異なってこよう。社会ニーズに応えられるこのようなハイレバレッジビークルを組成できるかどうかは、このような社会ニーズを満足する優良な投資ビークルが市場にたくさん存在してはじめて可能となる。

2.6 リスクマネジメントとレバレッジ

「ハイレバレッジ＝財務リスク」。この考えは、新しい投資概念に通用するのであろうか。確かにレバレッジが高ければ、市場リスク、流動性リスク、信用リスクが高くなる。財務レバレッジの定義はともかく、収益が劣化した時、ハイレバレッジを解消できればよいが、市場で流動性がなくなり結果的にハイレバレッジが解消できなければ、信用リスク、流動性リスクに直面してデフォルトする可能性が非常に高くなる。

レバレッジのメカニズムが理解されていれば、金利のヘッジ、出口戦略の想定等、ハイレバレッジが必要とするリスクのマネジメントは自ずと違ってくることが理解できるはずである。しかし、アセットマネジメントの技術を持たない従来の財務担当者は、レバレッジを単純に「ハイレバレッジ＝財務リスク」の範囲だけの概念として捉えることしかできない。

リスクを捉える方法として、「エクスポージャー」という考え方がある。エクスポージャーとは、保有するリスク資産のうち市場におけるリスクにさらされる度合いをいう。特にロング（買い持ち）ポジション、バイホールド（資産として保有し続ける）ポジションをする投資家には、保有する資産がどのようなリスクに、どれほどさらされているかが重大な関心事となる。

そのために最近では、デリバティブの手法を使ってエクスポージャーを減らす技術も普及している。例えば、買い持ちポジションに対して、それに対する売り持ちポジションをすれば、売り持ちポジションをした分がヘッジされてエクスポージャーは軽減される。

$$\text{エクスポージャー} = \frac{\text{買い持ちエクスポージャー} - \text{売り持ちエクスポージャー}}{\text{投下資本}}$$

エクスポージャーのマネジメントは、さまざまなリスクに対してなされる。

第2章 アクティブな不動産投資ビジネス

例えば不動産投資でバイホールドしている資産が持つ金利変動リスクに関するエクスポージャーを考える時、また有利子負債総額が見かけ上のグロスレバレッジとなり、金利がスワップあるいは金利キャップの購入等で金利変動リスクをヘッジさせている時、そのヘッジさせている分を除いたネットのレバレッジがエクスポージャーとなる。

これがエクスポージャーの基本的な考え方である。

$$\text{金利変動リスクのエクスポージャー} = \frac{\text{有利子負債総額} - \text{ヘッジ総額}}{\text{投下資本}}$$

次に、投資ビークルを用いた戦略の中で、支配関係による投資主体のエクスポージャーを見てみる。再度、前掲のシミュレーション③を見てみよう。

	エクイティ	デット	アセット	アセット利益	支払金利	E配当	ROA	金利	ROE
A	100,000,000	150,000,000	250,000,000	15,000,000	4,500,000	10,500,000	6%	3%	10.5%
B	250,000,000	375,000,000	625,000,000	37,500,000	11,250,000	26,250,000	6%	3%	26.3%
C	625,000,000	937,500,000	1,562,500,000	93,750,000	28,125,000	65,625,000	6%	3%	65.6%
D	1,562,500,000	2,343,750,000	3,906,250,000	234,375,000	70,312,500	164,062,500	6%	3%	164.1%
E	3,906,250,000	5,859,375,000	9,765,625,000	585,937,500	175,781,250	410,156,250	6%	3%	410.2%

例えば、100億円の資金を持つ投資家がその運用を考えるとする。

Eの資産をすべて現金出資で賄うと、100億円の資金のうち総資産97億円のリスク資産と残りを現金3億円あまりで準備積立てを行う。財務リスクだけを問題にするのであるならば、総資産97億円を全額自己資金で出資をして、アンレバレッジの投資ビークルが望ましいことになる。しかし、これでは自己資金97億円がすべて市場の変動リスクにさらされてしまう。

従来のような帳簿価格による保有は、現在はできない。時価評価がなされ、常に市場の変動を受ける。この97億円について、市場価値の変動により20%の下落が生じた場合、19億円の資産減を生むことになる。Eの投資ビークルように39億円をリスクマネーとして出資して、97億円の資産を支配すれば、直接リスクにさらされるのは39億円(有限責任の範囲)である。

その場合、残りの61億円を準備金として積み立てることによって信用リス

クへのヘッジが可能となり、また他に運用することもできる。それには株式出資による倒産隔離がなされていることが前提である。

　極論を言えば、A～Eの全体の投資スキームを組成することにより、リスクマネーに出資する資金が1億円でEの97億円の資産を支配できれば、エクスポージャーマネジメントの観点からすると、非常に優れた手法となる。

　エクスポージャーマネジメントとは、さまざまなリスクを抑えることにある。そのためにデリバティブの手法を用いてヘッジをする方法と、レバレッジを用いてリスク市場の中でリスクにさらされる資産を抑える方法とがある。このようなエクスポージャーマネジメントができるのがニューゲームの特徴であり、従来のような「ハイレバレッジ＝財務リスク」の概念とは違った新しい概念による手法である。

　ただし、このような考え方は、市場原理の中では弊害もあるということを認識する必要がある。例えば、少ない証拠金で現物市場に大きな影響を与える危険もある。最近の世界中の原油マーケットにおける、投機筋の少ない証拠金にレバレッジを効かせて非常に大きな価格変動の影響を与える事例等が挙げられよう。しかし、この問題にも注釈が必要となる。市場はヘッジャー（リスクをヘッジする人）だけでは成り立たない。ヘッジャーとスペキュレーター（投機をする人）がいてはじめて機能する。したがって、投機筋を排除することはヘッジャーも排除することにつながる。これが進化した市場における特徴でもある。

2.7 日本の不動産ファンド

　1998年、日本の不動産の証券化第1号として、東京建物が港区高輪・サービスアパートメントのSPCによる証券化を行った。その後証券化された不動産資産は、2004年だけで約7兆5,000億円、当初から2004年までの累計で20兆円となっている。また、すでに証券化の期間が終了し、リファイナンスあるいは転売されているものが登場している。資産の流動化スキームが、SPCだけでなくファンドが大きく存在するがゆえに、これらの資産の出口も多様化していくと考えられる。証券化による運用のスキームが、すでにファンドやREITへと移っているのだ。

　ファンドのスキームは、平成16年度だけで見てみると、**信託受益証券**[13]を有限会社もしくは株式会社に売却する方式が4兆1,770億円で最も多く、REITが8,950億円、SPCが2兆1,950億円となっている（国土交通省『不動産証券化実態調査』（国土交通省土地・水資源局土地情報課、2005年6月）。2005年には上場REITの市場規模も2兆円を超える市場となった。REIT社の規模は概ね一社3,000億円程度である。J-REITの特徴は、その多くが不動産企業、金融企業の系列企業がスポンサーとなっている点にある。

　組成段階の資産ポートフォリオは、系列企業グループ間の保有資産から組み込まれているケースが多かった。独立系のREITは私募ファンドの延長線上からスタートしている。私募ファンドは通常数百億円の規模と考えられているが、**ダヴィンチ・アドバイザーズ**[14]のように4,000億円規模のファンドを集められるファンドもあり、現在の日本では規模による公開型REITと

---

[13]**信託受益証券**：不動産資産を信託会社に信託し、受託した信託会社は信託運用益を受ける権利を証書にした信託受益証券を発行する。この信託受益証券を有限会社と匿名組合契約、通称YK＋TKスキームに売却してファンドを組成する。信託するメリットは、現物を売却すると不動産に関わる税金がかかるが、信託受益証券の売却は信託証券への課税になり、割安になる。

私募ファンドには明確な違いがない。

1998年以降、信託受益権を対象としたTMK[15]その他の証券化スキームにおけるデット比率の平均が71％になるという調査もある（笹原顕雄「不動産証券化の実態調査について」『土地総合研究』2005年夏号）。この調査では特に近年高くなる傾向を指摘している。

これに対して後述するJ-REITのデット比率は、概ね50％までである。つまり公開型のJ-REIT以外の私募形式の投資ビークルにおいては、さらに高いデット比率、つまりハイレバレッジビークルとなっていることが推測できる。

2005年になり、東京都心部の主要な地価ポイントで地価上昇を記録し始めた状況下で、ファンドが仕入れる物件も取得価格が急上昇し始めた。このような状況で入札を行うと、私募ファンドに対して上場REITが落札する率は、1～2割程度といわれている。これは、明らかに私募ファンドが上場REITよりも高い落札価格で取得している状況であり、これをもって「ファンドバブル」であると警戒する声も上がっている。しかし、上場REITと違って私募ファンドは、開発、バリューアップ、裁定等収益率の高い、非常にアクティブなアセットマネジメントを行うことができている。特に最近のバリューアップ技術の進化はめざましい。再投資によるレントの改善だけでなく、高度なオペレーションを伴う資産へのコンバージョン等により、高いレントが得られるよう資産を改善していく。それがパッシブ運用になる公開REITより高い収益を生み、高い落札価格を可能としている。高い落札価格は、市場競争に打ち勝つことを意味している。このような高度な技術がない

---

[14]ダヴィンチ・アドバイザーズ：株式会社ダヴィンチ・アドバイザーズ（代表取締役：金子修）。1998年、投資顧問業として設立。2001年、新興市場ヘラクレス上場。2005年現在、資本金約23億円超、従業員50名。2005年6月末までに19本のファンドを組成・運用し、累計総投資額は4,800億円、エクイティ投資額は約1,600億円。

[15]TMK：SPC（Special Purpose Company）法に基づき設立される特定目的会社（Tokutei Mokuteki Kaisha）を意味し、一般の特定目的会社SPCと区別して使う。

第2章　アクティブな不動産投資ビジネス

■ **図表２－５　オリジネーターが企業系列の主なJ-REIT**（時価総額、単位：百万円）

	日本ビルファンド投資法人	ジャパンリアルエステート投資法人	日本リテールファンド投資法人	オリックス不動産投資法人	日本プライムリアルティ投資法人	プレミア投資法人	東急リアル・エステート投資法人	グローバル・ワン不動産投資法人
市場価格	9,220	9,130	8,650	7,390	3,090	6,960	7,270	8,870
発行口数	364,700	345,400	279,502	175,372	530,000	79,400	142,000	76,400
時価総額	3,363	3,154	2,418	1,296	1,638	553	1,032	678
ROE	5.68%	6.00%	5.67%	5.58%	6.41%	6.43%	4.91%	9.19%
ROA	2.80%	2.84%	3.04%	2.86%	3.25%	2.87%	2.53%	4.32%
株主資本比率	48.23%	42.68%	48.86%	51.93%	54.86%	44.19%	49.22%	58.32%
投資対象	オフィスビル	オフィスビル	商業施設	住居オフィスビル商業施設	オフィスビル商業施設	住居オフィスビル	オフィスビル商業施設	オフィスビル
	野村不動産オフィスファンド投資法人	ユナイテッド・アーバン投資法人	森トラスト総合リート投資法人	日本レジデンシャル投資法人	フロンティア不動産投資法人	ニューシティ・レジデンス投資法人	クレッシェンド投資法人	日本ロジスティックスファンド投資法人
市場価格	8,000	7,060	9,860	6,470	7,500	5,740	5,790	7,500
発行口数	229,970	159,843	160,000	101,845	110,400	74,556	46,792	56,700
時価総額	1,840	1,128	1,578	659	828	428	271	425
ROE	5.66%	7.07%	6.77%	6.61%	4.16%	N／A	4.37%	N／A
ROA	2.81%	3.90%	4.19%	2.81%	3.07%	N／A	2.41%	N／A
株主資本比率	45.60%	59.96%	59.34%	42.86%	73.17%	N／A	54.93%	N／A
投資対象	オフィスビル	住居・オフィスビル商業施設ホテル	オフィスビル商業施設	住居	商業施設	住居	住居オフィスビル	物流倉庫

使用データ出所：日本経済新聞より作成（ROE、ROA、株主資本比率：2005年10月現在。市場価格：同年9月現在）。

　私募ファンドには、ハイオペレーションスペックへのコンバージョン等は不可能であり、市場競争に淘汰されてしまう。
　これに対して上場REITでは、一部の独立系を除いて、従来の不動産資産の管理の概念の域を出ることなく、ファンダメンタルズに頼ったパッシブな運用に終始している。開発あるいはアクティブな投資行為ができなければ、自ずとアクティブ投資をする私募ファンドで再生された資産を購入するという「私募ファンドの出口」とならざるを得ない。
　ファンドは本来、投資家のためにその運用収益を高め、そのビジネスフィーでファンドビジネス自体の収益を上げる。ポートフォリオ資産の入れ替えがなされなければ、まさに保有資産から得られるキャッシュフローだけ

に頼らなければならなくなる。保有資産が持つイールドギャップへ単純にレバレッジをかけることだけが戦略となる。既存の収益資産からのキャッシュフローの管理だけでは新しい収益を生まない。新しい収益は成長の源である。

　ファンドが常に新しい資産を取得して、ビジネスチャンスが大きくなることが、ファンドの収益性を高める根源である。これがアクティブな戦略が採れる私募ファンドのメリットであり、前述のダヴィンチ・アドバイザーズの戦略を見れば明らかである。

　ダヴィンチ・アドバイザーズがファンドを組成した1998年当時、バルクで出てくる不良債権はサービサーの丸投げであった。それをダヴィンチでは、それぞれの資産が抱えている問題（境界確定、賃料滞納問題等）を解決していく中で価値の再生を行った。単なる建物管理とアセットマネジメントの違いであるとダヴィンチの金子社長が指摘している（『ARES』2004年、Vol. 7「ダヴィンチ・アドバイザーズの成長戦略を聞く」より）。

　逆に、アクティブなアセットマネジメント能力のないファンドが高値で資産を取得することは、破綻への直行となる。現実に、現在日本の私募ファンドの多くは、資産の再生、バリューアップ、REITへの売却の繰返しがその高い収益性の根源となっている。

　ファンド組成の別の目的に、税金のパススルービークルを作ることがある。投資ビークルの段階では課税されずに、投資家の段階で課税される仕組みにマッチしたビークルが、その組成コストの関係で採用される。このスキームは市場ニーズ、税制等の仕組みによって常に進化していくと考えられる。

　次に示したスキームは、私募ファンドの有限会社＋匿名組合契約によるスキーム（図表2－6）と、その他の特定目的会社を使ったファンドのスキーム（図表2－7）である。2004年4月30日の投資事業有限責任組合法（ファンド法）の施行により、アクティブファンドとして投資事業有限責任組合という選択肢も可能となる。

図表2-6　有限会社＋匿名組合契約によるスキーム

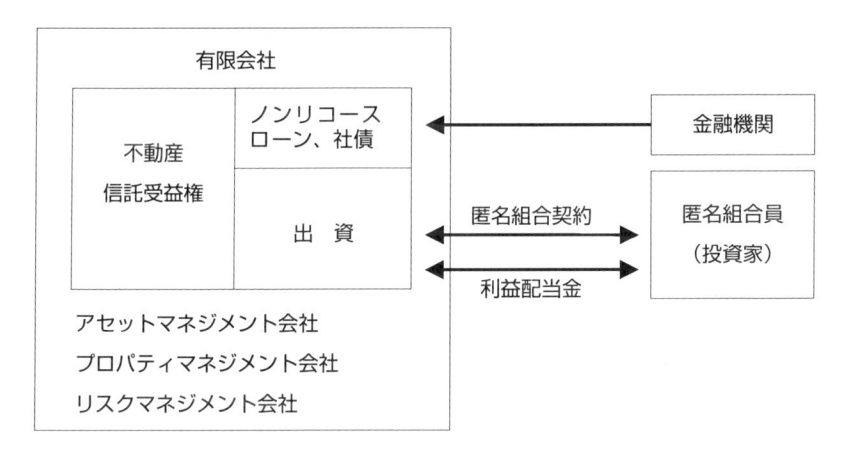

```
┌─────────────────────────────────┐
│          有限会社                │
│  ┌──────┬──────────────┐         │
│  │      │ ノンリコース │◄────────┼──── 金融機関
│  │ 不動産│ ローン、社債│         │
│  │信託受益権├──────────────┤         │
│  │      │              │  匿名組合契約  匿名組合員
│  │      │   出 資      │◄──────►│◄──►（投資家）
│  │      │              │  利益配当金    │
│  └──────┴──────────────┘         │
│  アセットマネジメント会社        │
│  プロパティマネジメント会社      │
│  リスクマネジメント会社          │
└─────────────────────────────────┘
```

図表2-7　特定目的会社によるスキーム

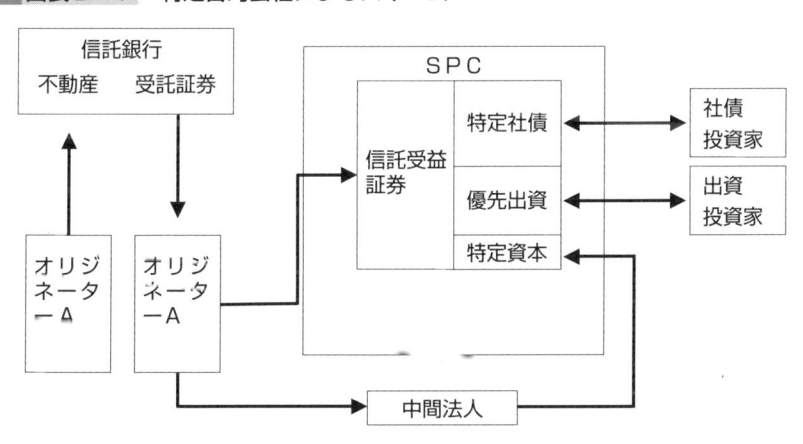

```
        ┌─────────────┐
        │  信託銀行    │            ┌─ SPC ──────────┐
        │不動産 受託証券│            │       │ 特定社債│◄──► 社債
        └─────────────┘            │信託受益│         │    投資家
              ▲  │                 │証券    ├─────────┤
              │  │                 │       │ 優先出資│◄──► 出資
              │  ▼                 │       │         │    投資家
        ┌─────┐ ┌─────┐─────────►  │       ├─────────┤
        │オリジ│ │オリジ│           │       │ 特定資本│
        │ネータ│ │ネータ│           └───────┴────┬────┘
        │ ーA  │ │ ーA  │                        │
        └─────┘ └──┬──┘                          │
                   │                             │
                   └──────► 中間法人 ◄───────────┘
```

　2000年、証券系のアセットマネジメント会社が、証券市場で株式を対象にして資産規模1兆円という超大型日本株投資ファンドを組成した。ITブームにより、個人投資家を対象として鳴り物入りでプロモートした1兆円ファンドである。このファンドは、その後3年余りで資産を半分にまで減らしてしまった。投資家の数は20万人ともいわれる。個人を対象とした日本のリス

ク市場の脆弱さを露呈した出来事であった。

　このケースにおいて、資産を半減させた理由は、ITブームの時期にソフトバンク等を主力に運用されてきたが、その後IT関連株の低迷が原因であるとされている。また、1兆円ファンドを組むと公表した時点で、対象となる主要IT関連株が先に買い進められ、すでに高くなってしまい、高値掴みさせられてしまったともいわれている。1兆円ファンドの組成の段階で、その情報が瞬時に市場に行き渡ることで「買い」を誘い、高値圏を形成し、その高い株を買わされてしまったということである。

　しかし、ファンドを購入する個人投資家へはそのような情報が行き渡らず、信用して買ってしまったという構図がもしあるのであるならば、日本の証券市場には、効率性が強い部分と弱い部分が混在しており、アンバランスと言わざるを得ない。

　同じく2005年に、不動産私募ファンドの運用会社ダヴィンチ・アドバイザーズが1兆円ファンドを新聞紙上で公表した。これがどのような顛末になるかは将来を待たなければならないが、少なくとも発表した時点では、市場は冷静であり、ファンド向けの物件開発が進み、マンション開発、商業施設開発、あるいはロジスティック開発等、すべてのデベロッパーでファンドマネーの拡大を好感している。また私募運用者側においても、優良な開発が進み選択肢が増えることを好感する構図になりつつある。

　ファンドの成長とともにリスクマネー市場が拡大することによって、実物市場が活況を呈してくる。証券市場のように買い持ち、売り浴びせ等の戦略とは異なり、市場の効率性が弱い分、アクティブ性に自由度があるといえよう。

　日本の不動産ファンドビジネスにおいてソーシング技術に関心が低いことは、「2.2.3 アセットマネジメント」で説明した通りである。詳細は第3章で詳しく取り上げるが、物件の市場への登場の仕方がソーシング業務を経て

市場に出てくるのではなく、不良債権処理という従来の不動産ビジネスのチャネルとは違ったルートで出てくるという市場特性が大きく影響している点がその主な理由である。

　1990年代の不良債権処理は、国内のビジネスモデルで処理できるところがほとんどないため、**サービシング**(16)、ディストレスアセットビジネス等、いわゆるバリューアップの技術を持ち得ていた海外リスクマネーに限られていた。

　そのような状況では買い手市場になり、自由に任意契約で取得することが可能であった。やがて日本国内から、これらの新しいビジネスに新しく参入する者が出てくるようになり、サービシング・ディストレスアセットマネジメントビジネスに対するニーズの高まりとともに、優良な不良債権については売り手市場となってきた。

　ディストレスアセットを取り扱うビジネスプレーヤーは、リスクマネーのファンドであったり、弁護士あるいは競売等の司法関係ルートであったり、金融機関であったりする。このような状況下で、物件が入札形式で市場に出されるようになり、入札に参加して値付けすることが物件購入（アクイジション）の基本となる。入札が多用される市場において、市場サイクルの中で景気がポジティブなトレンドになると、応札が多くなり、価格は急上昇しやすい。ファンドマネーの拡大とともに購入需要が高まれば高まるほど、従来のようなソーシングによる任意契約より、購入価格が短期間で急上昇する。結果的に、ファンドビジネス（バルクセールを通じ安く資産を買う）が機能する状況を短期間で終わらせてしまう。買い続けなければならない状況のファンドが無理に高いものを買い続けると、破綻に向かうことになる。

---

(16)**サービシング**：サービシング業務とは、主に債権に関する管理回収を意味する。細かく分けると、マスター・サービシング（全般のモニタリング、管理）、プライマリー・サービシング（通常の正常な債権の管理回収）、スペシャル・サービシング（不良債権の管理回収）、バックアップ・サービシング（マスターに不都合があった時、代わりにバックアップする管理回収業務）となる。

日本の不動産ファンドビジネスは、未だ成長の緒に就いたばかりとしかいえないが、不動産ファンド市場の成長によって最も影響を受けるのが、実物不動産投資の市場である（仔細については第 5 章参照）。
　極言すれば、ファンドといえども投資ビークルである。ファンドは時代ごとのさまざまなビジネスに対応した「器」として機能する。各々の市場サイクルの中で、その市場ニーズに合った器に変わる必要がある。それを可能とするファンドこそが、社会的に存在する意義あるものともなろう。
　このようなファンドが不動産資産を購入する入口戦略は、実物不動産投資の出口戦略になるわけだ。出口戦略がある市場は、流動性リスクが低くなる。リスクが低くなるということはそれに対応するリターンも低くなるが、その一方でビジネスチャンスが増えることにもなる。
　日本の不動産ファンドビジネスは未だインキュベーター（保育器）に入っている状況といえよう。確かに金額ベースの市場規模では確実に成長しているが、ファンド数レベルではまだまだ創設段階の域を出ない。REIT にしても私募ファンドにしても、その競争相手は他のファンドではなく、まだ実物不動産投資であり、他の金融商品である。ファンド市場の中でファンド同士の競争原理が働き、さらなる技術革新が起き市場の成長が期待される。市場の中で差別化が生じ、それぞれのファンドのポジショニングがなされれば投資家の選択肢が増え、非常に魅力のある投資市場となる。そのようなレベルのファンドビジネスと現時点でのファンドビジネスにはまだ大きな開きがある。

第3章

投資市場の市場サイクル

3.1 限界投資効率
3.2 リスクプレミアム
3.3 リスクプレミアムと資産評価
3.4 市場サイクルと不動産投資
3.5 不良債権と再生
3.6 市場サイクルと不動産投資ビジネス
3.7 アービトラージとバリューアップ
3.8 ポストデフレ経済下の市場メカニズム
3.9 資産とファンドの流動化

3.1 限界投資効率

不動産の投資資産を評価す手法に「正味現在価値法（NPV法）」がある。正味現在価値が0になる時の割引率が、投資の内部収益率（IRR）である。

> 収益還元法による現在価値：PV、正味現在価値：NPV、
> 内部収益率：IRR、ディスカウントキャッシュフロー：DCF
>
> $$現在価値\ PV = \frac{cf1}{(1+r)} + \frac{cf2}{(1+r)^2} + \cdots\cdots + \frac{cfn + n\ 年度における資産売却価格}{(1+r)^2}$$
>
> $cf1$：1年度のキャッシュフロー　$cf2$：2年度のキャッシュフロー
> cfn：n年度のキャッシュフロー　　r：割引率

PVが総投資額と等しくなる時の r がIRRとなる。
正味現在価値(NPV)は将来得られるキャッシュフローの現在価値(PV)合計から総投資額を控除したものである。
NPVがマイナスになれば、将来価値より投資額が大きくなり投資不適格となる。

　NPV＞0 → 投資適格

　NPV＜0 → 投資不適格

●直接還元法（毎期の家賃等収益CFが同じ時に用いられる）

$$現在価値\ PV = \frac{CF}{r}$$

　　CF：毎期ごとのキャッシュフロー　　r：期待収益率

●内部収益率：IRR

　現在価値 PV － 投資総額 I

　$= (\frac{cf1}{(1+r)} + \cdots\cdots + \frac{cfn + n\ 年度における資産売却価格}{(1+r)^n}) －$ 投資総額 I

　$= 0$　となる r が内部収益率 IRR

ここでは、不動産投資による投資利回りを内部収益率（IRR）とする。IRRとは、投資によって得られる毎期の運用キャッシュフローと最終的に資産を処分した時に得られる売却キャッシュフローの合計を、割引率で割り引いた将来価値合計と、総投資額が等しくなる割引率を意味する。

　内部収益率Pが、投資をする上で要する投資資金調達コストCより大きければこの投資は行う価値がある（投資適格）が、小さければ行う価値はない（投資不適格）ことになる。

●資金調達コスト

投資資金を銀行融資、私募債、エクイティファイナンスで調達したとする。それぞれの金利dでD円、金利bでB円、配当qでQ円調達したとする。

$$調達コスト C = \frac{d \times D + b \times B + q \times Q}{D + B + Q}$$

　上記投資が100％借入資金とするなら、調達コストC＝市場金利rとなる。

P＞C＝r → 投資可能

P＜C＝r → 投資不可能

つまり、投資資金の仕入コストを割ってまで投資を行うことはない。

　この不動産投資を一単位追加することによって得られる追加収益率を「限界投資効率」とする。限界投資効率が大きく期待できれば、投資が拡大して追加投資が進む。市場における投資量の拡大は、この限界投資効率によって決まる。限界投資効率は**資本の限界投資効率逓減の法則**[1]により、投資を追加することによって逓減していくとする。投資は調達コストを下回ってまで投資が進むことはないため、限界投資効率の下限は調達コストとなる。こ

---

[1] **資本の限界投資効率逓減の法則**：限界投資効率とは、資本を一単位追加投資したことによって新たに期待できる収益率（内部収益率：IRR）のこと。複数の投資案件から投資先を決定する時、期待できる収益率の高い投資を優先する。資本の投資が進めば進むほど、期待できる収益率の低い事業にも投資せざるを得なくなり、資本の限界効率は減少する。

の時、

期待収益率（IRR）＝限界投資効率＝調達コスト

となり、この関係式で市場における投資決定の均衡状態になると考える。限界投資効率が調達コストに等しくなるまで投資が進む。つまり、市場でなされる投資の量は限界投資効率によって決まり、限界投資効率は調達コスト（市場金利）によって決まる。

そこで、図表3－1で投資の選好が拡大するメカニズムを、金利と限界投資効率と市場の投資案件の量で考えてみる。

投資は資本の限界投資効率逓減の法則に従い、投資効率の高い案件から低い案件へ拡大するとする。したがって投資家は、効率の高い投資資産から選好して投資をする。

また、市場にはリターンが高くリスクが少ない優良な投資案件が、効率の高い順にSクラスからCクラスまであるとする。不動産市場で例えれば、Sクラスは東京駅前の新丸ビルのようなスーパーブランドビルである。次にAクラスビル、Bクラスビルがあり、さらにその下に、ゴルフ場、リゾート開発等のようなリスクの高い投資案件Cクラスがあるとする。

■図表3－1

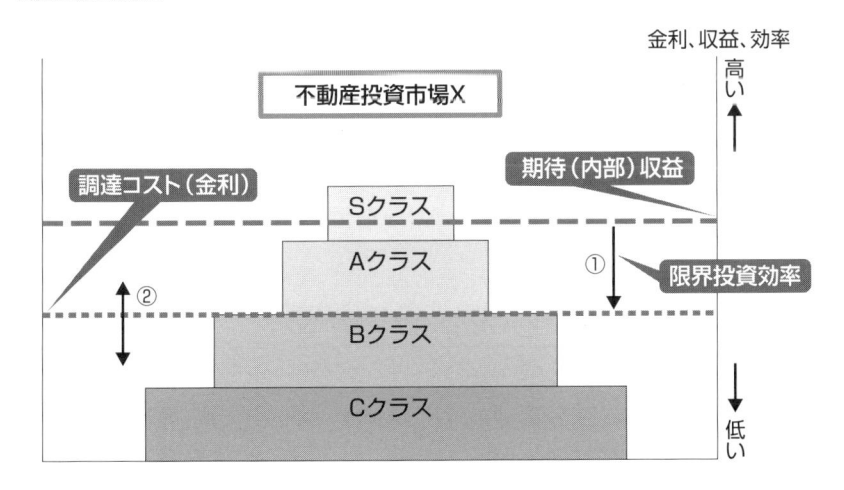

市場には、Ｓのようなリスクが小さくリターンが高い**効率の高い**[2]投資資産は少ないが、効率が低くなるにつれて投資案件の量は増える。市場での投資行動では当初、最も効率の高いＳクラスの投資案件に投資するが、すぐに投資案件（機会）がなくなってしまう。次に、Ｓより下位のＡクラスに投資を拡大することになるが、Ｓクラスより**期待収益率**[3]が下がることになる。

　市場の投資家の投資行為としては、この期待収益率の限界投資効率が調達コスト金利（100％借入れなら借入金利）になるまで、投資を追加拡大することになる。図表３－１の不動産投資市場Ｘのように、調達コスト（金利）がＡクラスとＢクラスの間にあるとすると、この場合、限界投資効率がこの調達コストまで下がり、Ａクラスの不動産投資まで投資が進むことになる（図表３－１①）。そして期待収益率とその投資の調達コストとのギャップが、投資によって得る利益となる。

　調達資金は通常、銀行からの借入れと自己資金による。ストラクチャードファイナンスの技法をとれば、多種のファイナンスが想定される。銀行からの金利も、ストラクチャードファイナンスも概ね市場金利を基準に変動すると考えると、限界投資効率は市場金利によって大きな影響を受けることになる（図表３－１②）。

　このように、限界投資効率は市場の金利によって決定される。つまり、金利が高ければ限界投資効率も高くなり、金利が低くなれば限界投資効率も低くなる。限界投資効率が低くなれば投資もＡクラスからＢ、Ｃへと拡大し、反対に高くなればＣ、ＢクラスからＡ、Ｓクラスへとその投資機会が縮小する。

　これと同じように、金利が下がれば投資が拡大するというモデルを示した

---

[2] **効率性**：効率の高い資産とは、収益性が高くリスクの少ないものを指す。前述の「市場の効率性」は、この「資産の効率性」とは違う。「市場の効率性」は情報の対称性が高いことを意味する。
[3] **期待収益率**：いろいろな局面がそれぞれの確率で生じる収益率の平均収益率。

のが、ケインジアンの理論である。これに対して、ケインジアンを使わず減税等サプライサイドの政策で投資拡大を行ったのが前述のレーガノミクスであった（第1章を参照）。

　日本においても、このような金利政策、減税政策の他に、マネーサプライ（市場の通過流通量）によって投資を拡大・縮小させ、景気をコントロールしてきた。

　金利政策で見れば、不景気からの脱却を目指し景気を拡大したい時、金利を下げることによって限界投資効率を低く誘導し、投資期待収益率が低いものにまで投資が行われるように市場を刺激する。反対に市場が過熱している時、金利を引き上げて限界投資効率を上げることによって、市場全体の投資量を抑制する政策を採る。

　しかし、特に日本のバブル経済を通じて、アメリカからの圧力、政治的ポジション、日銀の制度的な問題、政策当局の思惑等が大きく影響して、必ずしも市場メカニズムによる投資ポジションの最適性が実現したとは言い難かった。市場の最適性とかけ離れた金利政策により、不動産投資市場への過剰投資を許してしまった。

　反対にポストバブルのデフレ経済になり投資が進まない時に、投資を拡大するために金利を低く抑えたものの、投資の拡大は進まなかった。そこには、どのような市場メカニズムが働いたのであろうか。次にリスクプレミアムという視点から、投資市場の市場メカニズムを概説する。

3.2 リスクプレミアム

まず、第1章で登場したファイナンス史上「革命」と呼ばれた β 値を使ったリスクとリターンの均衡関係式を再掲する。

> リスク資産の期待収益率　$E(R_P) = R_F + [E(R_M) - R_F]\beta$
> $E(R_P)$：個別資産の収益率　　R_F：無リスク資産の収益率
> $E(R_M)$：市場（マーケット）ポートフォリオの収益率

$[E(R_M) - R_F]\beta$ は、市場の平均的なポートフォリオ収益からリスクフリーレートを差し引いたもの（つまり市場の平均的なポートフォリオの超過収益）に β 値を掛けて個々のリスク資産の超過収益を示したものである。CAPM理論では、β 値が個々のリスク資産のリスクを表す指標であった。これを以下のように書き換える。

リスク資産の期待収益率＝安全資産の収益率＋超過収益率

超過収益率とは、誰もが何らリスクを引き受ける必要なく得ることができる安全資産の収益を超過して、そのリスク資産から得ることができる超過（プレミアム）収益を意味する。この超過収益に見合うリスクが「リスクプレミアム」となる。リスクプレミアムとは、超過収益を得るために引き受けなくてはならない超過リスクのことである。

リスク資産の期待収益率＝安全資産の収益率＋超過リスク（リスクプレミアム）

安全資産は、通常10年物の国債金利等が使われてきたが、最近では国債がはたして安全かという議論がグローバル化の中で説明しにくく、必ずしも国債でなければならないわけではない。不動産投資市場だけで考えるならば、最も流動性が高く、市場規模が大きく、効率的な資産をベンチマークとして、

概念上の安全資産として考えることもできる。

　例えば、不動産投資で最もリスクの少ないJ-REITの指数を安全性の基準として考えることも、誤った使い方ではない。よく使われるのが、J-REITの利回りに対して実物不動産投資の利回りがどれほど乖離しているかという考え方である。この乖離はJ-REITを基準資産とした超過収益であり、リスクプレミアムである。

　例えば、本書のはしがきで問いかけた「あなたの借りているマンションの賃料と、ソニーの業績とでは、どちらの変動（リスク）が大きいですか？」という質問に対して「マンションの家賃なんて、ここ数年、上がりも下がりもしないぞ。でも、ソニーの業績は社長が交代したりして、変動がかなり大きいのじゃないか？」という返答を得ると考えるのが妥当だろう。

　このように、マンションの賃料をベースにしたレジデンシャルREITの株価とソニーの株価とでは、どちらのリスクが大きいかを考えると、一方が他方の資産より超過するリスクが、まさにこの2つのリスク資産間におけるリスクプレミアムとなる。

　マンションの賃料とソニーの業績とを考えて、仮に、あるレジデンシャルREITがソニーよりリスクが低いと評価する。しかし、もし市場におけるこのレジデンシャルREITの株価収益率（配当益＋値上り益）がソニーの株価収益率と同じだとすると、リスクが少ない分、REITの方が引き受けるリスク一単位当たりの対価である単位当たりのリターンが高くなる。つまり、ソニーの株を売ってレジデンシャルREITの株を買うことになる。引き受けるリスクプレミアムが低いのに収益率が高ければ、そちらを選好することになるわけである。

　それぞれのリスク資産が持つリスクプレミアムをコストとして考えると、このリスク資産を保有する投資ポジションをとるということは、そのリスクプレミアムに見合うリターンが最低限必要な要求収益率となる。

この期待収益が要求収益以上あれば、投資は可能ということになり、前述の調達金利と同じ考え方となる。要求収益率を期待収益率と置き換えれば、要求収益率の限界投資効率が調達コスト（金利）より高い時、投資はなされるが、要求収益率の限界投資効率が調達コストより低いと、投資はなされない。つまり、

　　リスク資産の期待収益率＝安全資産の収益率＋超過収益率
　　　　　　　　　　　　＝安全資産の収益率＋リスクプレミアム　となる。
　投資がなされるには、

　　リスク資産の期待収益率＞要求収益率＝安全資産の収益率＋リスクプレミアム
となるが、

　　期待収益率＝要求収益率＝限界投資効率
となるまで投資が進むことになる。つまり、この「期待収益率＝要求収益率＝限界投資効率」が市場の均衡点になる。

　リスクプレミアムの概念から市場メカニズムを分解すると、図表3－2のようになる。このメカニズムは、投資が拡大するか収縮するかはリスクプレミアムをどのように評価し、金利がどのように変動するかで決まってくるこ

■ 図表3－2

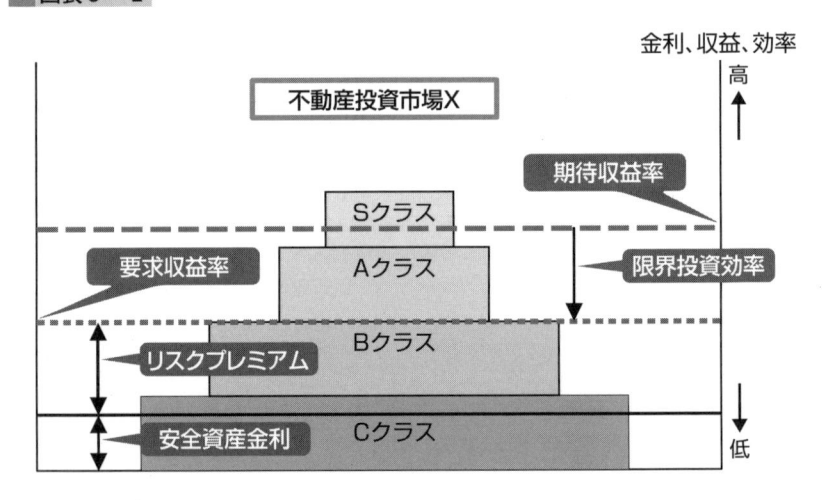

とを説明している。

　リスクは、市場のファンダメンタルズのリスクと、個々の投資家が持つリスクとに分けて考えられる。市場のファンダメンタルズが持つリスクは、市場の投資環境、投資インフラの整備、税制・規制、経済情勢等を反映したリスクプレミアムとなる。一方、投資家が持つリスクは、投資家によってそれぞれ異なる。

　投資家のリスクプレミアムは、それぞれの投資分野における精通者、あるいは専門の投資技術を持っている投資家にとっては、技術を持っていない他の者より低いものとなる。

　例えば、ソニーという企業の業績分析に長けた精通者が、ソニーの株価が変動する時、事前にその変動を察知あるいは予測することができれば、リスクは当然低くなる。これは証券投資だけではなく、一般事業投資においても、その事業に精通しているプロと素人では、リスクが異なる。精通者の中でも特に、他社に対して競争優位ある技術を持っている者は、当然他社に対して特別の競争優位ある収益を上げることができ、リスクはまったく違うものになる。

　前者の市場リスクがシステマティックリスクであり、後者の個々のリスクがアンシステマティックリスクである。

Column 9　システマティックリスクとアンシステマティックリスク

　リスクは、市場変動等外部要因による「システマティックリスク」と、投資家のビジネスの手法に基づく内部要因による「アンシステマティックリスク」に分けることができる。

　　リスク資産＝将来の超過収益の現在価値合計
　　　　　　＝リスクプレミアム＋（安全資産のリスク＝0）
　　　　　　＝システマティックリスク＋アンシステマティックリスク

　システマティックリスクの代表が金利変動リスクである。あるいは石油価格高騰による市場の物価高騰による経費変動リスク、環境リスク、地震リスク等もシステマティックリスクになる。つまり、市場が外部から影響を受けて変動するリスクである。

　これに対してアンシステマティックリスクは、投資事業主が事業を失敗したり、戦略の選択を誤ったり、まずいマネジメントによって収益を劣下させたりするビジネスリスクに代表される。

　アンシステマティックリスクは分散投資・マネジメント技術によって減らすことができるが、システマティックリスクは原則として、マネジメントによっては減らすことができない。

　したがって、例えば金利変動リスク等はマネジメント技術ではなく、ヘッジ技術等によって減らさなくてはならない。本来、マネジメント努力によって低減しなくてはならないアンシステマティックリスクであるが、マネジメント技術がない場合は、対価を払って他から優良な投資技術を購入することができる。投資技術の発達により、収益変動リスクを補填するデリバティブ商品を多用して、天候変動等のシステマティックリスクをヘッジするだけでなく、ビジネス変動リスクをヘッジすることも、理論上は可能となる。

下図のように、アンシステマティックリスクは投資技術・ヘッジコストによって減らすことができるが、システマティックリスクは個々の技術・コストでは減らすことができない。投資インフラの整備・規制緩和による投資環境の育成によってシステマティックリスクはコントロールされる。

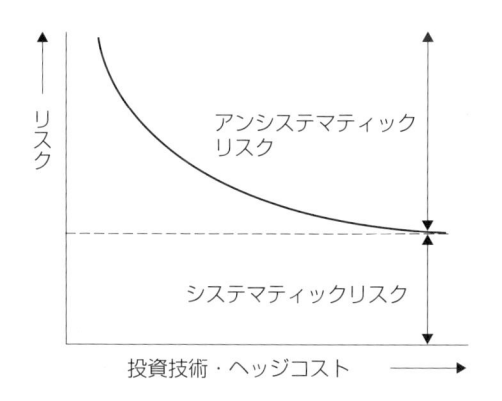

（図：縦軸「リスク」、横軸「投資技術・ヘッジコスト」。減少曲線の上部が「アンシステマティックリスク」、下部が「システマティックリスク」）

　本来、マネジメントにより低減努力しなければならないリスクを努力せずにヘッジすることは、本来の投資収益を食いつぶしてしまうことにつながる。これは投資家が自ら努力を放棄してこのような選択に出る場合、モラルハザードになり、投資家以外の融資権者であるレンダーが投資家に要求する場合はオーバーヘッジとなる。
　このように、リスクマネジメントの最適性の上に投資が成り立つことになる。

3.3 リスクプレミアムと資産評価

　資産のリスク評価は、投資をする上で重要な概念となってくる。まず投資によって将来得るであろうキャッシュを割り引いて現在価値を算出する手法において、割引率はどのように決まるのであろうか。

　この場合、企業ファイナンスでは**資本コスト**[4]を使い、マクロ経済では投資の限界効率を使う。本書の不動産投資概念においては、資本コスト、限界効率、期待収益率は、投資が拡大し、やがて市場の均衡点においてすべて同じになるという考え方から、期待収益率を使うこととする。

　正味現在価値法は、投資するリスク資産が生む将来キャッシュフロー（CF）（家賃等の操業収益＋資産価値変動収益）の現在価値（PV）が、リスク資産の投資総額より高いか低いかで投資を決定する手法であった（P125）。投資をする上で、リスク資産の現在価値をどのように評価するかが、投資動向に大きな影響を与える。PVが大きく評価される時、投資がなされる。

　現在価値 $PV = \dfrac{CF}{r}$ は、期待収益率＝安全資産の金利＋リスクプレミアムから次のように書き換えられる。

$$\text{現在価値}：PV = \frac{\text{将来得られるキャッシュフロー } CF}{\text{安全資産の金利 } i + \text{リスクプレミアム } Rp}$$

　現在価値（PV）は、上記式の分子の将来得られる賃料あるいは資産を売却する時の売却益によるCFが大きくなると期待される時に大きくなり、CFが賃料の低下、空室率の上昇等により小さくなると予想される時に小さく見積もられる。つまり、将来のCFが大きく見積もられるとPVは大きく

---

[4]**資本コスト**：事業、投資を行う時、必要な資金を調達する。この時の調達コストが資本コストとなる。資本コストはデットとエクイティの加重平均で求められる。この資本コストを割引率とみなし、将来キャッシュフローを還元すると現在価値が求められる。これが収益還元法である。

■図表3-3

	CF	i	Rp	PV
A	大	低い	低い	非常に大きい
B	大	低い	高い	大きい
C	大	高い	低い	大きい
D	大	高い	高い	変化なし
E	小	高い	高い	非常に小さい
F	小	低い	高い	小さい
G	小	高い	低い	小さい
H	小	低い	低い	変化なし

なる。同様に分母が小さくなると予想される時、PVは大きく評価される。

市場金利を含めたシステマティックリスク(例えば安全資産の収益力)、ビジネスリスクに代表されるアンシステマティックリスク(例えばリスク資産のリスクプレミアム)が低くなると、PVは大きくなる。逆に分母が大きくなると予想される時、PVは小さく評価される。PVが大きく評価される時、投資はポジティブに判断され拡大し、小さく評価される時、投資はネガティブに判断され縮小抑制される。

図表3-3は、投資によって得るキャッシュフローCF、安全資産の金利i、リスクプレミアムRp、現在価値PVの関係をイメージ的にマトリクスしたものである。

1980年代後半のバブル経済期は、不動産投資において「土地神話」が信じられていた。具体的には、不動産投資から得られる賃料が右肩上りで上昇し続け、アメリカとの政策協調を受け金利が非常に低く抑えられており、**ジャパンアズナンバーワン**[5]という言葉に代表されるように、非常にリスクが少ない(リスクが市場に顕在化していない)投資環境にあった。

事実、実務の世界では「リスク」という言葉すらほとんど聞かれなかった。この時代は上記マトリクスのAに当たる。当然、投資資産の現在価値は過

大評価（NPVがプラスの状態）されるため、投資が拡大した。これが土地神話のメカニズムであった。

その後、地価の上昇は継続し、やがて先行き不安感が出始める。併せて高金利による景気抑制策が始まる。日本では、過熱したバブル経済を抑制するために、「急ブレーキ」といわれる高金利政策、**総量規制**[6]が採られた。しかし、まだPVがそれほど落ち込まないため、投資は依然として続く。この時期がB、CからDに至る時期に当たる。

1990年代に入ると、いよいよ景気調整が始まり賃料等のCFが落ち込み始めた。DからEに至る段階である。そして、過熱した経済のハードランディングが始まった。

高いレバレッジを組成して、投資リスクマネジメント、プロパティアセットマネジメントの技術を持ち得ず収益の劣下を改善できない不動産投資は、一斉にオーバーレバレッジを生じる。これが「オールドプレーヤーによるオールドゲーム」時代の終焉であった。

その後政府は、1990年代以降、景気調整から抜け出すために低金利政策を採り続けたが、一方でバブル経済破綻のトラウマから抜け出せず、リスクを過大評価する時代が続いた。これがEからFにおける「失われた10年」といわれる**デフレスパイラル**[7]を起こしていた時代である。

やがて、ヘッジファンド等の日本への流入により、新しい投資技術が紹介

------

(5) **ジャパンアズナンバーワン**：1979年エズラ・ヴォーゲルによって書かれた著作『ジャパンアズナンバーワン（Japan as No.1）』。1970年代からの円安と経済成長で貿易黒字を拡大し先進諸国を席巻した時代、ハーバード大学の教授であり日本に関するアメリカの第一人者である著者が、日本成功の秘訣について著したもの。「先進諸国は日本の成功の秘訣を見習うべし」という論調に、日本中が成功体験としてこの時代を体感した。

(6) **総量規制**：1990年、大蔵省（現財務省）の通達「土地関連融資の抑制について」が出され、これによりファイナンスの信用が一気に収縮した。この結果バブル経済に急ブレーキがかかり、ハードランディングがなされた。その後、新規の優良投資へ資金がまわらない事態が生じ、日本経済の成長を止めてしまった。

(7) **デフレスパイラル**：価格が下落し、経済の縮小いわゆるデフレが吸収状態になること。吸収状態とは、一度そのような状態になるとそこから抜け出せない状態をいう。

され始める。「ニュープレーヤーによるニューゲーム」の始まりである。

　リスクマネーの手法によりリスクマネジメントが普及し、同時にCFが改善し始める。新たなリスクに対するチャレンジが始まったのである。これがマトリスクのAの時代である（ちなみに日本では、マトリクスにおけるGは存在しなかった）。

Column 10　資本コスト

　投資をする上で、必要とする資金を調達するのにかかるコストが調達コストである。「資本コスト」とは資本を調達するのにかかるコストであり、調達コストと同じものであるが、調達コストをリスクの概念で捉えたものと位置づけられる。

　例えば、高いレバレッジを効かせるとデフォルトリスクが高まる。リスクが高まれば当然、株主はそれに見合う高いリターンを要求する。株主による高いリターンの要求は、資本の調達コストの上昇となる。

　金利の安いデットファイナンスを多用すると、見かけ上は加重平均が安くなるが、リスク概念を取り入れ、リスクに対する対価を資本コストに織り込むことによって全体の調達コストを考える。このような資本コストの考え方の代表的なものが、加重平均資本コスト、ワック（WACC：Weighted Average Cost of Capital）である。

$$WACC = \frac{D}{(D+E)} \times I \times (1-t) + \frac{E}{(D+E)} \times Er$$

　　D：負債金総額　　E：出資金総額
　　I：利子率　　t：法人税率　　Er：出資金の資本コスト

ワックでは、資本コストを「デット資本コスト」と「エクイティ資本コスト」に分けて考える。

　　資本コスト ＝ デット資本コスト ＋ エクイティ資本コスト

デット資本コストは銀行借入れ、社債利息等の平均利子率である。利子率である利息は税務上経費として扱われるため、税率tによって調整される必要がある。エクイティ資本コストはCAPM（Capital Asset Pricing Model）による算出が代表的である。

$$Er = Rf + \beta \times (Rm - Rf)$$

　　Rf：リスクフリーレート（安全資産利子率）

Rm：マーケットの平均的期待収益率
β：β値 リスク感度

　市場のベンチマークである平均的収益率は、例えば東証 TOPIX 等に対するリスク感度 β 値に基づいて、エクイティ資本コストを算出する。このエクイティ資本コストは、リスク＝リターンの関係において、リスクが高いものは要求リターンつまり資本コストが高いことを表している。これがリスクの概念に基づく資本コストの考え方である。

　この考え方によると、リスクが高い投資事業は経営者にとって資本コストの上昇となる。

　市場に上場されている株式会社の場合は、特に東証などから公表されている β 値が簡単に使われるが、上場されていない場合、あるいはプライベートな投資（一般的な不動産投資）の場合は、β 値が公表されていない。この場合、業界の β 値を使用することがある。

　引用すべき β 値がなく、資本コストを設定しなければならない時においても、「リスクが高ければコストが高くなる」という考え方に基づく。例えば90％以上借入れのような非常に高いレバレッジの場合、当然リスクが高くなる分、資本コストが高くなる。結果的には安い金利のデットファイナンスを90％以上使っても、エクイティ資本コストが高ければ全体の資本コストが高くなるはずである。

　したがって、本来は高いエクイティ資本コストを満足する投資しかできなかったはずであるが、バブル経済時にはこのリスク概念に基づいた資本コストの考え方がなかったため、あるいはリスクを過小評価したために、低い調達コストに基づいた過剰投資が進んだ。

　リスクプレミアムをどのように評価するかが、ニュープレーヤーの技術でもある。

3.4 市場サイクルと不動産投資

　不動産投資市場における市場サイクルの特徴は、他の市場サイクルに比べて**タイムラグ**[8]があるという点である。投資が過熱気味であるといっても、簡単に修正できないタイムラグである。

　例えば強大な開発プロジェクト等、その計画・実施には非常に多くの時間・労力・資金を要する。特に大きな公的補助金、あるいは規制の特例等が関係している場合は、これらの適用、除外に多くの手続き・時間を要し、修正・変更、延期・中止等の選択肢を持ち得ていないことがある。このような市場ではタイムラグが生じ、効率性の弱い市場となる。

　この市場サイクルを前述の限界投資効率とリスクプレミアムとの関係で考えてみる。

　1980年代後半のバブル経済においては、市場金利が低くリスクが過小評価されていたため、限界投資効率が非常に低いところに移動していった。図表

■ 図表3－4

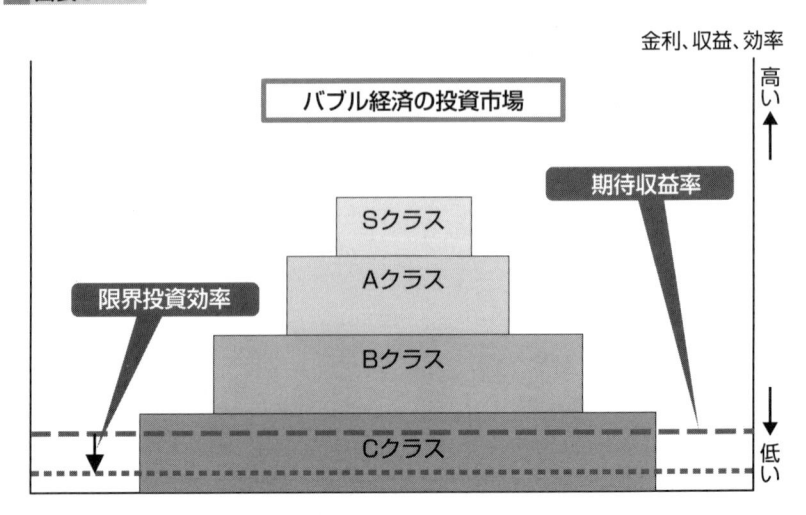

3―4は、このようなバブル経済時代の限界投資効率のポジションを表している。

　そこへ規制緩和による銀行の融資拡大競争、円高による富の蓄積を背景として、余剰資金により投資が拡大した。SはもちろんAクラスからBクラスに投資が拡大し、Cクラスのリスクの高いゴルフ場、リゾートホテルにまで過剰投資が進んだ。折りしも**リゾート法**[9]が登場し、後押しした時期である。

　期待収益率が低い物件にまで投資が進むことについては誰もが疑問を感じていたのだが、「みんなで渡れば怖くない」あるいは「チキンレース」のように、誰かがブレーキをかけない限り、誰も止めることができないほど市場は過熱していた。ブレーキをかけること自体、破綻を意味する投資主体すらあった。

　次ページ図表3－5では、デフレ経済に入り、バブル経済の破綻のトラウマによってリスクを過大評価するようになった状況を表している。これまで述べてきたように、バブル経済においては「リスクマネジメント」という概念がなかったのだが、バブル経済の破綻を受け、急にリスクに対する関心が高まった。にわかリスクマネジメントが、市場に雨の後の竹の子のように登場してきた。

　ビジネスリスク、市場リスク、金利変動リスク、財務リスク、流動性リス

---

(8) **タイムラグ**：市場が過熱しピークに達しても、なおかつ投資が実施される結果、オーバービルディングが生じる。また、東京で地価の上昇が生じると、その1年後大阪の地価が上昇し、その後名古屋等地方都市に地価の上昇が波及する現象がバブル経済時に見られた。投資が東京から始まり地方に波及する間に生ずる遅効性の時間も、その1つである。

(9) **リゾート法**：正式名称：総合保養地域整備法。1987年、リゾート産業の振興を目的にし、同時に国民経済の均衡的発展を促進するために制定された。総務省、農林水産省、経済産業省及び国土交通省が所管。指定を受けると税制上の支援が得られるため開発が進んだ。しかし、当初の地域振興が計画通りに進まず破綻する例が多く、後のさまざまな環境・社会問題へもつながった。

図表3－5

デフレ経済の投資市場

限界投資効率
期待収益率

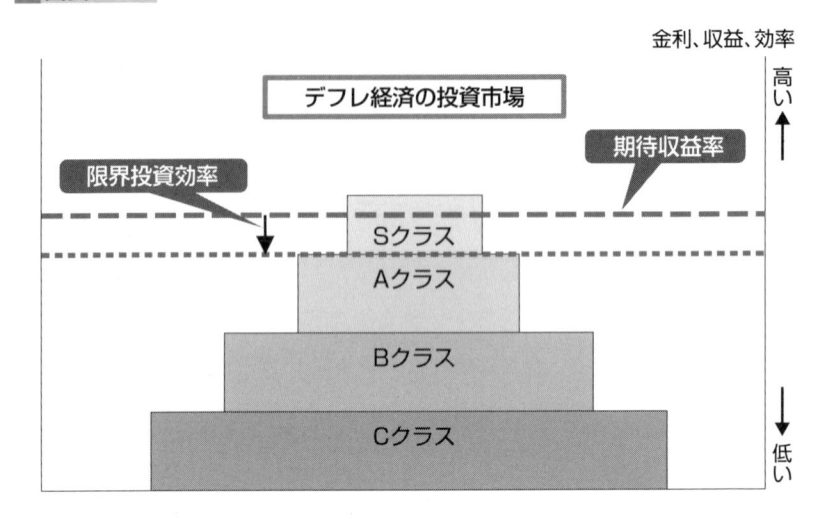

Sクラス
Aクラス
Bクラス
Cクラス

金利、収益、効率
高い　↑　↓　低い

　クの他に、リーガルリスク、為替リスク、信用リスク、通貨リスク、期限前償還リスク、環境リスク、担保リスク、価値変動リスク、バランスシートリスク、地震リスク、土壌汚染リスク、デフォルトリスク、地政学リスク、競争リスク、ポートフォリオリスク、モデルリスク、クロージングリスク、アスベストリスク……等々が言われ、何にでも「リスク」をつけて説明すればリスクに関する精通者になることができた。

　しかし、投資実務において、これだけのリスクをマネジメントしなければならないようでは、投資は成り立たない。このようなリスクが信用ヘッジされている進化した市場であって、はじめて投資が成り立つのである。ただし、われわれが目的とする不動産投資は日本であって、開発途上の未開発地に投資をするわけではない。

　このようなリスクをすべてリスクプレミアムに織り込んで、それに見合う要求収益率を期待すれば、そのような要求に適う投資などは、どれほど進化した層の厚い市場であっても、そうあるものではない。しかし現実に、バブル経済の破綻及びその再生に要した長く厳しい10年という期間が市場に刻ん

図表3－6

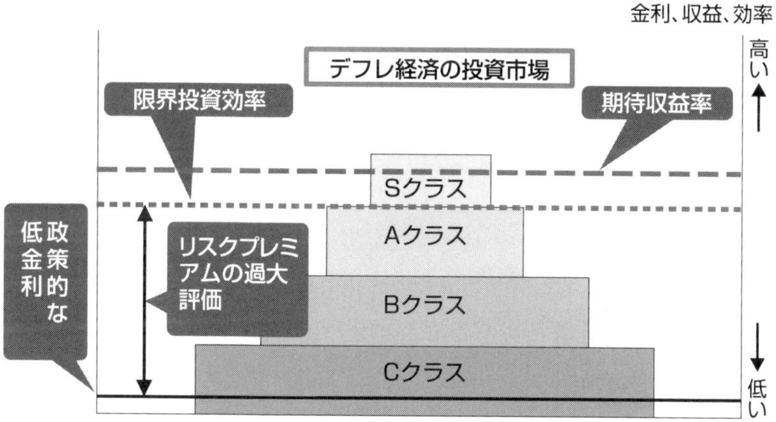

だ傷口は、リスクをそこまで掘り下げなければならないほど大きなトラウマになっていたということを認識する必要もある。

このように、いくつものリスクが市場に顕在化して過大にリスクが評価されることによって、安全資産の収益率、いわゆるファンダメンタルズの市場金利が政策金利（1990年代後半の公定歩合0.5％）によって非常に低く抑えられていたにもかかわらず、投資家がこれらの高いリスクに見合う要求収益率は非常に高いものとなった。リスクプレミアムを過大評価しなければならない状況である。

このようにして、日本経済はデフレ経済へ突入した。デフレ経済においては、景気対策のために政策的な金利が非常に低く抑えられ、公定歩合が0.5％という異常な状況であった。

したがって、本来なら調達金利が非常に低く投資が回復するはずであったのだが、市場では図表3―6のように、リスクに対するトラウマ、過大評価によって限界投資効率が上昇し、Aクラス超でなければ投資ができない状況になった。これでは限られた投資チャンスしかなく、投資が進まない状態に落ち込んだことになる。

このように、低金利で通貨供給量（マネーサプライ）が中央銀行から市場に十分供給されても銀行からの貸出しが進まず投資が拡大しない状況を、マクロ経済では**流動性の罠**(10)と呼んだ。逆に言えば、バブル経済時に過剰投資を拡大したインセンティブは、金利の低さより、将来に対するリスクプレミアムの過小評価にあった。当時のリスクプレミアムの過小評価は、リスク概念に対する無知にも等しかったといえよう。ある意味、日本の不動産投資がリスクにさらされていない良き時代であったのかもしれない。

　マクロ経済において説明する流動性の罠では、金利が低すぎると逆に投資に資金がまわらず、資金をそのまま保有しようとする。これが「流動性選好」と呼ばれる流動性の罠の解釈である。不動産投資の市場メカニズムでは、限界投資効率である期待収益率が「安全資産の収益率」と「リスクプレミアム」からなるため、金利水準がいくら低くても、リスクプレミアムが過大に評価される市場・経済局面・あるいは技術を持たないためリスクを過大評価しなくてはならない投資家には、限界投資効率が非常に高いものとなる。

　上述したように、このように高くなった限界投資効率を超える収益率を期待できる投資機会は、どれほどの巨大市場であっても非常に限られたものであり、結果的に市場の投資は縮小することになる。確かに「失われた10年」といわれる期間においても、マネーサプライ政策、金利政策あるいは減税等のサプライサイドの政策、公共投資等の財政支出はなされたが、市場のリスクプレミアムを低くする政策がなされなかったことが、経済の再生を遅らせた最も大きな原因であったといわざるを得ない。

　市場のリスクプレミアムを低くするためには、まず、リスクをとれる資金ととれない資金、リスクをとれる市場とそうでない市場を明確に分けること

---

(10)**流動性の罠**：金利が一定水準より低くなると、銀行等に預ける意味がなく資金が行き場を失い、いくら市場のマネー量を増やしても資金が還流しなくなる状態をいう。日本の1990年代のデフレ経済時に政策当局のマネーサプライ政策が機能しなくなった状態がこれに当たる。日本では銀行が資金の融資先を見つけられず、仕方なく国債を購入して運用せざるを得ない状況が起きた。銀行から先へ、資金が供給されなかったのである。

によりリスクマネーが流通しやすくすること、リスクをマネジメントする技術の開発が進むこと、ヘッジを実行できるように投資環境が整備されること、インデックス等の投資インフラの整備等が必要となる。

　これらが意味するところは、リスク市場の創設、育成、整備であり、新しい人材の育成である。リスクマネジメントやヘッジ技術を持ち、その結果リスクプレミアムを投資可能な適正なものと評価することができるかどうか。これがニューゲームとオールドゲームの違いとなる。

Column 11　　バブル経済

　日本における近代不動産投資の歴史の中で、大きな犠牲を払い、そして多くを学ぶことができた時代である。1980年代後半、多くの投資家が不動産投資に魅力を感じ、果敢にチャレンジした。しかし、バブルの破綻とともに、その多くが市場を去らねばならなかった。

　マクロの経済政策では、投資は金利を中心とした金融政策によってコントロールされていた。金利変動と円ドルレートの関係からバブル経済を見ると、次の図表のようになる。

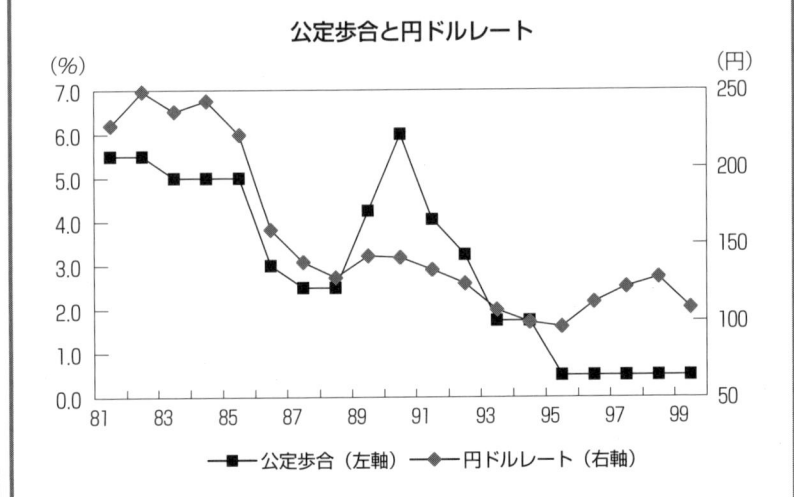

公定歩合と円ドルレート

━■━ 公定歩合（左軸）　　━◆━ 円ドルレート（右軸）

　1980年代アメリカではレーガノミクスの失敗により、巨額の財政赤字と貿易収支赤字を抱えた。このため米国内、特に議会の反発を受け、レーガン大統領による対日貿易赤字の削減が日本に対して強く要求された。85年日米欧主要国プラザ合意により円高ドル安基調が打ち出され、急激に円が高くなった（1ドル240円から一気に200円を割った）。

しかし88年には日米欧でインフレ懸念が生じ米欧で利上げが実施され、日本でもマネーサプライの上昇、円高ドル安による輸入増大等、インフレ懸念が非常に強まった。円高によって国内に蓄えられた資金が、一気に株式市場、不動産投資市場へと流入した。しかし、アメリカから対日貿易不均衡の是正を強く求められ、内需拡大を強いられていた日本だけが利上げに踏み切らず、2.5％の公定歩合を維持し続けた。これが中曽根首相とレーガン大統領のロン・ヤス関係の産物であった。

　89年5月にようやく0.75％公定歩合を上昇させ、90年には6％まで引き上げ、同時に大蔵省（現財務省）から通達「土地関連融資の抑制について」いわゆる総量規制が出され、不動産投資市場の拡大に急ブレーキをかけた。

　これらの政策は、良質であっても新規の投資をすべてストップさせてしまい、反対に破綻しそうな投資、事業に資金が優先され、後の膨大な不良債権の発生を引き起こす事態となった。

　このようにバブル経済の発生は、プラザ合意以降急激な円高を容認してしまったこと、これに対して内需の拡大政策を採ったが規制緩和・構造改革による新規分野育成への投資が進まず、従来からの公共投資拡大に終始したため地価、既存の株式市場に大量の富が流入しまったことが要因であった。

　バブル経済は、プラザ合意をターニングポイントとして富の蓄積、エクイティ資金の流入により内部資金が大きくなることにより生じた。第4章で見るように、成長するためにはこれらの資金が投資されなくてはならない。しかし、そのほとんどが将来にキャッシュフローを生み出す新規産業への投資ではなく、目先の不動産投資へ資金が向いた状況に気づかなかったこと、しかもそれが過剰投資になってしまったことが、後の日本の将来に大きな傷跡を残すこととなった。

3.5 不良債権と再生

3.5.1 バブル経済の発生と崩壊

　レバレッジを多用する不動産投資戦略において、市場サイクルにあるターニングポイントの中で最もドラスティックなのが、市場の過熱から停滞不景気へ転じる過程である。

　景気の過熱により市場金利あるいはリスクプレミアムが高まり、低かった限界投資効率は高い位置へと上昇する。市場サイクルの中では、このような限界投資効率の変動が頻繁に起きる。1990年代の日本の政策では、バブル経済を抑制するために高金利政策と総量規制がなされた。

　当時の考え方では、限界投資効率は金利によって影響を受けるものであり、不動産投資リスク概念におけるリスクプレミアムの影響はあまり考慮されていなかった。このため、アメリカとの政策協調を放棄して金利を高めることにより限界投資効率を政策的に引き上げようとした。しかし、それでも過剰

■ 図表3－7

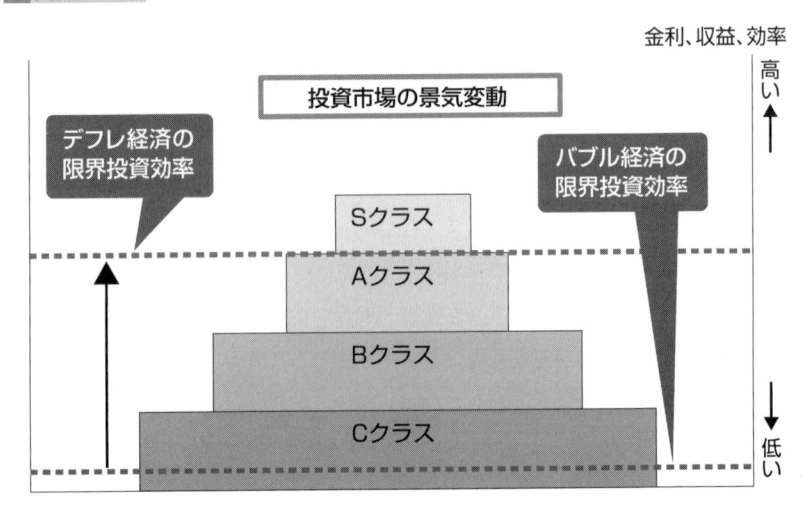

投資の抑制が効かず、総量規制が行われた。金利の上昇局面になっても不動産投資が減らなかった理由としては、不動産投資に遅効性があること、依然としてリスクを過小評価していたことが挙げられよう。そこで行われた総量規制が、日本の経済をハードランディングさせる結果となる。

エコノミストのメカニズムでは、金利が高くなり限界投資効率が高くなれば、収益率の低い投資が採算割れし、収益率の悪いものから投資が撤退し、良い投資だけが残ることになる。

しかし、市場の現場では逆の状況が起きた。収益率の良い投資が抑制され、収益率の悪い投資へ、限られた貴重な資金が流れ込むこととなった。つまり、総量規制によって融資枠が限られたフロント（金融機関の融資担当）が、本来なら収益率の良い投資案件に優性して資金をまわすべきところを、逆に採算が悪くなり追加融資をしなければ破綻してしまうような融資先へ優先して資金をまわしてしまったのである。融資先の案件が破綻して不良債権化し、責任を取らされることをヘジテートして隠蔽に走ったのだ。破綻の先送りの始まりである。

これにより、一気に本来収益性、将来性のある、これからの日本の経済を牽引するはずであったかもしれない優良投資案件への資金供給を止めてしまった。これがハードランディングといわれる拙速の本質である。

そしてその後延々と、不良債権へ、公金あるいは金融機関の株主資金を問わず、延命資金の供給がなされた。「日本の銀行は不良企業（資産）をゾンビのごとく生かし続けていた」と言われた所以でもあった。これらの不良債権処理、不良資産の再生が行われるのは、ハゲタカファンドと呼ばれる海外のリスクマネーの登場を待たなくてはならなかった。

日本の例を見るまでもなく、不良債権の本質は、収益性が低くなった不動産投資への過剰投資である。

ただし、誰も好き好んで収益性の低いものへ投資したわけではない。限界投資効率が低い時、つまり景気が過熱している時に何らかのインセンティブ

が働いたため、収益性の低いものにまで過剰に投資が進んだのである。このインセンティブが、富の蓄積や土地神話的な神のみぞ知るリスク概念であったり、利潤拡大を目指した単純なハイレバレッジであった。

その後、これらの資産は市場の要求収益率の上昇（リスクプレミアムの上昇）とともに、収益率の採算割れを起こして収益を生まない資産となり、それら資産に融資をしていた債権が不良資産となった。特に、収益の劣下を抑えるマネジメント技術を持ち得ずに、ハイレバレッジを使った投資案件が最も早く不良債権となった。

市場サイクルの中で不良債権となる資産は、いずれも景気の上昇トレンドもしくは過熱時に行われた過剰投資であって、不景気の時になされた投資ではない。これが市場サイクルにおける不良債権のメカニズムである。

補足しておくが、バブル経済時、必ずしも不動産投資の目的として最初から高いレバレッジが志向されたわけではなかった。日本のバブル経済時の不動産投資がすべて無理なハイレバレッジ戦略を行い、それによって生じたオーバーレバレッジがバブル経済破綻の原因かどうかは、安易に断定できない。

問題は、「なぜこの時期の不動産投資が、後々オーバーレバレッジを生じるほど高いレバレッジビークルになったか」ということである。

1つには、銀行の過剰融資が不動産担保評価を通じて行われたということであるが、もう1つ、バブル経済当初は、単体の不動産賃貸事業としてはそれほど高いレバレッジは多用されていなかったが、他の事業拡大のための資金融資の担保に投資資産が用いられ、結果的に高いレバレッジのLTVを持つ投資ビークルになったケースも多く見られる。これら一般事業投資の不良債権、不動産投資の不良債権すべてが土地を担保にした不良債権であったが故に、一緒くたに土地クライシスの原因とされている。

不動産投資事業というものが長期にわたる事業であるがゆえに、期間の途中で当初とは違った目的、機能が求められることがあるのも、その特徴でも

ある。アメリカのファイナンスの歴史を見ても、

　　経済の成長 ⇒ 規制緩和 ⇒ 金融機関の過当競争 ⇒ 土地の過大評価 ⇒
　　ハイレバレッジ ⇒ 破綻 ⇒ 不良債権 ⇒ 処理

というトラフィックは頻繁に見られた。1910年代の**農業バブル**[11]、その後の都市化バブル、大恐慌、レーガノミクスの失敗によるS&Lの破綻等、ほとんど同じパターンになっている。

---

[11]農業バブル：1910年代アメリカにおいて、世界的な人口増加によって高まった食料需要に対し農地を保有したいというニーズに対して、農地への融資を増やし購入需要に応えるために、価格の評価を上げた。結果的に農地の価格が急上昇した。

Column 12　ケインズ経済学

　イギリスの経済学者ジョン・メイナード・ケインズ（John Maynard Keynes, 1883—1946）による経済理論で、当時主流であった古典派経済学を批判して登場した。アメリカ等における第二次世界大戦後の経済政策への影響度から「ケインズ革命」と呼ばれる。主著『雇用・利子および貨幣の一般理論』に代表される。没後、彼の理論はその後の著名な経済学者ケインジアンたち（サミュエルソン、ヒックス、ハロッド、トービン等）に引き継がれた。

　アメリカの大恐慌（1929年）以前の経済理論の主流が「古典派経済学」と呼ばれるものであった。古典派経済学はセイの法則「供給はそれ自体需要を作る」に代表されるように、市場は自動的に供給（物を作れば）によって需要（売れる）という均衡バランスが保たれるという考え方にあった。「売れなければ売れるところまで価格が下がるため、常に需給ギャップはなくなる。このため政府は経済に関して何もする必要がない」という考え方であった。政府が経済に関して一切関与しないということは、それ自体「小さな政府」を意味した。

　しかしこの経済理論では、大恐慌で大量に出てくる「失業者」を説明できなかった。ケインズは、ある一定水準に価格が下がると現金の保有を選好し、価格が下がっても物を買わなくなり供給がすべて売れることはないという「流動性選好」の概念を登場させ、市場原理に任せておけば需給ギャップ・失業者が生じるのは当然として古典派の考えを批判した。

　この流動性選好理論は、後の1990年代、デフレの日本で金利が一定水準以下になると貨幣の保有を選好し金利政策による市場コントロールが不能になるという「流動性の罠」においても実証されることになる。

第3章　投資市場の市場サイクル

　さらにケインズは、乗数理論を用いて投資が有効需要を作り出す市場の均衡モデルを公表した。一般に、得られた所得は消費と貯蓄にまわる。貯蓄は本来、銀行等を通じて資金が必要な部門に供給され投資となる。しかし、貯蓄の一部が銀行を通じて投資にならず、手元に予備資金として保有される。これが「流動性選好」である。そして、この投資にまわらない分の不足投資分を財政投資・公共投資で補う必要がある。これが公共投資等による乗数効果の有効需要の創出である。市場に任せておくのではなく、政府による有効需要の創出が不足する需要を作り、市場に均衡をもたらすとした。「大きな政府」の始まりである。

　アメリカでは、上述した大恐慌からの脱出を目指し、フランクリン・ルーズベルト大統領の下で有効需要をモデルとしたニューディール政策（巨大ダム建設等の財政支出）が行われた。

　国家による公共事業は本来、社会主義国家の特徴であったが、大恐慌後、戦後経済の再生に、ケインズ経済理論に基づき公共事業を通じて有効需要を拡大し経済の拡大を図った。これが当時「混合経済」と呼ばれた所以である。

　有効需要を用いた経済政策は、それまでの古典派が供給サイドの経済理論であったのに対して、需要サイドの経済理論であった。しかし、第二次世界大戦後、ケインズ経済理論（ケインジアン）による政策を採ってきたアメリカは、やがて貿易収支赤字と財政支出による財政赤字という「双子の赤字」とインフレに悩まされることになる。

　その後、不景気下のインフレであるスタグフレーションの打開を目指し、レーガン大統領のレーガノミクスが登場する。古典派経済学が失業に対処できなかったように、ケインズ経済学がインフレに対して有効な手を打てない点を批判して、フリードマン等のマネタリズムによる経済理論が登場する。高金利とマネーサプライによる「インフレの徹底した退治」である。

　同時期、イギリスのサッチャー政権においても、マネタリズムによるイ

ンフレ退治が行われた。マネタリズムでは、インフレの原因になるとして財政支出による有効需要の創出を抑えた。政府の役割の縮小である。しかし、レーガノミクスの破綻を見るまでもなく、マネタリズムだけによる政策も長続きせず、その後、財政支出とマネタリズムの論争が振り子のごとく続くことになる。

ケインズ経済理論では、市場は次の一般均衡モデル式で均衡状態になる。

総供給Y＝有効需要＝消費C＋投資I＋政府支出G＋(輸出M－輸入X)

この均衡状態で完全雇用が可能となるが、C、I、G、(M－X)のいずれかが不足して「総供給＞総需要」になると、需要不足となり供給した物が売れない不景気となる。

その場合、公共投資を増やし政府支出Gを増やし有効需要を作り出すのがケインズの中心的な政策となる。経済政策としては、減税を行い消費Cが拡大する、金融政策により投資を増やす、為替変動、各種政策により貿易振興を行う等もある。

過去のデータから、投資と有効需要の増減との関係が最も深いとされ、日本でも長い間、財政支出が景気対策の中心にあった。財政支出に対して金融政策の中心となるのが公定歩合操作、公開市場操作、準備金操作である。「総供給＜総需要」がインフレを起こす状況となる。

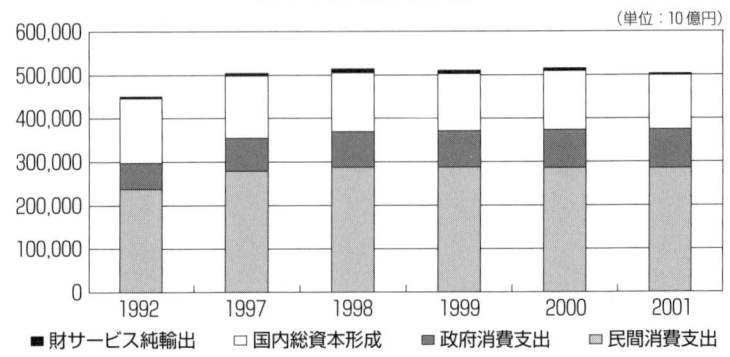

日本の国内総支出内訳

(単位：10億円)

年	1992	1997	1998	1999	2000	2001

■財サービス純輸出　□国内総資本形成　■政府消費支出　□民間消費支出

日本の公共事業関係費・歳出に占める構成比

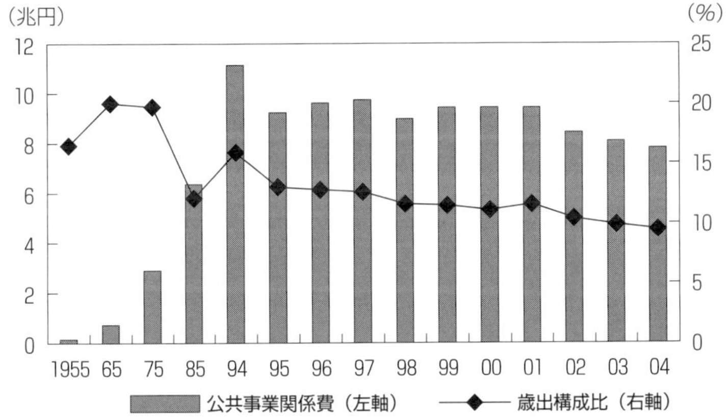

使用データ出所：国民経済計算年報

3.5.2　バブル経済破綻後の日本再生

　われわれはバブル経済の破綻を通じて多くのことを学んだ。学んだはずである。

　第1章で見たように、投資が破綻する直接の原因は金利の上昇ではなく、レバレッジが高すぎたことでもない。収益の低下による資産価値の劣下である。

　資産価値の劣下には、土壌汚染等により資産そのものが損傷するケースと、運用の失敗により資産価値が劣下するケースとがある。前者については今後新しい解決方法が登場することを期待し、本書では取り上げないこととする。後者の中でも、資産価値そのものについては何ら問題ないが、運用者あるいは投資ビークルに問題があるケースがある。

　バブル経済における投資の破綻ケースは、資産そのものの毀損よりも、この投資ビークルの機能低下がほとんどであった。そして、われわれが学んだ再生に最も重要な事項は、「機能が劣下した投資ビークルから、資産をより早く有効な投資ビークルへ移行させること」であった。

　不良債権の延命は、不良債権を増殖させるだけでしかない。実際に日本でも、1990年末から、不良債権、不良資産、不良企業の再生のためにさまざまな再生スキームが登場した。中坊元弁護士の日本版RTC、海外資本のヘッジファンド、各種民間のリスクマネーセクター、公的な再生機構等がそれである。また、このようなハード面だけでなくソフト面、いわゆる法整備も進んだ。民事再生法の創設、投資信託法の改正、都市再生・経済特区等の規制緩和等がそれである。

　これらはいずれも、資産価値を劣下させた投資主体あるいは投資ビークルから、新しい投資技術、革新的な戦略を持ち得る主体・ビークルへの資産移行スキームである。

　日本ではもともと、投資に限らず事業においても、投資ビークルから他の投資ビークルへ資産を移行させるスキーム、インフラが非常に脆弱であった。

例えば、創業者が事業を起こし経営を行うケースを見てみよう。

　日本は戦後の焼け野原から、多くの先人たちが裸一貫で事業を起こした。そして高度成長を通じ、順調に成長を遂げた。これらの事業は戦後40－50年を経た1980－1990年代になると、次の世代へと継承された。通常、事業の区切りには子息等身内への相続、社内の関係者への禅譲、売却（M&A）、清算（破産）の4つが考えられるが、当時、まだ日本ではM&Aは認知されていなかった。最も多いのが身内への相続であるが、対象者がいない場合は関係者への禅譲となる。それができないと清算となるが、原則的には法人の場合、土地等の資産が残っていると、売却して資産がなくなるまで税務上清算をさせてもらえないケースが多い。

　1990年以降は土地がなかなか売れない時代であり、すでに事業主が亡くなったにもかかわらず、年老いた配偶者が法人税・法人住民税等を年金の中から支払いながら何とか売却をしようとしていたケースも見られた。当然、負債等が残っていると清算には困難な状況となり、為す術なく負債は不良債権化し、いつの間にか清算が破産へと変わってしまうケースもある。

　通常、どのようなビジネスモデルにも「プロダクトサイクル」、つまり寿命がある。仮にビジネスモデルに寿命がなくとも、事業主体には寿命がある。

　例えば、何らかの産業で栄えた町があるとする。そして、その核となる産業の新興とともに商店街が栄えたとする。やがてその町はさまざまな産業を興し、都市として成長する。しかし、町の中心である商店街の経営者が高齢になり、商店街自体が高齢化し、時代の趨勢についていけなくなる。そうこうしているうちに新しいビジネスモデルによる流通業が都市郊外に登場し、商店街はますます競争力をなくす。

　その結果、今では「シャッター街」と呼ばれるどの都市にも見られるさびれた旧中心市街地となる。補助金をつけて商店街の再生を図ろうとするが、それも延命策でしかない。もともと70、80歳にもなる高齢の経営者に新たな負債を負わせ、新しい経営者感覚を要求することには無理がある。新しい時

代のニーズに応えられない投資ビークルに融資し続け、不良債権を増幅させるケースとまったく同じ仕組みである。

　商店街事業の継承がなされない場合、プロダクトサイクル、投資主体の寿命に合わせて事業投資の出口を考え、常に商店街が新しいビジネスモデルと入れ替わり活性化されなければ、商店街がさびれるのは当然の流れである。これらは通常、税制上の事業資産の買換え等の制度によって促進されなければならない都市政策でもある。しかし残念ながら、このような考えは日本の都市政策、税制政策には見られない。

　不動産投資においても、最近になってようやく「出口戦略」という言葉が使われるようになった。出口戦略とは、投資の想定していた期間あるいは何らかの目的を達成した時点において他に売却し、資産を別の投資主体あるいはビークルへと移行させる戦略をいう。これは資産の劣下を原因としたオフバランスではなく、始めから設定された目的を終了させることによって、蓄積した富を移行させるものである。

　ファンドビジネスでは、既築の収益物件を購入する時、必ずバリューアップのための再投資をする。つまり再生である。これは破綻・倒産して二度と立ち直れない吸収状態に陥ったためになされる再生とは異なる。

　資産がそのプロダクトサイクルをまっとうする上で、単体の投資ビークルのみでその寿命を通すことは、バイホールド戦略により半永久的に資産を保有する戦略である。期間概念において投資がなされる市場では、資産は市場にある投資ビークルをいくつも流通することになる。その流通過程において通常なされる再生（リポジショニング）であり、市場を流動化する過程で必要とする再生である。

　これは市場サイクルを持つ投資市場では当然必要となる投資技術であり、ニュープレーヤーによるニューゲーム投資技術の1つでもある。

　再生ビジネスには、流動化ビジネスとしての資産のオフバランス、資産の証券化、SPCビジネス、ディストレスアセットビジネス、バリューアップ

ファンドビジネス、運用ファンドビジネス、REIT産業、M&A、LBO、MBO等がある。

　1990年代後半以降の日本では、銀行からの不良債権を購入して再生するスキームが法整備のバックアップを受けて機能してきた。1990年代のRTCであり、2000年代に入ってからの**産業再生機構**[12]である。

〔産業再生機構によるカネボウの再生スキーム〕
1887年　東京綿商社として東京鐘ヶ淵に設立
1971年　鐘紡株式会社への社名変更
1990年代　バブル経済の崩壊とともに不採算部門が拡大
2001年　カネボウ株式会社への変更
2004年　産業再生機構による再生開始
〃　　　食品部門を加ト吉、アサヒビールに売却
2005年　入札を経て花王・投資ファンド三社連合による再生開始

　本来、このような再生スキームは市場原理の中で民間によりなされるべきという議論もあるが、再生機構ではすでに41社にも上る再生を手がけている。

　銀行の不良債権処理としては、破綻した銀行からの債権を、産業再生機構同様にやはり保険機構から出資を受けた整理回収銀行、住管機構が合流した整理回収機構が受け皿となり、2004年までに24兆円を購入している。そのうち回収額は約8兆円である（預金保険機構ホームページより）。

　健全な金融機関からは、それぞれ個別に不良債権の償却、売却がなされている。銀行の経営体質の改善が急務とされていたために、自社による時間を

---

[12]**産業再生機構**：2003年、株式会社産業再生機構法によって設立。有効な資産を持ちながら多額の負債のために十分に機能し得ない企業を購入して、不採算部門を切り離し有効な部門を新たなスポンサーに売却して再生させることを目的としている。宮崎交通、スカイネットアジア、ダイア建設、大京ライオンズマンション、カネボウ、鬼怒川グランドホテル、ミサワホームホールディングス、マツヤデンキ、ダイエー等を手がけている。あくまで売却を前提とした出口戦略を採っている。

かけた回収はほとんど行われず、海外資本のリスクマネーファンド、サービサー会社に売却された。いわゆるバルクセールである。

海外からのリスクマネーは、非常に高い利回りを要求する。例えば、海外から為替変動リスク、アメリカでの代替投資で得られる利回り以上の利回り10％、それに日本でのビジネスリスク等、もろもろを加えると20％以上の資本コストとなる。この資本コストで、資本の投下から回収までの期間を仮に3年と設定しても、20％の割引率で3年後の価値は元本の45％にしかならない。3年後10億円で回収できる債権の現在価値は4億5,000万円でしかないことになる。ここからさらに、回収期間が長くなったり資本コストが膨らんだりするリスクを考え超過期待収益を乗せると、債権額面の20％、10％での仕入れは当然のこととなる。

投資のメカニズムを理解した上で、たとえ債権額面の10％であっても、積極的にこのようなバルクセールを行い、いち早く次のビジネスチャンスへ向けた経営体制を整える。これが当時の銀行の戦略的選択肢でもあった。

バルクセールといいながらも、当時のバイアウト市場には日本のリスクマネーセクターは存在せず、海外資本に頼らざるを得なかったのが現実であった。このような海外資本による再生ビジネスを学習して、現在では日本でも多くの再生ビジネスのモデルが確立されてきた。ビジネスモデルの受け皿が市場にできたことによって、市場で収益を生まなくなった資産を流動化しやすくなってきた。市場での新しいニーズに応えるべく、新しいビジネスの革新によって市場が成長することになる。ニュービジネスの革新こそがニューゲームに他ならない。

3.6 市場サイクルと不動産投資ビジネス

　マーケットは、進化していく過程においてビジネス機能分解（アンバンドリング）を生じる。不動産ビジネスは従来、「不動産屋」という1つの業務形態の中ですべてがなされていたのが、プロパティマネジメント、アセットマネジメント、リスクマネジメントから、さらに市場のニーズに合わせてビジネスが細分化している。同じように市場サイクルによって、状況に応じたビジネスが細かく必要になる。

　図表3－8の市場サイクルは、日本では直近の約25年間（1980—2005）でサイクルが完結したといえよう。例えば、この市場サイクルの過程に応じてビジネストレンドの変化を見てみると、次ページ図表3－9のような時系列での進化が見てとれる。重要なのは、ニーズに合わせたビジネスを連結させることによってはじめて、市場サイクルが分断して停滞しないように、市場サイクルを適切に循環させることが可能となる点である。

　市場サイクルの中における投資ビジネス戦略もまた変遷してきた。

　まず1980年代、景気回復からの成長拡大過程において市場が過熱し、ひたすらアセット規模・利潤の拡大を目指しハイレバレッジ投資が増加する。それが1990年になり調整局面に入ると、これらハイレバレッジの物件の多くが

■ 図表3－8

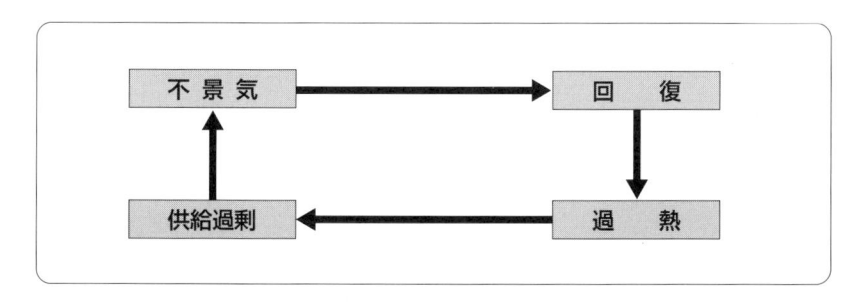

■図表3－9

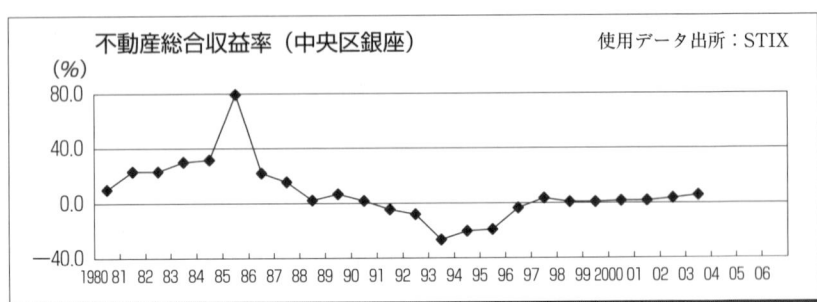

不動産総合収益率（中央区銀座）
使用データ出所：STIX

(グラフ：1980年から2006年までの不動産総合収益率の推移。1985年頃に約80%のピーク、1993年頃に約-30%の底)

	1980年代	1990年	1990年代	2000年前後	2005年
	回復	過熱・供給過剰	破綻・不景気	再生	回復
	オイルショックからの回復	バブル経済と破綻	デフレ経済のスパイラル化	外国資本の参入	リスクマネー市場の拡大
	・アセット規模 ・取引事例法	・アセット規模	・収益率 ・キャッシュフロー	・NPV ・ROE	・株価純資産倍率 ・株価収益率
	・利潤拡大のためレバレッジ ・資産規模拡大 ・間接金融融資の拡大	・ハイレバレッジ	・企業のバランスシートの圧縮 ・オフバランス、不良債権の償却 ・資産流動化スキームの組成	・ファンドの立上げ ・リスクマネー市場の立上げ ・ディストレスアセットビジネス ・資産流動化スキームの制度化 ・資産の将来価値評価 ・バイアウト	・証券化市場の成立 ・リスク市場の成立 ・ファンドビジネス ・M&A ・投資ビークルの流動化
投資ビジネスの戦略	土地担保評価ビジネスモデル 　　　金融機関からの融資拡大 　　　　　　オフバランス　サービシング 　　　　　　　　　　　　バリューアップ 　　　　　　　　　　　　バイアウト 　　　　　　　　　　　　ストラクチャードファイナンス（SPC） 　　　　　　　　　　　　　　アービトラージ（低レバレッジ） 　　　　　　　　　　　　　　　運用ファンド（ハイレバレッジ） 　　　　　　　　　　　　　　　　　　　LLP・LLC 　　　　　　　　　　　　　　　　　　　　　M&A				

J-REITの資産規模
使用データ出所：投資信託協会「投資信託」(2005.8)
(単位：10億円)

(棒グラフ：2001年頃から数値が現れ、2005年に約2,300まで急増)

破綻し、破綻した物件を回収する業務が出てくる。これがサービシングである。それまでのアセット規模偏重から収益率、キャッシュフローで資産を評価するようになり、将来性があってもそれが収益で明示できないものは、すべて不良資産（収益を生まない資産）とみなされてしまう。

オフバランス・バルクセールが始まりデフレスパイラルが始まる。そして、これらをバルクセールで安く取得するためのリスクマネーが市場に戻ってくる。ディストレスアセットビジネスの始まりである。まず再生ファンドが組成される。

次に、市場にオフバランスされた資産のバイアウト、バリューアップビジネスが現れ、投資主体が、投資資産とどのような所有関係を持つかという新しいニーズが顕在化してくる。100％完全に所有しリスクとリターンをすべて引き受けるのか、あるいは有価証券で支配関係を持ち、必要とするリスクとリターンと必要としないリスクとリターンの線引きをどこでするのかという考え方である。「リスク」という概念が急速に市場に広まり、一企業、一投資主体で巨大なシングルアセットを単体で保有する危険性がクローズアップされる。リスク概念に基づく所有と支配の新しい関係の模索である。

そのようなニーズを受けて、ストラクチャードファイナンスにより優先劣後の証券化・流動化が始まる。優先劣後の概念は、単に市場に流動化させることが目的ではなく、そこには資産のオフバランス後、どのように支配するかという戦略性が求められている。

また、優先劣後に資産が分解されると、市場そのものがリスクとリターンにおいて優先劣後の構造を持つことになる。ここでは、安く仕入れたものを分解して売却されるアービトラージ（裁定取引）ビジネスが成り立つ。裁定取引による利益は、時期を経るに従って減少する。これはディストレスアセットの市場価格が、景気の回復とともに上昇するからである。

裁定取引による利益が減るとともに、投資ビークルのレバレッジを効かせ収益を補完するようになる。ここではアービトラージ戦略投資の出口物件が

市場に登場する。これは、きれいにお化粧して高い収益を実現する物件が市場に供給されることを意味し、市場において物件が活発に流動する。

ディストレスアセットの購入による「入口」からアービトラージによる「出口」までのビジネスの特徴は「評価」にある。つまり、市場に溢れている不良債権等のディストレスアセットをどのように評価し、裁定がとれる物件を見つけ出すかにビジネスの主力が置かれる。

日本のバブル経済時のオールドプレーヤーの単なる取引事例評価と、ニューゲームにおけるニュープレーヤーによる将来再生価値評価との技術格差もこの点にある。収益が劣下した資産をマネジメント技術で再生するのが本来の姿であるが、バイアウト市場が成立する時期になると、ファンダメンタルズの改善だけで労せず裁定機会を得ようとする投資マネーも登場する。バイアウト市場の拡大は、それ自体がファンダメンタルズの改善、成長を織り込んでいると考えることができる。

その後、収益が改善された物件をプーリングして運用ファンドが組成され始める。プロパティマネジメント、アセットマネジメントを駆使したアクティブなファンドが形成される。市場のリスクが安定してくる過程（リスクプレミアムが低減し、それに伴うリターンが低減する状況）で、ハイレバレッジなファンドが登場する。その中で、アップリート（UPREIT：Umbrella Partnership REIT）等のような現物出資のビジネスモデルを利用した進化したファンドビジネスが登場する。

また、私募ファンドからREITへの投資ビークルの流動化が起きる。ファンドビジネスのピークとなる。ピークを過ぎると、やがてファンド市場にも調整が生じ、ファンド、REITを問わず、破綻するものが登場する。ファンドそのものではなく、ファンドビジネスに関与するファイナンス、マネジメント等の会社の破綻によって市場が不安定な状況になる。ファンド等投資ビークルごとM&Aしたりバイアウトするビジネスが登場する。

アメリカにおけるREITの歴史を見ても、1990年代エクイティREITが急

成長して、200超の REIT 社、市場規模15兆円にまで成長した。2000年になると、REIT 市場の調整後 REIT の M&A が起きた。現在は市場規模30兆円を超える規模になっているが、上場 REIT 社の数は200を切る状況になっている。アメリカの REIT 市場では、UPREIT が可能であると同時に Down-REIT が可能である。さまざまなビジネスモデルを使って銘柄を入れ替えながら、ファンド自体が市場を流通していく。

ここで**ファンドの組成→上場→過熱→破綻→バイアウト→上場廃止→再生→再上場→**というビジネスモデルが完結する。

これらの新しい投資ビジネスはそれぞれ違った投資ビークルで行われ、1つの器でいろいろなステージのビジネスが行われることはない。ビジネスの「総合商社」は、ガリーバー的存在にならない限り存在し得ない。これはマーケティングの原則である。つまり、それぞれの投資ビークル間を資産が移動してビジネスがなされ、投資ビークル間を如何に障害（規制、税制上）なく移動できるかが、この投資市場の進化の度合いとなろう。

このような市場サイクルを経て、景気調整から次の市場ステージへと移行する。

バブル経済の破綻と、このような進化した市場サイクルの違いは、資本主義である以上どちらにも市場サイクルがあることは同様であるものの、オールドゲームのバブル経済では破綻による資産の速やかな再生がなされ得ず、サイクルが分断、停滞してしまったが、ニューゲームでは資産が次の新しいビークルへ流動化し、調整・停滞を短期間に再生する点にある。

3.7 アービトラージとバリューアップ

　ファンダメンタルズの後退・調整時期に、市場にオフバランスされてくる物件をバルクセール等で安く購入して再投資を行い、劣下した収益を改善して価値を高めるビジネスが「バリューアップ」である。また、安く購入した資産を別の市場で高く売却して利鞘をとるのが「アービトラージ（裁定取引）」である。

　裁定とは、同じ価値を持つ2つの資産が別の市場間で異なる価格をつけている時、安い市場で購入して高い市場で売却することによって利鞘を実現する投資行為である。株式あるいは債権のような証券取引では、瞬時に裁定取引を行う機会がある。証券市場でいえば、ソニーの株式が東京と大阪の証券市場で値段が違う時、安い方で買って高い方で売れば、リスクなしで利益が出る。このような機会を「裁定機会」という。裁定機会は、市場が均衡に向かう過程で、プライシングに何らかの情報の非対称性等のギャップが存在している時に生じる。

　実物不動産の場合、同じものが複数存在することはありえず、ある価格で購入した特定の資産をそのまま状況、時期、市場、投資家を代えて、違う価格で売却することとなる。証券市場は同質のもの（株式）が多く存在するが、資産市場では異質のもの（資産）が多く存在する。証券市場とは違った意味で、裁定機会が多いといえる。

　裁定機会はファンダメンタルズの状況に左右されるが、保有する間にバリューアップを施し価値の再生を行うか（図表3—10）、コンバージョンによる別市場のニーズに対応させ価値を変化させることによって再生するか、資産を優先劣後に複数に分解可能なものはいくつかに分けて売却することによって、裁定利益を実現することもできる。

　証券市場の株式等は、加工することができない。このような裁定機会の典

■図表3-10

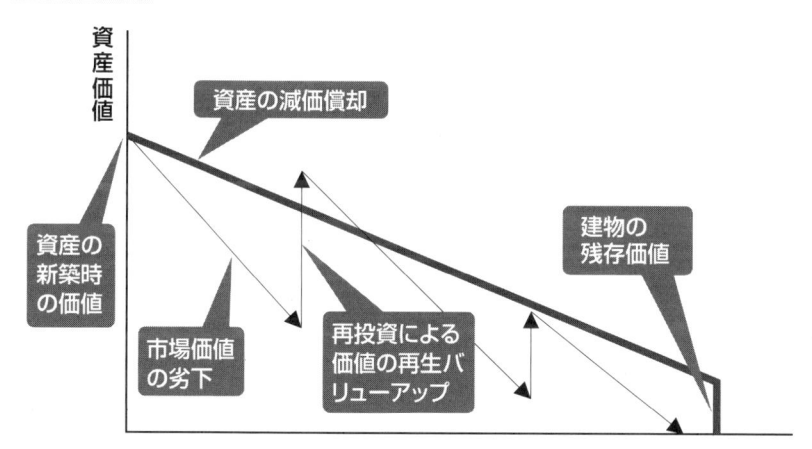

資産価値
- 資産の新築時の価値
- 資産の減価償却
- 市場価値の劣化
- 再投資による価値の再生バリューアップ
- 建物の残存価値

時間軸

型的なものが、マーケットが壊れた市場（ディストレス・マーケット）で資産を安く買い、一定期間保有して売却するというディストレスアセット戦略である。

　ディストレスアセット戦略は、市場サイクルの中で限られた期間に生ずるビジネスチャンスであり、ディストレスアセット戦略を用いたのがダヴィンチ・アドバイザーズである。現在日本で最大の私募ファンドを運用しているダヴィンチ・アドバイザーズは、1998年の設立以来、不良債権の取得からディストレスアセット戦略を行い、5年ほどの保有でIRR35%を実現し、2001年以降は保有期間を短くしてIRR25%を目指す戦略に変更したという（『ARES』2004年、Vol.7「ダヴィンチ・アドバイザーズの成長戦略を聞く」より）。市場サイクルに合わせて戦略が適宜用いられているわけだ。

　資産を分解して市場に流通させる方法は、企業が持つそれぞれの事業部門に優劣をつけ、価値あるものを高く市場に売却し、不採算部門を再生あるいは償却するように、簡単に切り離すことはできない。しかし今後、J-REIT等がレジデンシャル、オフィス、リテール等専門に特化している中で、複合ビル等が分解（区分所有）され市場で流通することもありうる。1つの資産

をいくつにも分解し、それでも効率良く管理できるビジネスモデルは、それ自体、資産の流通化を促進する投資技術となる。

このほかにも、バリューアップの日本特有の事例としては、バブル経済破綻時に失敗した地上げ物件を安く購入し、再開発することも可能となる。例えば更地にした土地を開発して分譲マンション等にし、売却して出口とする方法等がある。筆者の経験則によれば、地価が高い時は再開発がスムーズに進まないが、地価が下がると再開発が非常にスムーズに進むケースがある。

これらはいずれも、物件現在価値 PV が非常に安い状況下で購入して現在価値を高くし、売却することによる利鞘である。現在価値 PV は分子のキャッシュが低い時、金利・リスクプレミアムが高い時に低くなる。これが購入の時期である。反対にキャッシュが高く、金利・リスクプレミアムが低い時には高くなる。これが売りの時期である。分子のキャッシュの改善、リスクプレミアムの低減がバリューアップ（再生）の対象になる（P136・137）。

3.8 ポストデフレ経済下の市場メカニズム

　2002年頃の地価公示において、東京の都心部では、ピンポイントで地価の上昇反転が確認され始めた。2004年頃には、名古屋等の地方都市の都心部において明らかな地価の反転が確認されるようになってきた。図表3―11は、収益率（リターン）と収益変動幅（リスク）のポジション推移のマップ図である。

　期間10年のリスクとリターンのトレンドを見ても、最終ポイント（期間1992―2002年）において明らかなトレンドの変化を呈している（このリターンとリスクのポジションマップの仔細な解説については、拙著『不動産投資戦略』P2（清文社、2004年）を参照）。2000年もしくは2004年頃が不動産市場の底であったと推測される。

図表3－11　東京都区部10Ｙ移動リスク・リターンポジション推移（1970－2002）

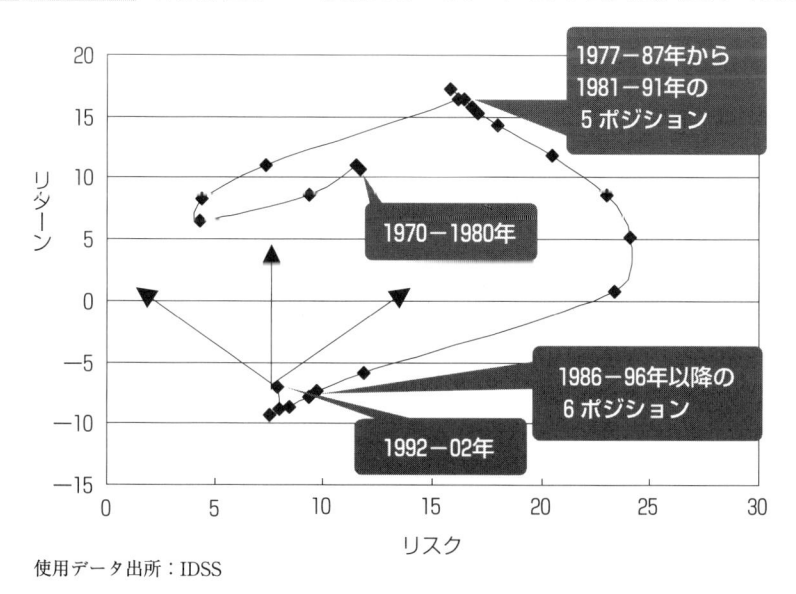

使用データ出所：IDSS

2000年までのデフレ時代の特徴は、
① 　リスクプレミアムが過大評価されてきた。
② 　景気対策から政策的な金利が非常に低く抑えられてきた。
③ 　金融の量的緩和により大量のマネーが市中銀行に供給されていた。
④ 　企業部門からの借入返済、家計部門の予備的資金の貯蓄等の要因を受けて市中銀行に資金がたまり、市中銀行の運用先が極めて少ない状況にあった。

このような状況から不動産投資市場が反転して、「リスクマネー市場」というフィルターを通せば有効な資金の運用先になるとして注目を浴びた。2004年以降のリスクマネーによる不動産ファンドビジネス市場の拡大とあいまって、不動産投資市場が活況を呈し始めたわけである。その後急速に拡大し、SPC、投資組合等さまざまな投資ビークルを通じて証券化された不動産資産の残高が、2004年にはすでに20兆円になった。

リスクマネー市場の整備、ニュープレーヤーの登場により急速にリスク評価が見直され、リスクプレミアムの低下が始まった。市場金利が低く、市中銀行に有効な投資先を求めている大量の資金が待機していた状況で、リスクプレミアムが低下し始めたことによって投資の限界効率が下がり、堰を切ったように不動産等のリスク資産に投資が拡大した（図表3－12）。図表3－4のバブル経済と同じ状況になった（P142）。

バブル経済時には、市中銀行の近視眼的な利益追求が融資の拡大を引き起こしたが、ポストデフレ経済においてはファンドのマネージャーによってアクイジションの拡大がなされている。

このファンドマネージャーは、必ずしもニュープレーヤーではない。彼らの多くはニュープレーヤーになろうとしているプレ・ニュープレーヤー、もしくは見せかけだけのプレーヤーである可能性が強い。

しかしその一方で、リスクマネー市場が過熱すると、より高いリスク資産へとマネーが向くようになる。プレーヤーにリスクをマネジメントできる技

■図表 3 −12

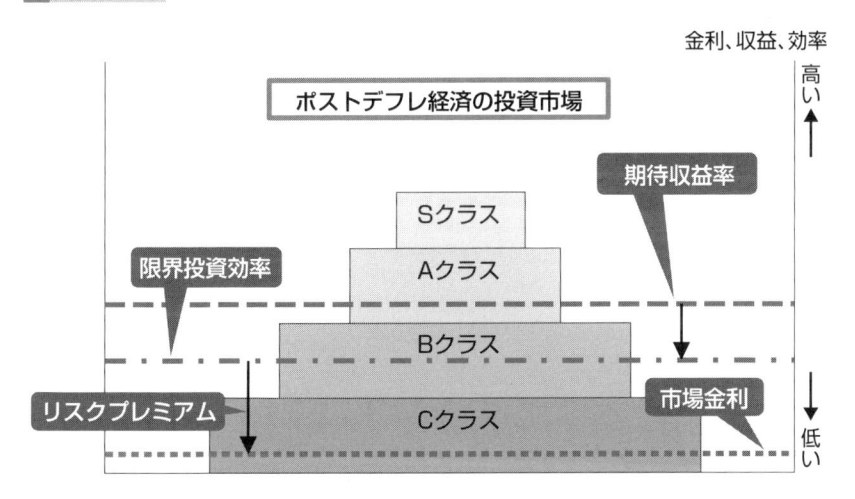

ポストデフレ経済の投資市場

金利、収益、効率
高い／低い

期待収益率
限界投資効率
市場金利
リスクプレミアム

Sクラス
Aクラス
Bクラス
Cクラス

　術がなくとも、リスクマネーがリスクを引き受ける構図である。ファンド市場への資金提供者は、アメリカのハゲタカファンドだけではない。特筆すべきは地方銀行の資金運用部等である。
　その他、日本の年金基金も運用し始めている。もちろん個人資金の参入も始まっている。このような投資の拡大により、Sクラスから、A、Bクラス、さらに市場によってはCクラスにまで投資が及ぼうとしている。
　もし、このような投資に流入しているマネーが本当にリスクをとれなかったり、あるいは有能なニュープレーヤーによるマネジメントでなく、必要な時に有効なマネジメント技術・ヘッジ技術をすることができなければ、この時期になされた投資は今後破綻することになるだろう。

3.9 資産とファンドの流動化

　同じ不動産ファンドでも、私募ファンドと公開型ファンドであるREITとは、本来その機能・形態、投資家ニーズは違うはずである。

　私募ファンドは、アクティブな運用を特徴とするのが一般的である。しかし日本の場合、まだファンドビジネスの創成期にあり、必ずしもそれぞれのファンドの組成目的、ファンドに対するニーズの違いが明確になっていない。

　特に日本では、REITを組成することが目的で、その前段階として私募ファンドを一時的に組成しているケースが多く見られる。これは出口戦略としてのREITではなく、REITを持つことが親会社のコーポレート戦略となっている。

　これに対して、アクティブな戦略を用いて高い利益性を追求する私募ファンドを組成することを第一目的としており、REITはあくまで出口戦略として想定するという選択肢である。

　いずれにしても、実効性ある不動産資産をこのような形態の投資ビークルの中でどのように移動させるかが、その仕組みの成否となる。

　日本では主に、まず不動産資産を信託化して信託受益証券をSPC、ファンドに売却することから、投資の入口戦略が採られる。2000年以降、急速にこの信託の手法が拡大している状況を受け、2004年には信託業法の改正も行われた。資産を円滑に投資ビークルへ移行させたいという入口戦略に対するニーズが市場にあることが伺われる。2004年の改正信託業法では、信託財産の受託者の委託者に対する**忠実義務**[13]、**分別管理義務**[14]、**善管注意義務**[15]がより明確化された。

[13]**忠実義務**：受託者がもっぱら受益者の利益のためにのみ行動し、受託者と受益者との間に利益相反が生じないようにすること。
[14]**分別管理義務**：受託者が信託財産を自己の固有財産やその他の信託財産と分けて管理しなくてはならない。

アメリカではエクイティ REIT 産業が1990年代急速に拡大した。その中でも特に1993—94年に公開されたエクイティ REIT は、1994年までに上場された200以上の REIT のうち95社を占める。エクイティ REIT の市場発行額は、1990年で56億ドルであったのが、1994年には388億ドルに膨らんだ。REIT のゴールデンエイジを呼ばれる公開ブームである。

アメリカのこの新規公開に貢献したのが UPREIT の仕組みである。この仕組みにより、リミテッドパートナーシップが保有する資産あるいはまだ公開されていない新規優良不動産資産が、REIT の傘下に入ることが可能となった。

UPREIT の仕組みは、それまでの**パートナーシップ**(16)により不動産の所有者が所有しているパートナーシップの持ち分権を現物出資し、持ち分権の売買代金として発行されたオペレーティングパートナーシップユニット（OP）を受け取るというものである。これにより、それまでのパートナーシップ、不動産の持ち主から OP へ資産が譲渡される時に譲渡課税されないため、譲渡がスムーズに進む。OP を売った時に課税される一種の現物出資による課税繰延べのビジネスモデルである。OP とは、REIT に子会社形式で所有されるパートナーシップである。

1993年に公開された REIT50のうち27が、また1994年に上場された45のうち31の REIT が UPREIT を用いた（INSTITUTIONAL REAL ESTATE.INC「SPECIAL REPORT」（2000）より）。

アメリカではその後、REIT は直接不動産資産を所有するのではなく、この OP を所有することで資産を運用する形式を採る方向へと向かう。このよ

---

(15)**善管注意義務**：受託者が信託の目的に従って専門家としての能力を発揮し、善良な管理者の注意をもって信託業務を処理しなければならない。
(16)**パートナーシップ**：複数の投資家が共同所有者として投資等を目的に事業活動を行う組織。日本では商法上の匿名組合や民法上の任意組合がこれに当たる。組織上は、無限責任を負うゼネラルパートナーシップと、出資限度の有限責任で経営に参加しないリミテッドパートナーシップに分けられる。

うな手法を使ってREITへの入口が戦略的になった。資産を流動化させるビジネスモデルともいえる。

　日本のJ-REITでは、まだUPREITは導入されていない。アメリカのREIT産業は現在、すべてのタイプを合わせて198社、市場規模3,392億ドル（エクイティREIT153社（3,060億ドル））の市場になっている（NAREITホームページより）。市場規模自体は非常に大きく成長しているが、REITの数は決して増えていない。これは、REIT産業市場の中でM&Aが起きているためである。ファンドビジネスの流動化である。

　日本の不動産ファンド、J-REIT市場は、設立後まだ調整段階を経験していない。調整においてアメリカと同じように、投資ビークルごとの流通が日本でも起きることが予想される。この流通がスムーズにできるかどうかが、市場サイクルを停滞させることなく移行させるポイントとなる。

第4章

投資の成長

4.1 成長とは
4.2 適正な成長ポジション
4.3 「日本」という投資ビークルの成長
4.4 新しい投資ビークル
4.5 知的無形資産 ──ニュープレーヤー

4.1 成長とは

　第2章、第3章では、不動産投資がいろいろな投資ビークルを用いて行われるケースを見てきた。ファンドのようなニューゲームの投資ビークルだけでなく、従来からの企業、個人等の投資ビークルも市場には多く存在する。どのような投資ビークルにおいても、投資のマネジメントにおいて「成長」という概念が重要になる。投資の目的が、出資者が出資する資金の効率的な運用（配当）、資産を運用する経営者の報酬（経費）、金融機関の融資権者に対する報酬（利息）のいずれにあっても、その実現は成長なくしてありえない。

　資産を運用して賃料を得る。この賃料から経営者のマネジメントフィー、その他の取引先への経費を控除したものがNOI（Net Operating Income：純営業収益）である。このNOIから借入利息を控除したものが、出資者に対する配当原資（税引き前）になる。このような各ステークホルダーの利益であるマネジメントフィー、借入利息支払原資、配当原資を増幅することは、資産部門の成長を意味する。

　図表4－1に見るように、この資産の成長（＝増加）に対して、デット資

■図表4－1　成長の構成

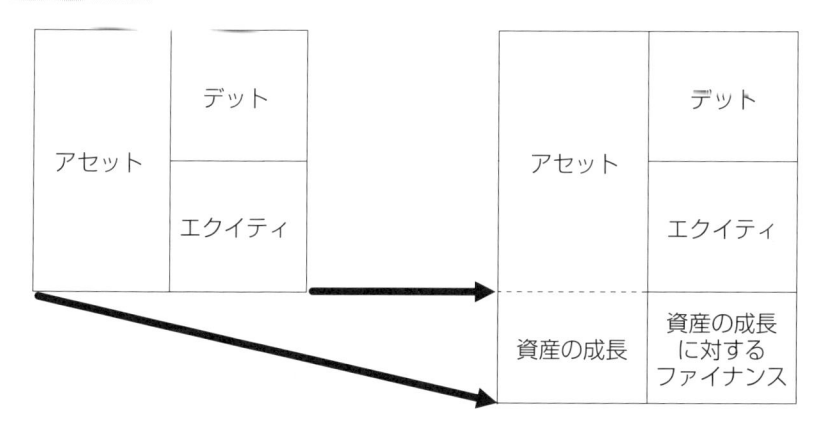

金、出資金、内部留保金がそれぞれどのようにサポートするかが、成長の最適性に対する答えとなる。支払金利に増減は生じないが、内部留保が充実することは利息支払いの準備積立てとなり、信頼性が高くなる。この資産部門の増加を成長とみなす観点から、本章では成長に必要なファイナンスについての検討を行う。

第1章では、$\text{ROE} = a + (a - i) \times \dfrac{負債総額 D}{エクイティ総額 E}$ とした。

これとは別に、ROEをデュポン方式で表すと次のようになる。

$$\text{ROE} = \frac{当期利益}{自己資本} = \frac{当期利益}{売上高} \times \frac{売上高}{総資産} \times \frac{総資産}{自己資本}$$
$$= 売上高純利益率 \times 資産回転率 \times 財務レバレッジ$$
$$= \text{ROA} \times 財務レバレッジ$$

デュポン方式とは、企業の業績を売上高利益率、資産回転率、財務レバレッジに分けて分析する手法である。これを不動産投資に置き換えると、次のようになる。(注)財務レバレッジは第1章のレバレッジレシオとは異なる。

$$\text{ROE} = 売上高純当期利益率 \times 総資産回転率 \times 財務レバレッジ$$
$$= \frac{NOI}{家賃収入合計} \times \frac{家賃収入合計}{総投資額} \times \frac{総投資額}{株主資本}$$

売上高当期利益率は、コストを削減することにより改善される。総資産回転率は、空室率の改善もしくは家賃収入の値上げによって改善される。つまり、効率の良い資産を増やすことになる（誤解のないように本章の結論から立ち戻って表現するなら、収益を生む資産の量ではなく、資産からの収益の量を増やすことになる）。そして、レバレッジを高める手法を採る。

この結果、処分前の利益（税金、内部留保、配当金）が増えることになり、エクイティ部門の増加は新株の発行がなければ、処分前利益の内部留保される分が投資資産の価値の増加つまり成長と等しくなる。

図表4―2のように、内部留保分が蓄積されるとその分の資産増加が成長

図表 4 − 2

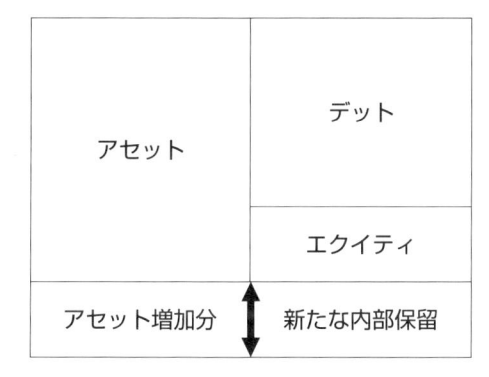

```
┌─────────────┬─────────────┐
│             │    デット    │
│   アセット   ├─────────────┤
│             │　エクイティ  │
├─────────────┼─────────────┤
│アセット増加分│新たな内部保留│
└─────────────┴─────────────┘
```

を示す。内部留保がそのまま現金で資産計上されていると、銀行金利分しか成長しないことになる。成長を維持するためには、効率の良い新たな投資に向けられる必要がある。

ここで内部留保率を r とすると、成長率 g は次のように表すことができる。

$$成長率\ g = \frac{株主資本の増加額}{期首株主資本額} = \frac{利益 \times r}{期首株主資本額} = \frac{利益}{期首株主資本額} \times r$$

$$= ROE \times r$$

$$= ROA \times L(財務レバレッジ) \times r$$

つまり、成長率 g は ROA（資産の収益率）、財務レバレッジ、内部留保率 r によって決定される。

1990年代のバブル経済時のように規模の成長だけを考えるならば、この3つの要素を拡大すれば高成長を実現することができる。すべての内部留保金を使い、収益率の高い資産を購入し続け、高いレバレッジを効かせれば、高成長が可能となる。

しかし、この手法のようにすべての内部留保を新しい投資へまわしてしまうことは持続性がなく、破綻への道となる。適切な内部留保率（⇒適切な配当金）と持続可能な財務レバレッジによって、適正な成長率を実現させる。

4.2 適正な成長ポジション

　前述の通り、将来の収益を考えた配当政策と持続可能なレバレッジが決まれば、適正な成長ポジションが決まる。この考えに基づくと、内部留保が蓄積されることで新たな投資が期待され、この内部留保がどのようなものに投資されるかによって、将来の成長が期待される。

　当然、高いROAを持つ投資資産に投資されれば、今のROAを押し上げ、今以上に成長を促進する。逆にROAが低い資産に投資されれば、今の成長が抑制されることになる。

　近い将来大きなROAを期待できる資産に投資するか、遠い将来大きなROAを生む資産に投資するかという問題は、どちらが正しいかではなく、投資戦略上の問題となる。いずれにしても内部留保の蓄積が進み、適切な成長を維持するためには、その余剰資金を新たな投資に向けなければならない。

　このような成長概念を、第3章で使用した市場サイクルモデルの中でもう一度考えてみたい。

　次ページ図表4－3のように、投資市場においてSクラスからA、B、Cと、効率性の高いものから低いものへ投資物件が市場に存在すると仮定する。効率性の高い物件は限られており少ない。また、市場が不景気でありリスクが過大評価されている状況では、限界効率が非常に高いポジションにくる。

　この時、投資が可能となる案件は、収益性が高く、リスクが少ない限られた案件しかない。このような限られた投資案件の中から余剰資金を使って投資できるチャンスがあれば、その投資ビークルにとっては成長を高めることが可能となる。しかし、投資案件が不幸にして見つからない時、それでも投資を拡大しようとすれば、市場の投資の限界効率を下回ってでも効率性の低い投資に手を出さざるを得ない状況になる。そうしなければ、余剰の内部留保を資金のまま寝かせておくことになるからだ。ここでの新たな他の投資と

しては、新たに物件を購入することだけではなく、既存の投資資産に追加投資して価値の再生を図ることも考えられる。

次に、図表4－4のように景気が拡大して投資環境が改善されている時、つまりリスクプレミアムが非常に低く見積もられ、市場金利も低く投資を誘

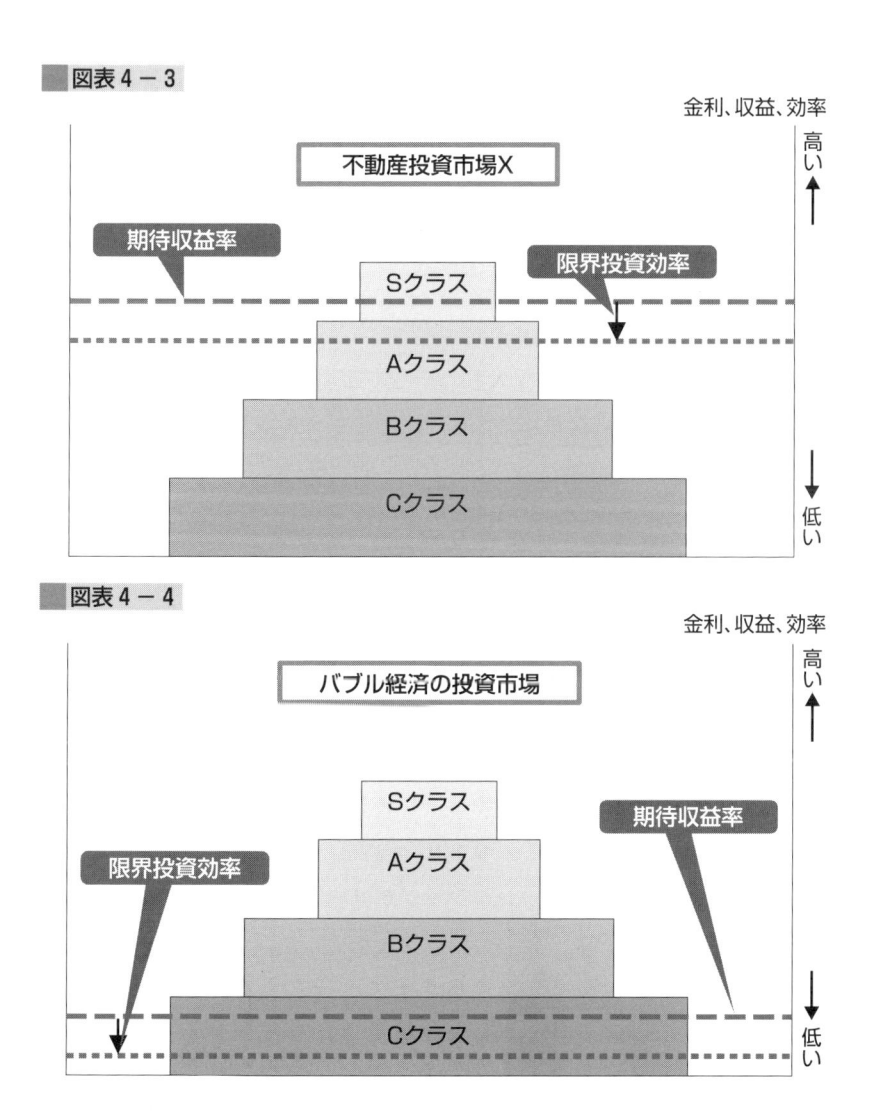

■ 図表4－3

金利、収益、効率

不動産投資市場X

期待収益率　Sクラス　限界投資効率
Aクラス
Bクラス
Cクラス

高い／低い

■ 図表4－4

金利、収益、効率

バブル経済の投資市場

Sクラス
Aクラス　期待収益率
Bクラス
限界投資効率　Cクラス

高い／低い

引しやすい状況にある時、蓄積された余剰の資金が非常に投資しやすい状況にある。しかし、第3章で見たとおり、いくら限界効率が低いポジションにあり投資がしやすい環境にあっても、期待収益率が低い投資は、市場サイクル中で市場のトレンドが反転してリスクプレミアム・市場利子が高くなった時に、不良債権化するおそれがある。投資の限界効率が低い時、過剰に進んだ投資が将来不良債権化する市場のメカニズムは、第3章で見たとおりである。このように適正な成長ポジションは、市場サイクル（変動）の中で判断される必要がある。

> 成長率 g＞ROA×L（財務レバレッジ）×r　⇒急成長
> 成長率 g＜ROA×L（財務レバレッジ）×r　⇒低成長
> 成長率 g＝ROA×L（財務レバレッジ）×r　⇒均衡状態

　急成長とは、事業が急激に拡大し、そして市場に効率性の高いSクラスの投資案件が非常に多く存在し、こられに応えるべき資金需要が拡大する時に起こる。

　急成長している投資ビークルでは、内部留保のみの資金供給では追いつかず、その分レバレッジを高くして外部資金を潤沢に取り入れ、成長に必要な資金需要を賄わなければならなくなる。急成長している企業あるいはファンド等の投資ビークルが資金ショートしてしまう危険は、内部留保に代わる外部資金の調達が、エージェンシー問題等、何らかの理由で調達できない場合に生じる。

　急成長している不動産ファンドのレバレッジが高くなるのは、成長のメカニズムからすれば当然でもある。つまり、急成長をしている投資ビークルは、当然高い収益率を伴うため高いレバレッジが可能となるが、高い収益率あるいは高い成長とハイレバレッジとのバランスを失うと、オーバーレバレッジを生じる危険がある。このため急成長の投資ビークルには、持続可能かつ適正なポジションの範囲内で、高いレバレッジを組成することが求められる。

第4章　投資の成長

　成長率が高く内部留保が増え続ける時、これらの内部留保をさらに高い収益をもたらすものへ投資する必要がある。これができなければ、高い成長は維持できない。この場合、効率の良い投資先を探すべきであるが、市場サイクルの中で過剰投資にならないようにする必要がある。効率性の高い投資資産が見つからない時は、レバレッジを低くして内部留保の蓄積スピードを抑える、あるいは配当性向を高めて出資者への還元を高めることが必要となる。

　1980—90年代、高度成長時代の日本に蓄積された富（内部留保）は成長の機運に乗り、次から次へと投資先を求め続けた。しかし、新しい将来のキャッシュフローを高める新規産業分野への投資がなされず、目先の利益を追求するホットマネーと化し、不動産投資市場の許容限度を超えた過剰投資を許してしまった。

　このように考えると、例えば不動産ファンドが成長を維持するためには、蓄積される内部留保に対し常に新しい投資を求めることが必要であるが、かといって成長ツールである不動産ファンドが過剰投資を生む傾向にあるという考えは、必ずしも正論ではない。問題は「成長をどのように捉えるか」ということである。

　US-REIT（アメリカのREIT産業）の決算のステートメントを見ると、運用の結果、どのように配当性向（**ペイアウトレシオ**[1]）を低く抑え、蓄積された内部留保をどのように将来に生かすか、あるいは安全性を高めるかというポイントこそが、投資家にPRするポイントとなっている。ペイアウトレシオが低いことが、マネジメントの評価となっているといっても過言ではない。

　投資家は、ハイレバレッジを伴う成長なのか、内部成長によるバランスの

---

[1] **ペイアウトレシオ**：ファンドの運用益つまり配当原資からどれくらいを配当へまわし、どれくらいを内部留保として残すかという指標。ペイアウトレシオが低ければ配当性向が低いことを示す。通常、REITではこのペイアウトレシオが低いことを強調する。つまり、これだけの配当をして、なおかつ将来の成長のための原資がこれだけ残っていることを良しとしてPRする。

とれた成長なのか、安全性を確保した低成長なのか、という点について監視している。投資家はその内容によって、自分に合った投資先を選択しているのである。

　市場ニーズの多様性の中で、さまざまな戦略を持ったREITが市場に存在しているのがアメリカのREIT産業である。投資家自体の投資に対するニーズが明確になっていなければ、ガバナンスの効かない、ひたすら過剰投資に走るバブル型のファンドビジネスにもなりかねない。もしファンド市場にそれを望む投資家しかいなければ、ファンド市場は早晩淘汰されることになろう。

4.3 「日本」という投資ビークルの成長

では次に、「日本経済」という投資ビークルを例に、経済成長、ROA、レバレッジ、r（内部留保率）の関係について考えてみる。

日本経済全体のROAとレバレッジと内部留保率を直接表すことができる指標がないため、日本を1つの投資ビークルに見立てた場合における成長の均衡式の関連性について明確に証明することはできないが、企業部門の資金循環における外部資金の調達と、国の経済成長の関係を見てみると、図表4－5のようになる。

■図表4－5

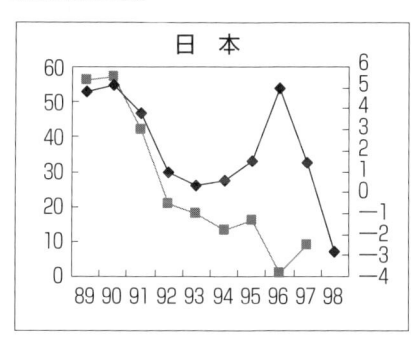

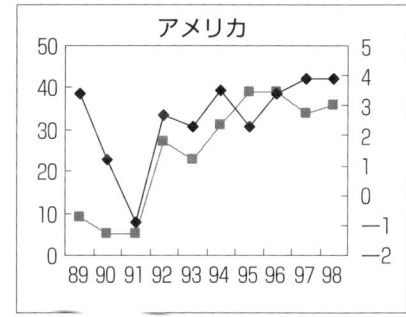

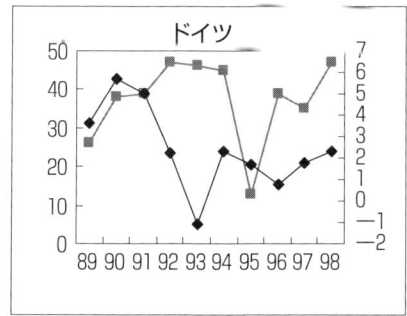

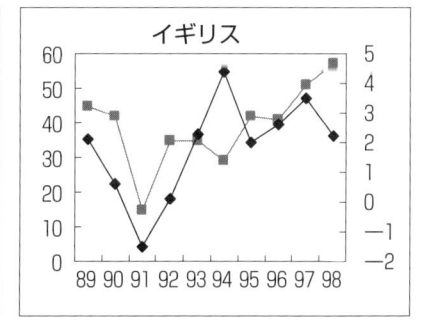

(単位：％)

――■―― 外部資金（左軸）　　――◆―― 経済成長（右軸）

使用データ出所：「国際比較統計(2002)」（日本銀行）

外部資金の使用率が高くなることが、レバレッジの高い投資ビークルになることを意味する。企業は資金を調達しながら、そのための活動を行う。資金調達は銀行融資・社債等による外部資金（デット資金）と、株式・内部留保金等による内部資金（エクイティ資金）とに分かれる。特に他の先進諸国の相関性を比較してみると、外部資金と経済成長の関連性が観察できる（図表4—5参照）。

説明するまでもなく、日本はバブル経済期に金融機関からの借入れを増やし、外部資金を用いて物的資産へ投資し、大きく成長した。しかしその後、その多くが不良債権となりバランスシートの圧縮を余儀なくされた。同時に日本の金融機関においても、**BIS規制**[(2)]に対処する必要性等から貸出資産を圧縮した。そして1990年代、経済成長率はマイナスとなる。これは企業部門での外部資金需要が明らかに減っていることを示している。

日本の非金融部門の企業の内部留保率を見てみると、図表4—6中の近似値線が示す通り、1990年代の10年間は減少傾向にある。内部留保は低下する。つまり、将来の成長原資が細くなることになる。

次に図表4—7で上場企業のROA（総資産利益率）を見てみると、明らかに低下していることが分かる。

1990年代の企業部門のROA、レバレッジ、r（内部留保率）で成長を観察すると、ROA↓×L（財務レバレッジ）↓×r↓となり、その結果として日本の国家としての成長率gは↓となる。

これを日本経済としてではなく単純な投資ビークルとしてコンサルティングすると、以下のようにきわめて単純明快な答えとなる。

[(2)] BIS規制：Bank for International Settlement＝国際決済銀行。1988年バーゼル合意により、国際的に企業活動をする銀行に対して経営の健全性を求め、自己資本比率による規制行った。自己資本比率とは、総資本に対する自己資本のことである。この規制により、海外に拠点を持つ金融機関は資産である貸出しを縮小した。この結果、特に中小企業への貸し渋りが顕在化した。

① ROAを改善する。
② 持続可能かつ適正な範囲でのレバレッジを上げる。
③ 内部留保を高めて新たな投資を推進する。
④ 将来収益を高める新規分野への投資を促進する。

■ 図表4－6　企業内部留保率

使用データ出所：財政金融統計月報

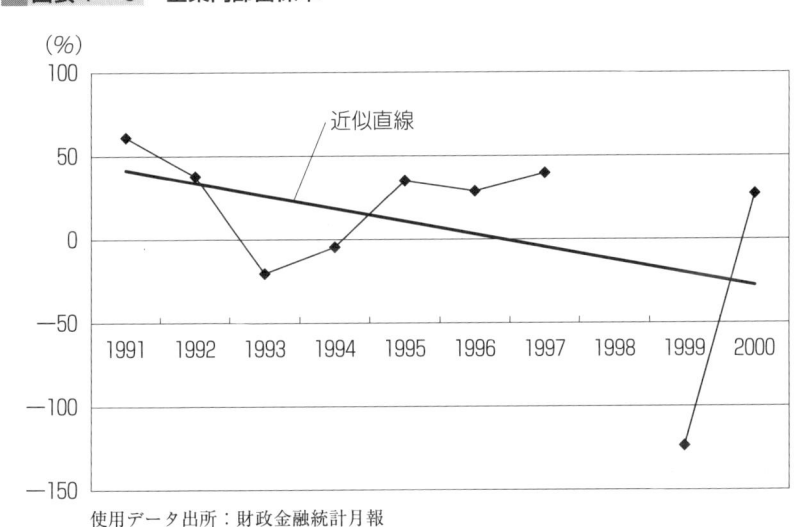

■ 図表4－7　日本の上場企業ROA

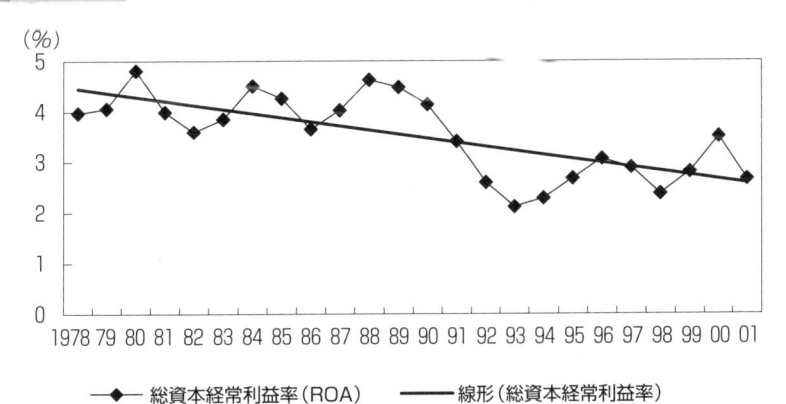

使用データ出所：日本証券経済研究所HP

● 「株式会社」という投資ビークルの特徴

　日本の高度成長時代、バブル経済時代という非常に高い成長を実現した時期を比較してみると、高度成長、バブル経済時代には収益率の高い鉄鋼、電気産業、輸送機器そして家電ハイテク産業の開発・製造のための設備投資を拡大して、日本全体のROAとレバレッジを高めた。特に高度成長時代には、金融機関のメインバンク制によりガバナンスが機能し、持続可能なレバレッジが実現した。その後のバブル経済時にはメインバンク制が崩れ始め、ガバナンスも機能せず、ハイレバレッジが暴走することになる。

　しかし、この両時代に共通する成長の特徴は、収益率の高い物的資産を増やすことが成長戦略そのものであったという点である。つまり、利潤の絶対額の拡大志向である。そして、そのための最適な投資ビークルが「株式会社」であった。

　株式会社という投資ビークルの機能的な本質は、物的資産を購入するための資金を集めやすいところにある。「有限責任」という枠を利用して資金を集め、物的資産を保有し、その資産からの利益を各関与者の貢献度に応じて分け合うという投資ビークルである。目的に応じて極めて自由度の高い投資ビークルである。

　パススルーの投資ビークルとは違い、いろいろな利害関係者の目的が交錯する分、経営者が配当を増やそうとするインセンティブが低い。配当ではなく内部留保を増やそうという点については US-REIT と同じ行動になるが、問題はこの内部留保について、株主のものではなく、経営者の所有物であるという考え方が非常に強い点にある。

　内部留保[3]は、「株主が望む安定・成長に使うためのもの」か、「経営者

---

(3) 内部留保：現在株式会社においては、内部留保の制限がない。本来配当もしくは賞与等で個人の所得となれば所得税がかけられる。その代わりに資本金1億円以下の中小企業においては、内部留保金課税がなされる。1億円超の大会社では、このような制限がない。上場企業では、かつて無償増資という形で株主に還元される制度があったが、現在はない。

の一時的な資金ストック」であるのかは、投資家にとって非常に重要な問題となる。少なくとも何の目的で内部留保が蓄積され、それがどのように企業価値に貢献するのか、ということに関する明確なアカウンタビリティーがない限り、経営者の所有物化しているとみなされることを避けられない。

これらのアカウンタビリティーに関する問題は、経営者と株主との対立軸で捉えられがちであるが、投資事業体の将来の成長・利益配分の根本的な問題であり、従業員、取引先等すべてのステークホルダーに対する重要なメッセージである。

投資事業体の企業価値をどのように実現していくかということが周知徹底されていない場合は、従業員、経営者、取引先、株主等、すべての間の根本的な信頼関係に関する問題となる。特に日本の株式会社では、内部留保金が有効な投資にまわされることなく本来の企業価値の成長が阻害されているという批判が、海外の投資家からなされるケースがある。最近企業の成長を評価した価値より内部留保資金が多く、それを狙われた買収も起きているのが現状である。内部留保をすべて新たな投資にまわすことがベストではない。内部留保を使い切ることは過剰投資にもつながる。

後述するバブル経済を発生させた原因もまた、株式会社のデメリットにあったともいえる。それは、株式会社という投資ビークルでは、前述のように所有と経営の間に完全なコンセンサスができていないケースが多いことによる。

株主は、投資ビークルである株式会社に何を望むのか。安定成長なのか、ハイリスクな急成長なのか、ということが経営者との間でマッチしなければ、エージェンシー問題が生じる。このような利益相反が認識されないまま投資の拡大に走ったのが、バブル経済時の株式会社であった。ちなみにバブル経済時には、ハイレバレッジに対する高い資本コストの要求等、株主にリスク概念が欠如していたことも明記しておく。

● 高度成長を支えた金融システム

　日本では、戦前の企業あるいは事業の経営主体は、出資者である大株主であるケースが多かった。戦前、明治から大正にかけては、資金が全くないセクターが他から資金を調達して事業を行うケースは少なかった。このため、出資者の利益が優先され、当然ガバナンスも出資者の強い発言権の下でなされていた。

　戦後から高度成長時代（〜1970年）にかけては、国の復興政策の下、国内外から外部資金を調達し、新しい産業が国全体において非常に大きな成長を遂げた時代である。特に基盤産業の資金需要に応えるという国家的政策の下に、資金を仲介する金融機関が整備され、日本のビジネスモデルでもある「護送船団方式」と呼ばれる金融システムが、この時代に確立された。

　金融機関によって仲介された資金は、非常に規制された性格の資金であった。その規制が、そのままガバナビリティーとなった。成長段階においては企業の内部留保金等、内部資金の蓄積が追いつかず、仲介金融が急増した。日本の国自体が、非常に高いレバレッジを持った投資ビークルとなったわけである。そして、この高いレバレッジ構造の経済システムは当然逆レバレッジの危険性を持つことになるが、逆レバレッジを起こさない非常に高い収益性が、この時代の日本経済を急成長させた特徴でもあった。

　高度成長からバブル経済初期までの日本の産業構造は、収益性の高い製造業生産が大きなウエイトを占めていた。高い収益率がある時に高いレバレッジを効かせることは、投資の原理において何ら問題がない。外部資金が急増して、内部資金（株式資金、内部留保資金、積立、準備諸資金）の率が低かったということは、高度経済成長時期においては、資金出資者の意向、利益はそれほど重要視されなかったともいえる。

　この資金出資者の意向に代わって企業統治に大きな影響を与えたのが、メインバンク制の金融機関であった。日本ではこの時代、株主によるガバナンスではなく、外部資金提供者である金融機関による企業（投資）統治が大き

な特徴であった。銀行によるガバナンス機能が外部資金による成長を暴走させることなく、経済大国となるべくコントロール機能を果たしたといえる。

高度成長時代という1つのパラダイムが終わり、オイルショック、プラザ合意に象徴される円高を経て、バブル経済と呼ばれるパラダイムになると、富の蓄積が進み、またエクイティ資金の調達が広がり、内部資金の充実が進んだ。外部資金による調達は、それほど重要ではなくなっていた。むしろ内部資金の新たな投資先を求めなければならなくなったのである。

●そして、バブルへ

そして金融機関が規制緩和を要求し、いよいよ大競争時代に入っていく。従来のような銀行の規制金融によるガバナンスが機能しなくなったのである。この時代は、資金の貸し手である金融機関にリスクとリターンの適正なポジションを監視する機能がなくなり、近視眼的経営によって過大な投資を誘引し始めた。バブル経済時代の市中銀行は、こぞって利潤拡大を求めて融資拡大競争を行った。また規制緩和による過当競争は、融資先を求めて利益率の低い投資事業、企業にまで資金提供を行った。このように、日本の経済システムに属する多くのセクターで過剰投資が進んだ。

成長の均衡式からすると、内部蓄積された資金が高い収益性を生む資産に投資されてはじめて成長が実現する。このような考えを前提とすれば、この時期に投資が進むのは当然であったが、その投資先が将来多くのキャッシュを生む新しい産業、技術分野ではなく、目先の不動産投資であり、しかも過剰投資になるまで市場の監視がなされなかったことが、その後のデフレ経済の始まりであった。結果的に「日本経済」という投資ビークル自体が、この時代にハイレバレッジを用いた投資ビークルになってしまった。

この時代に日本全体でこのような過大投資が進んだ理由として、「株式会社」という投資ビークルが日本の経済システムの多くを占めていた事実が挙げられる。前述の通り、株式会社は外部資金を調達しやすく物的資産を購入しやすい投資ビークルである。また、設立の目的に応じて非常に自由度が高

く、内部ガバナンスが機能しにくいメインバンク制のような外部からのガバナンス等の制約がなければ、利潤、組織の拡大志向に対して資金を融資し、資産投資するには最適な投資ビークルであった。

●破綻の要因と吸収状態

バブル経済からその調整時期になると、収益性が劣下した企業がオーバーレバレッジを生じ、これらに対する融資があちこちで破綻し始めた。そして1997年末には**金融クライシス**(4)が生じ、1998年には経済**成長**(5)が－2.5％を記録した。「日本経済」という投資ビークル全体が明確なオーバーレバレッジ状態となった。つまり、個々の企業、投資事業の収益の合計である国全体の収益率（経済成長率）が金利と逆転する状態である。

バブル経済時にはリスクプレミアムが過小評価され、余剰資金により設備投資あるいは物的資産に対して過剰な投資が進んだ。これらがその後不良資産になる一方で、これら不良資産に対する追い貸しが進み、金融機関の不良債権が増殖することになる。追い貸しによる負債が拡大する一方、資産が収益を生まなくなり、評価を下げる。資産評価が下がった分、出資金（資本の部）が減耗し、ますますハイレバレッジな体質になっていく（図表4－8）。

このような状況に対して、国は公的資金を銀行に注入し、銀行から不良資産を抱えている企業、投資ビークルへの負債資金の供給を増やした。銀行からさらに多くの「つなぎ融資」が不採算事業にもたらされ、その一方で資本が減耗し、ますます高いレバレッジ体質となったのである。

ハイレバレッジにおいては、収益が低く金利を逆転している時はオーバー

---

(4)**金融クライシス**：金融ファイナンスの対象となる、例えば土地融資の土地の価格システムが破綻することにより、リンクして金融システムの破綻につながる現象である。1990年代の日本では1997年の北海道拓殖銀行、1998年の山一證券の破綻が、不動産クライシスにリンクした金融クライシスといえる。

(5)**成長**：成長は国内総生産の成長率で示す。この成長率は生産高の変動率である。投資の成長を表すには収益率を使う。収益率は資産価値の変動率である。同じように生産力の変動を表す指標として、生産性がある。このように経済指標の中では変動率を、その中身によって成長率、収益率、生産性等違った言葉で示す。

第4章 投資の成長

図表4-8

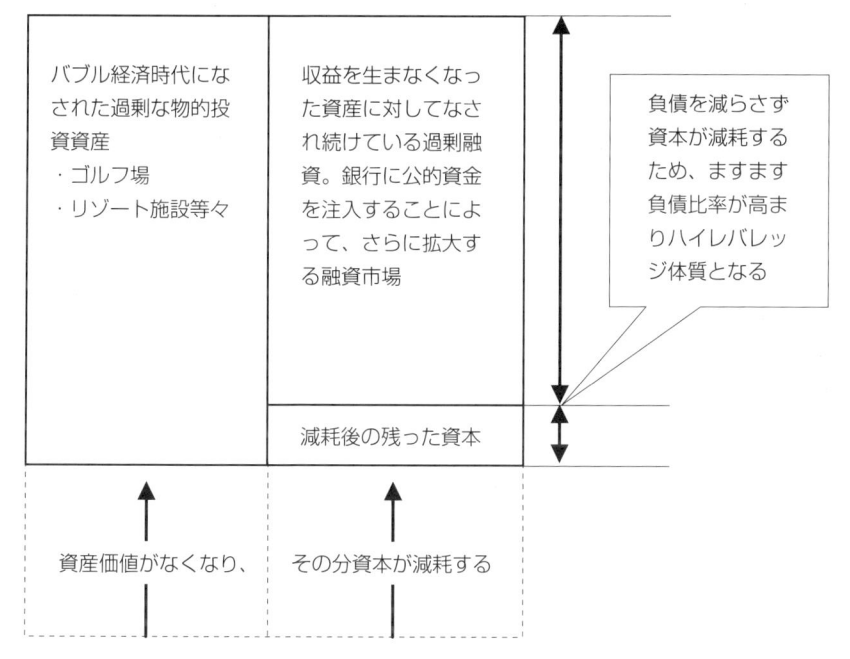

バブル経済時代になされた過剰な物的投資資産 ・ゴルフ場 ・リゾート施設等々	収益を生まなくなった資産に対してなされ続けている過剰融資。銀行に公的資金を注入することによって、さらに拡大する融資市場	負債を減らさず資本が減耗するため、ますます負債比率が高まりハイレバレッジ体質となる
	減耗後の残った資本	

↑ 資産価値がなくなり、　↑ その分資本が減耗する

レバレッジになり、マイナスの収益が増幅されて、さらに追加資金を必要とする。この状況からさらに融資で資金を追加すれば、新たな不良債権を生み出すことは明確であった。不良債権の増殖である。このような状況が続けば、やがて破綻の危機に直面する。したがって、オーバーレバレッジを生まないように金利を収益以下に抑えなければならなかった。

● 「失われた10年」とは何だったのか？

その結果、1995年以降、公定歩合0.5%という超低金利にせざるを得ない異常な状況が続いた。長期にわたる低金利政策は、結果的に流動性の罠にはまり、デフレ経済に陥ってしまった。ハイレバレッジ体質のバランスシートを改善しようとして、投資ビークルが一斉に資産を売却しようとするが、市場を売り手市場にしてしまい、地価をさらに下げ、売れない状況を作ってしまった。まさにデフレスパイラルであった。

図表4-9　国債及び借入金残高

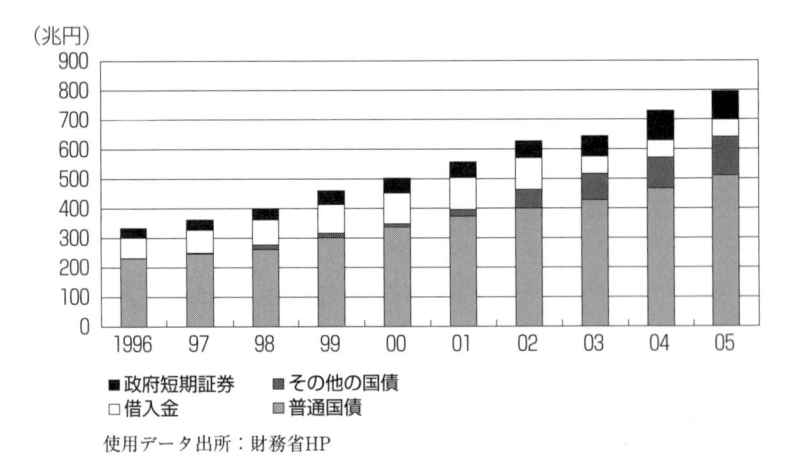

(兆円)

凡例：
- ■ 政府短期証券
- ■ その他の国債
- □ 借入金
- ■ 普通国債

使用データ出所：財務省HP

　このような政策によって、国の財政赤字も一気に悪化していく。図表4-9は日本の国債・借入残高の変遷を示しているが、1998年以降、ほぼ倍に増えている。結果的に2004年度の日本国政府の貸借対照表（次ページ図表4-10）を見ると、245兆円の債務超過を起こしている。その原因はやはり公債である。経済全体が収益を生まない体質になり、政府部門も財政赤字となり、金利政策の効果がなくなるという流動性の罠にはまってしまったのが「失われた10年」といわれた時代であった。

　デフレ脱却政策として、もし国からの公的資金が、銀行経由で不良資産を持つ不良企業や債務超過に陥っている投資ビークルへの追加融資ではなく、直接金融市場経由で供給されたのなら、日本という投資ビークルの負債拡大を抑え、**ハイレバレッジの体質が解消**[6]されたはずである。

---

[6]**ハイレバレッジの体質が解消**：銀行からの融資を受け入れる企業・投資ビークル側は、融資を受け入れ超過債務を資本で削減する。したがってレバレッジはさらに高くなる。反対に直接市場からエクイティ部分に追加出資をする、もしくは公的資金が出資した再生ビークルで企業・投資ビークルから不良資産を購入すれば、企業・投資ビークルはその資金で負債を返済し、レバレッジを解消できる。再生ビークルはディストレスマネジメントで資産を再生し、市場で売却する。

図表4-10　政府貸借対照表（2004年3月31日）

(単位：百万円)

<資産の部>	本会計年度 (平成16年3月31日)	<負債の部>	本会計年度 (平成16年3月31日)
現金・預金	42,489,776	未払金	7,833,813
有価証券	70,563,771	支払備金	792,950
たな卸資産	3,412,692	未払費用	919,799
未収金	11,078,611	保管金等	714,524
未収収益	1,818,444	前受金	83,031
未収(再)保険料	4,327,063	前受収益	23,083
貸付金	289,912,551	未経過(再)保険料	97,205
運用寄託金	54,203,656	賞与引当金	332,159
負担金債権	1,014,909	政府短期証券	70,639,294
その他の債権等	1,071,579	公債	508,218,646
貸倒引当金	△ 2,408,368	借入金	20,173,937
有形固定資産	182,164,970	預託金	162,620,496
国有財産（公共用財産を除く）	41,901,935	責任準備金	9,277,124
土地	22,748,663	公的年金預り金	143,131,622
立木竹	6,749,046	退職給付引当金	15,677,822
建物	4,707,631	その他の債務等	546,332
工作物	4,684,897		
機械器具	86		
船舶	1,263,273		
航空機	1,121,302	負債合計	941,081,884
建設仮勘定	626,998		
公共用財産	131,153,339	<資産・負債差額の部>	
公共用財産用地	32,983,647		
公共用財産施設	97,730,345	資産・負債差額	△ 245,158,741
建設仮勘定	439,346		
物品	9,109,687		
無形固定資産	222,182		
出資金	36,051,263		
資産合計	695,923,148	負債及び資産・負債差額合計	695,923,148

使用データ出所：財務省HP

「破綻」という結果は同じであっても、破綻の解消から回復への移行は、もっと早くなされたのではないかと考える。1996年以降模索が続いた金融ビッグバンが意図したところも、まさにここにあったはずである。
　ハイレバレッジがもっと早い段階で解消できていれば、オーバーレバレッジを恐れることなく、正常な金利政策ができた可能性がある。「失われた10年」というデフレ経済への対処の遅れは、資本の減耗により資本出資者の責任だけを追及し、融資をつなぐことによって古い投資ビークルの経営者責任を曖昧にしたことにも要因がある。より早い段階で能力をなくした経営者と決別し、資産を能力をなくした投資ビークルから、新しいリスクマネーによる再生ビークルへ移行させる必要があったはずである。公的資金の投入は、間接金融市場を通じてなされた結果、あらゆるセクターでハイレバレッジが維持され、追随的なオーバーレバレッジを生み続けた。リスクマネー市場のための公的資金の投入がなされなかったのである。
　その後、日本という投資ビークルがハイレバレッジ体質を解消するのは、リスクマネー市場が登場するまで待たなければならなかった。
　そして現在、リスクマネー市場の拡大とともに景気の回復が進んでいる状況は、第1章～第3章で見たとおりである。しかしその一方で、このままリスクマネー市場が拡大した時、市場原理で高いパフォーマンスを示すところへしか資金が行かなくなってしまう事態は、誰にでも容易に想像できる。
　どのようにガバナンスを投資市場にもたらすか、そのためにはどのようなツールが必要なのかを考えなければならない。
　現在のリスクマネー市場の拡大は、国の指導によるものではなく、市場原理によって起きたものであるといえる。したがってそのコントロールは、市場のメカニズムに委ねられる。市場の失敗等が生じた時、リスクマネー市場を誰がコントロールするのか。この点については現在のところ、まったく見えていない状況である。

Column 13　市場の失敗

　資本主義・共産主義にかかわらず、どんなイデオロギーであれ、何らかの価値観に基づいて財・サービスが最適に分配されることが必要である。

　資本主義においては、資源の分配を民間が行う市場メカニズムの行動原理だけに任せておくと、最適な配分がなされず、過小供給になる場合がある。特に公共性の高い財・サービスがこれに該当する。

　このように、市場メカニズムによる財・サービスの最適な分配が行われない時、「市場の失敗」として国（政府）による介入が必要とされる。しかし政府が、最適な分配がなされていない市場の失敗を予見しているにもかかわらず、放置して機能しない場合がある。これが「政府の失敗」である。例えば、既存の社会保障（例えば年金）システムでは、以前からいずれ満足すべきサービスを提供できなくなることが分かっていたといわれ、放置されてきたことが、そもそもの問題であるという指摘もある。予見できていたにもかかわらず放置されていたり、あるいは無駄な組織によって機能が阻害されていたりすれば、やはり政府の失敗となる。

　逆に、政府が過剰介入して最適配分が実現できない場合がある。ケインズ経済モデルの考えにより、過剰な財政投資等、市場への過剰介入の結果、巨額な財政赤字を抱えるケースがその端的な例である。そのほかにも民業をクラウドアウト（締め出し）する政府部門も多く存在する。民が政府にサービスを委託するエージェンシー機能に対してこのような問題が発生した時、その対価がエージェンシーコストとなる。

　民主主義では、民意でこのエージェンシーコストを監視・統治できることになっている。しかし、選挙システムを通じて民意が正しく反映されない場合、これが「民主主義の失敗」という言葉で、最近マスコミに頻繁に登場している。民主主義の失敗としては、高齢化社会になり、高齢者の民

意しか反映されない社会になってしまう例がよく挙げられる。

最近、日本でも企業買収が頻繁に起きているが、その中で必ず問題になるのが、「企業の持てる資産を本当に有効利用して成長しているか」という問題である。

株式会社では、経営者が作った議案に対して出資者は「イエス」と「ノー」しか選択肢がない。それ以外は棄権となり、実質反対になる。護送船団方式の時代とは違い、経営者の議案が、多くの出資者の期待を事前にチェックして提案されたものではない。経営者による議案と、株主の求めるニーズとの乖離が大きくなると、エージェンシーコストの増大となる。

そのような状況で、食事会等、ユニークな株主総会を開催して出資者とのリレーションシップをはかろうとしているケースも多少見られるが、これもエージェンシーコストを削減しようとする努力である。

投資事業に対する資本、経営資源の配分の最適性、リスクとリターンの最適なポジショニングに対し、いくら出資者が知識・能力を持ちガバナンスに参加したくとも、株式会社では充分な機能を持ち得ていない。取締役、監査役の監視を通して出資者の利益を守る仕組みになっている。

一般事業会社のように幅広い専門知識と高度な戦略性を必要とする投資ではなく、不動産等、特定のレンジにおける投資を目的とした投資ビークルでは、どのようなポジションで投資を行うかという選択が明確に実行される必要がある。

株式会社のように、どのように事業を展開していくかをいちいち株主へ諮らなければならない状況ではなく、一定の裁量の下で活動するものでもなく、投資の「目録」が明確になっている場合、その投資ポジションは経営者と株主の間にコンセンサスができていることが重要である。

投資収益を生む源泉が、物質的な有形資産から能力等の無形資産へと移行する中で、投資ビークルの選別が市場のニーズとして今後顕在化してくるものと思われる。

4.4 新しい投資ビークル

市場の成長は、新しいニーズに対し、新たな技術革新で応えることによって実現する。アクティブな投資ニーズに対して、ニーズに応える投資ビークルが必要となる。前述の通り、株式会社という投資ビークルは、物的資産を保有するための資金調達がしやすく、日本のバブル経済の拡大に大いに寄与した。しかし、所有者と経営者との間に大きなエージェンシーコストがある場合、ガバナンスが機能しなくなる欠点があった。

新しい不動産のニューゲームにおけるニュープレーヤーは、アセットマネジメント、プロパティマネジメント、ヘッジ技術、レバレッジを用いたアクティブな投資戦略を行う。

$$成長率\ g = ROA \times L(財務レバレッジ) \times 内部留保率\ r$$

この均衡式で説明すると、ニューゲームとは、より収益率の高い物的資産を購入し続けることによって高い成長率を維持するのではなく、市場が要求する革新的な投資技術、ノウハウによって資産からの高い収益（ROA）を維持しようとするものである。

このような人的無形資産に対する投資が可能であり、投資のガバナンスが機能する投資ビークルが必要となる。

日本の経済システムにおいては、一般事業、企業を含め、多くの投資ビークルが株式会社もしくは有限会社である。しかも、どこに利益主体のウエイトがあるかはさまざまであり、それは単に形態上の問題だけでなく、その時代の市場が求めるニーズによっても異なる。株式会社の設立主体が経営者にあるのか、出資者にあるのか、あるいは従業員にあるのかは、一概にはいえない。

戦後の日本の株式会社は、経営者と従業員に、そのガバナンスのウエイト

が大きかったと考える。それは間接金融による経済システムにあって、経営者の能力が非常に大きく経営を左右してきた事実と、終身雇用制によって従業員の会社に対するロイヤルティー（忠誠心）が大きな価値の創造となっていたからである。会社に対するロイヤルティーは、地域コミュニティーに対するロイヤルティーより大きな存在となっていた。

しかし、1990年代後半の企業リストラや年金制度の改革、高齢化社会等の社会構造の変化を受けて、労働力の流動化が生じた。また、海外からの新しい投資概念の流入によりリスクマネーの出資者の意向が非常に大きくなってきたこと等から、ガバナンスの主体が大きく変化した。また、経済社会がダイナミックに変化する中で、ビジネスモデルの代謝が非常に早くなり、企業等の投資ビークルも、適材適所の人材配置が社内だけのやりくりでは間に合わず、外部から能力を調達しなければならなくなった。

新しいビジネスモデル・技術等の能力は、企業の中だけで経験的に修得されるのではなく、ビジネススクール等で高度な新しい知識を修得することによって開発される。しかも労働の流動化社会では、これらの知識は会社の財産ではなく、個人の財産となる。

「不動産投資のニューゲーム」と呼ばれる新しいビジネスのノウハウであるアセットマネジメント、プロパティマネジメント、リスクヘッジの技術は、このような個人の知的無形資産として投資ビジネスに関わってくる。

今後求められる投資ビークルは、資産が収益を生むのではなく、プレーヤーが資産から収益を作り出し、同時に投資家（出資者）のガバナンスが機能し、導管性を有する投資ビークルを通じて投資家へ収益が還元されるものである。

従前の株式会社では、設立の目的によっては投資の目的を達成するためのガバナンスが機能せず、あるいは物的資産の保有を主たる目的にして、人材の流動化が起こり、アクティブな投資に対するニーズを満足できない可能性があった。

そこへ「新しく高い収益を上げている物的資産を購入し続ける投資ビークル」ではなく、「人的資産によるマネジメントを駆使して高いレバレッジを効かせた結果得られるハイリターンをパススルーさせる投資ビークル」である有限責任事業組合（日本版LLP）、投資家のガバナンスが機能する投資ビークルである合同会社（日本版LLC）に対するニーズが市場で顕在化することになった。

　物的資産の競争ではなく、人的資産の競争こそがニューゲームの本質となる。株式会社の有限責任機能と任意組合等の人的組織の融合、そしてパススルー機能を持ったハイリターンの可能性を追求できる投資ビークルである。これら新しい投資ビークルの原型が、アメリカやイギリスのLLC（Limited Liability Company）、LLP（Limited Liability Partnership）である。

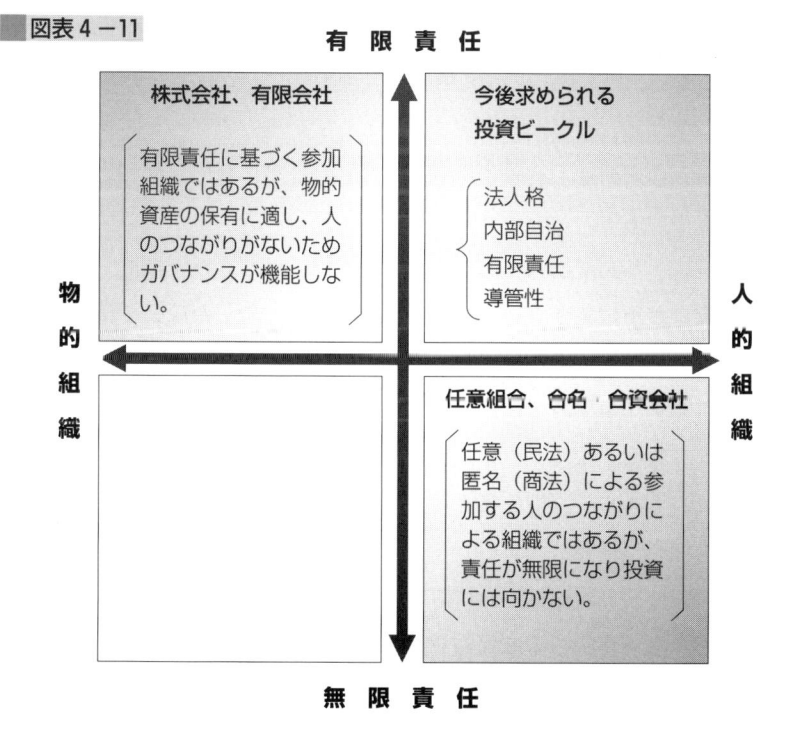

■図表4−11

	有限責任	
株式会社、有限会社 有限責任に基づく参加組織ではあるが、物的資産の保有に適し、人のつながりがないためガバナンスが機能しない。		**今後求められる投資ビークル** ・法人格 ・内部自治 ・有限責任 ・導管性
物的組織 ←		→ 人的組織
		任意組合、合名・合資会社 任意（民法）あるいは匿名（商法）による参加する人のつながりによる組織ではあるが、責任が無限になり投資には向かない。
	無限責任	

新しいニーズによる投資ビークルの要素とは、以下のようなものである。
① 契約行為が主体的にできる法人格があること
② 内部自治（ガバナンス）が存在すること
③ 出資者の有限責任があること
④ 導管性があること

まず、①法人格がなければ、すべての法律行為ができない。さまざまな登記行為等に必要な資格である。②内部自治は、従来の株式会社では出資分に応じて権限が限られており、さらに監査機能を作る必要があった。しかしそれでも十分に機能しなかった。自由な権限が必要である。③投資のインセティブは有限責任にある。リスクの概念が有限責任の制度によって明確にされる。④投資の目的である収益に対してパススルーの機能が必要になる。投資ビークルに課税されるのではなく、投資家個人に課税される仕組みが必要になる。

このようなニーズに基づいて、有限責任事業組合（2005年施行）並びに合同会社（2006年施行予定）が作られようとしている。次ページ図表4—12は、現状の組合と株式会社、有限責任事業組合(案)並びに合同会社(案)の特徴を比較したものである。

合同会社は、不動産投資に関する専門的知識、新しい投資技術・戦略に精通した出資者が小数集まり、業務の遂行を行い、安定した成長を望むことに適した投資ビークルであるといえよう。

反対に有限責任事業組合は「有限責任」というリスクの概念と「内部自治原則」という特徴を持ち、ハイレバレッジによるハイリスクな収益をそのまま投資家にパススルー（構成員課税）させる投資ビークルである。

日本でも従来、飛行機のレバレッジドリース投資等がパートナーシップでなされ、課税問題で新聞紙上をにぎわせたことがある。それはイレギュラーなこととしても、目的つまり保有資産等を特定して、そのためにパートナーを組む投資ビークルである。

■ 図表4-12　事業組織の比較

	組合 (民法　明治29年4月27日法律第89号)	投資事業組合 (投資事業有限責任組合契約に関する法律　平成10年6月3日法律第90号)	LLP (有限責任事業組合契約に関する法律案)	LLC (合同会社) (会社法案)	株式会社 (会社法案)
法人格	なし			あり	
名称・登記	名称の確定は不要。登記の義務はない。	組合名称、所在地、無限責任組合員の氏名・住所等を登記しなくてはならない(第17条)。	組合名称と所在地、事業を登記しなくてはならない(第57条)。	商号確定、設立登記	
事業目的	組合員による共同事業であればよい。	第3条により、投資に関する目的である旨が定められている。	共同で営利を目的とする事業を行う。	特に制限はない。	
内部関係	自由に取り決めることが可能 (議決権や損益の配分など)			定款自治 (取締役会・株主総会)	
構成員の責任	全組合員が無限責任を、併存的に負う。債務は分割債務となる。	無限責任組合員と有限責任組合員がそれぞれの範囲の責任を負う。	有限責任(出資の範囲内)		
課税方法	構成員課税 (分配利益に対する課税のみ)			法人課税	
債権者の保護/情報開示	組合員の無限責任	・財務諸表等の閲覧・謄写権(第8条) ・財産分配規制(第10条)	・財務諸表等の閲覧・謄写権(第31条) ・出資の全額払込主義(第3条) ・財産分配規制(第36条等)	・計算書類の閲覧・謄写権 ・出資の全額払込主義 ・財産分配規制	・計算書類の閲覧・謄写権 ・取締役の対第三者責任 ・監査役の対第三者責任 ・会社組織再編などの際の各種債権者保護手続

(出典)民法、投資事業組合法、LLP法案、「会社法制の現代化に関する要綱案」などに基づき作成。
出所：国立国会図書館「ISSUE BRIEF No.479 (有限責任事業組合(日本版LLP)の創設)」

アメリカ等では、1931年に建てられたエンパイヤステートビルが千人以上のパートナーシップで所有されていた時期があった。日本でも日興コーディアル証券のグループ会社（NPIL）が、イギリスにおいてヨーロッパ各国にまたがる医療施設への投資ビークルであるリミテッドパートナーシップの持ち分に投資している。これは2002年に行われたもので、リミテッドパートナーシップのストラクチャードへの投資といわれている。

　投資のガバナンスとは、一体何なのだろうか。
　投資ビークルを統治するということは、「誰による、何のための統治か」ということが前提になくてはならない。経営者と所有者が同じであるならば、統治は100％可能になる。投資事業には、経営者、従業員、出資者の他にも取引業者、国・自治体等、多くの関係者が存在する。これらすべてのステークホルダーが満足するというのが教科書の教えである。現実には各ステークホルダー間にはトレードオフの関係があり、その利益相反を利用すること自体が戦略である。例えば業績に応じて経営者、マネージャーの報酬を上げることは通常なされるわけで、それは他の利益のためだけでなく、自分の報酬のために全体の業績を上げることが現実的な経営活動となっている。
　2004年度日本の高額納税者のトップに輝いたのは、運用会社のファンドマネージャーであった。物的資本を持たないサラリーマンでありながら、特許の発明益、ファンドマネージャーが運用成績によって得る多額の報酬、投資技術という無形資産により大きな利益を上げるケースが今後もっと登場すると考えられる。まさに知的無形資産が生む利益である。
　このファンドマネージャーの納税額が新聞報道では37億円であり、これから推測するに約100億円の報酬があったと思われる。市場が認めた者に対する当然の成功報酬である。アクティブファンドの報酬は、約定以上の超過利益に対して、通常20％である。となると、500億円の運用益を稼いだことになる。通常2,000億円がファンドの規模とすると、25％の運用益となる。現

実にはさらに大きな報酬を得ているファンドマネージャーが世界中にいるともいわれている。

　収益を生む資産を購入し続けて成長するのではなく、資産から如何に高い収益を生むかという技術に投資できる投資ビークルが必要になる。しかも、そのマネージャーと投資家との間に何らかのガバナンスが存在する投資ビークルである。

　アメリカのREIT産業においては、REITの生成期当初、ファンドマネージャーの報酬根拠となる「成績を上げるためだけの経営」による弊害が見られたといわれる。利益相反が生じていたわけである。マネージャーの戦略が明確にされ、それに基づいて投資家が選択できる投資ビークルである必要がある。それができない投資ビークルは、市場の中で淘汰されるべきである。

　日本には従来から万事委託者に任せっきりの体質がある。どのようにガバナンスが機能しやすい投資ビークルを開発しても、参加者にこのような体質がある限り意味がない。出資者の意見が反映される新しい投資ビークルの中で、出資者がどのような投資を望むかという意思を持つことに対して、説明責任が必要となる。アクティブな投資においては、従来と違い投資家自体が、投資に望むしっかりしたコンセプト、投資能力・知識を要求される。

Column 14　　導　管　性

　バブル経済の破綻、デフレ経済からの脱却のために、さまざまな政策が打ち出されてきた。その中で健全な投資の育成を目指して、資産の流動化（SPC）、資産の運用スキーム（信託、集団投資スキーム）が作られた。これらのスキームの特徴は、資産運用によって得た利益を、SPC、組合、信託等の投資ビークルで課税するのではなく、これらの利益をパススルーさせて、受け取る投資家に課税することによって二重課税をなくし、投資拡大のインセンティブを与える点にある。このような投資ビークルを「導管性（conduit）がある」という。

　日本では、企業の株式を保有して配当を受けた場合、厳密には企業で課税され、なおかつ受取人で課税されるが、配当金不算入の特例によって二重課税の弊害を軽くし、株式への投資を推進する政策が採られている。導管性ではなく、税制の特例によって投資の拡大に対するインセンティブを与えている。

　SPCは法人であり法人税が課税されるが、一定要件を満たせば配当を経費算入させることが認められており、「SPCの導管性」と呼ばれている。何かの理由で一定用件を満たせないような事由が発生した時、経費算入が否認されると、大きなリスクとなりえる。この導管性要因が、例えば他国のREIT産業の基準と比較して厳しい場合、投資資金の誘致障壁ともなる。

　導管性の実効性は、税制体系の中で判断されなくてはならない。投資ビークルで課税されるのか、配当後の個人で課税されるのかという点である。しかしその一方で、導管性が市場のニーズとして顕在化してきた背景には、株式会社の内部資金問題等、経営者と投資家との間の利益相反、ガバナンスの問題等がより注目されてきたことが挙げられる。

4.5 知的無形資産 ── ニュープレーヤー

　高収益は良い資産が生むのではなく、資産から高収益を実現する投資能力が生むのである。このように考えると、投資の対象が、「収益性の良い質の高い資産」から「新しい革新的な投資技術」へ替わろうとしている。これがニューゲームの本質であり、このようなニーズに対して登場するのが前述したような新しい投資ビークルである。

　新しい革新的な投資技術とは、アセットマネジメントであり、プロパティマネジメントであり、リスクのヘッジ技術である。このような技術を駆使して実現した利益にレバレッジを効かせることによって、不確実性をマネジメントした高い収益率を実現する。

　特にアセットマネジメントの技術は、入口戦略であるアクイジションから出口戦略であるオフバランスまで、従来になかった概念でのビジネスモデルが存在する。もちろんカスタマーリレーション等も、インターネット等のIT技術を使いこなしたビジネスとなっている。

　投資分析においても、リスク評価の専用ソフトを使い、独自の評価（評価の差別化）を行っている。クロージング技術においても決して業界の統一フォームを使わず、独自の契約技術が開発されている。

　このような投資スタイル、技術の変化の明確なトレンドは、従来であれば「統一性」「同質性」「横並び」のビジネススタイルといえたものが、新しいビジネスにおいては「差別化」「スタンドプレー」「パフォーマンス」という形で登場しているといえよう。

　ニューゲームを「違うゲーム（different game）」と表現することもある。そして、このような新しい投資技術でニューゲームに参加しようとしている人たち（ニュープレーヤー）は、バブル経済（1980年代後半から1990年代前半）を経験していない30代の若い人たち、もしくはバブル経済時に日本以外

の海外の不動産投資市場で活躍していたビジネスプレーヤー、あるいは日本の不動産投資市場以外の証券業界、シンクタンク等にいたビジネスプレーヤーである。つまり、バブル経済の破綻によるトラウマがまったくない新しいプレーヤーである。

これら若い世代のプレーヤーは、宅地建物取引主任者の資格だけではなく、不動産鑑定士、建築士、証券アナリスト等の資格を持ち、大学院等で最新の理論、統計分析手法、評価手法を身につけている。彼らは投資を市場のダイナミックな変動の中で評価し、利益を実現しようとする。

特にニュープレーヤーの技術における特徴は、「変動を評価する」という点にある。例えば、ディストレスアセットが将来どのようなファンダメンタルズの変化によって収益を生むようになるかというような、変動を前提とした評価である。そしてこのような評価では、当然、変化に対応してディストレスアセットを処理できる優れたアセット・プロパティマネジメントがあって、はじめてそれに基づいた収益改善が評価される。

つまり、単なる鑑定価格の算定ではなく、静的な収益価格でもなく、市場の変動・再生リスクを適確に評価して行うものである。従来とは違った形で、他と差別化された、競争優位ある"掘り出し物"を見つけるわけだ。

どのような投資でも、将来の変動が評価できれば大儲けすることができる。これが金融投資市場において、デリバティブ商品を生むこととなった市場ニーズである。デリバティブ商品の本質は、まさに変動評価そのものである。しかも、これに高いレバレッジを効かせるのがヘッジファンドの仕組みであった。

アメリカの大学では、多くの主要なビジネススクールに不動産関連の課程コースがあることは改めて言うまでもない。これは企業経営において、不動産投資を抜きには考えられないという考え方があるからである。

これに比べて従来の日本の大学では、不動産関連のコースはほとんどな

かった。従来のファイナンスの概念においては、不動産関連の講義の入る余地がまったくなかったのが現実であった。しかし、2005年から早稲田大学、明治大学、慶應義塾大学、明海大学等の大学院において不動産関連の講義が開設された。従来の不動産関連の大学では、不動産に関する法律論、経営論が中心であったが、これらの新しい大学院はファイナンスの概念の中で不動産投資関連の講義を開設している。これらの新しい講義の設立に貢献したのが、日本不動産金融工学学会（JAREFE）の先生方である。特に2005年まで学会の会長をされていた刈屋先生が明治大学の大学院、2005年以降会長職に就かれた川口先生が早稲田大学大学院に出向かれ実現した講義である。

　今、ニュープレーヤーに求められるのは、経験よりむしろ新しい知識・技術であるといえる。それはディストレスアセットビジネス、アセットマネジメントと呼ばれるビジネス自体が、日本は2000年以降に成長し始めたビジネスであり、実績、経験がない分野であったことにもよる。

　日本の不動産投資市場は、バブル経済時に、非常に多くの投資家を市場に取り込んだ。この時の市場は、一般企業だけでなく多くの個人投資家を育て、豊かな投資家層を形成した。これがバブル経済の破綻により、これら投資家の中で少なからず破綻を出した一方、多くの勝ち組が登場した。勝ち組とは、バブル経済時に投下した資本を回収し終えた（キャッシュイン）投資家である。

　バブル経済から15—20年の期間を経た現在、これら勝ち組が新しい投資機会を探し始めている。これに、リタイヤ後の資金を運用したいという新しい投資家、あるいは新しいスタンダードによる企業資産の運用ニーズを持った民間機関、さまざまな資金運用部の機関投資家等が加わり、現在の新しい投資家層を形成している。

　東京、大阪等の都心では、バブル経済期の当初から、投資用のワンルームマンションビジネスがあった。1,000万円から2,000万円の価格帯でワンルー

ムマンションを一戸単位で購入して賃貸し、さまざまな税制メリットを利用して、トータルでその投資家のポートフォリオの有効性を考える手法である。

　アメリカではさらに進化し、ホテル、コンドミニアム等を共同所有し運用する投資等、さまざまな投資商品として存在する。日本のワンルームマンションビジネスは、バブル経済時の税制改正で損益通算のメリットがなくなったが、それでも1990年代後半以降、特に東京においてこの手の商品の開発が進み、東京都心部の地価を押し上げたといわれている。

　1990年後半、日本がデフレ不況のまっただ中にある時、店頭公開した数少ない企業の中に、このようなビジネスにより業績を伸ばしたデベロッパーが数社含まれていた。このようなビジネスが依然として市場のニーズに適合したものであることを否定できない。この商品は、例えば一戸のマンションが2,000万円として、頭金1割の200万円を用意し、残りをデベロッパーの提携の銀行でファイナンスする。受け取る純利益（家賃から管理費を除いたもの）で5％切るケースも多い。当然金利と減価償却費、管理費を控除すると赤字になる。この赤字を他の所得と損益通算する。ところがこの損益通算の特例が規制されると、ビジネスとして旨みが少なくなるという商品である。

　アメリカのレーガノミクスにおいても、損益通算は減税の柱となっていた。確かに損益通算には、投資を促進させるインセンティブがある。しかし重要なのは、このような商品が1990年前後に市場へ供給され、バブルの崩壊とともに破綻した投資家もいたが、借入れを完済した、あるいは転売して投資の目的を達成した投資家も多く存在するということである。

　このような勝ち組は、やはり成功体験に基づいて同じように何らかの不動産投資を選好する。しかも経験的な勉強成果に基づいて、さらにロットの大きな投資を目指すことになる。もう一戸、さらに戸数を増やす。これが進むと不動産事業者の規模になり、税制上のメリットを享受しようとして一棟10戸以上の不動産投資を目指そうとする。仮に東京での一棟ロットの投資に、金額的に手が届かなければ、札幌等の地方都市での投資を目指すことになる。

第4章　投資の成長

　このようなワンルームマンション投資からの一連の流れは、投資家の育成であり、投資家層の充実につながる。市場によっては、このようなワンルームマンション市場のないところもあるが、そのような市場では投資家が育ちにくく、はじめから資産を持っている投資家しか市場へ参入できない市場となってしまっている。

　厚い投資家層で、多くの投資家が存在して、常に新しいニーズが顕在化し、それに対して革新的な技術で応えることによって市場は成長するのである。新しい投資家、マネージャー等のニュープレーヤーの登場が市場を成長させる。

Column 15　ダイナミックな投資資産評価

　日本では一般に、「ダイナミック」という言葉は「激しく」とか「大胆に」という意味で使われることが多い。本来ダイナミックとは「動的」を意味し、例えば「ダイナミックな市場」という時は、市場が常に変動している前提で、動的な概念で市場を捉えることを意味している。

　動的の対語が「静的」である。静的は英語で言うとスタティック（static）であり、統計的のstatisticalの前半の語彙と同じ語源を持つ。例えば「投資の静的な分析」という使い方をすると、投資を開始する時点の金利、資産価格、キャッシュフローの変動がない前提で、その投資期間中に適用して分析することを意味している。一般にマンション投資の営業で見られる試算表等がこれに当たる。

　本来、不動産投資市場は常に変動しており、変数要素を「変動」という概念で捉える時、「ダイナミック」という表現を使う。このように考えると、リスクがあるものはダイナミックな概念で捉える必要があることになる。不動産投資資産はリスク資産であり、変動する。不動産投資資産を評価する時、収益還元法であれば、得られる将来キャッシュフロー、そしてこれを還元する割引率は、それ自体が変動するものである。さらにターミナルキャップレートも、その予測にはリスクがある。

　次のシミュレーション（単位：千円）は、総投資額58億8,600万円の不動産投資である。資金を出資金で28億8,600万円、社債で30億円調達している。初年度のキャッシュフロー（ネット利益）は9,200万円である。

　このシミュレーションに現在プロットしている数字が静的な試算分析である。この投資の出資金に対するネット内部収益率（IRR）は6.93％であり、資本コスト5.53％を用いて割り引くと、NPVが2億4,559.5万円になることを表している。

	年度	2006	2007	2008	2009	2010	2011	2012	2013
1	家賃収入合計		552000	603000	611000	622000	632000	643000	654000
2	営業経費		233000	250000	253000	255000	259000	262000	264000
3	収益 NOI (1-2)		319000	353000	358000	367000	373000	381000	390000
4	SPCコスト		227000	209000	207000	196000	194000	198100	194100
5	ネット収益 (3-4)		92000	144000	151000	171000	179000	182900	195900
6	投資総額	5886000	優先出資	2886000	特定社債	3000000			
9	2013年キャップレート	6.0%	社債利息	2.73%	資本コスト	5.53%			
10	2013年売却価格		6500000						
11	キャッシュフロー	-2886000	92000	144000	151000	171000	179000	182900	3468400
12	正味現在価値 NPV		245595						
13	内部収益率 IRR		6.93%						

　このDCF法による収益率分析において、ダイナミックな分析を行うと、まず変動する変数として考えられるのが、家賃と経費である。社債コストをスワップ等によりヘッジして固定金利とみなすと、SPCコストはリスクから回避できる。そこで家賃と経費とは変数が変動すると考えると、自ずと結果である収益率（IRR）も変わってくる。この変動の概念では、この変動がどのような条件で変動するのかという条件を与えることによりシミュレーションして考える。

　ではここで、各年度の家賃を±5％の変動（一様分布）、経費を±10％の変動（三角分布）としてシミュレーションしてみる。さらに2013年ターミナルキャップレート6％を5―7％の範囲で変動すると設定する。

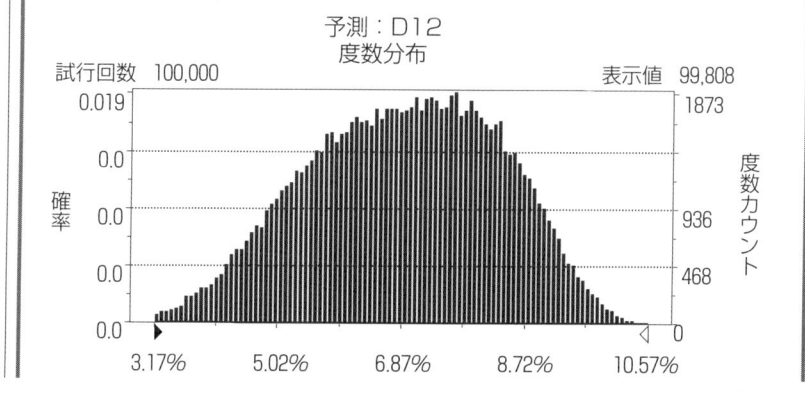

予測：D12
度数分布

試行回数　100,000　　　　　　　　　　表示値　99,808

上記のグラフは、このシミュレーションを約10万回行うことによって描かれた予想内部収益率の分布図である。

　シミュレーションとは、変動する数値をコンピュータ上の乱数を発生させてその乱数により試行を行い、その結果を分布上に集計したものである。市場がダイナミックであると考えるなら、その結果の内部収益率も変動を前提に考える必要がある。このシミュレーションでは6―8％を中心に、3―10％の範囲で上記のような分布形状で変動することを表している。

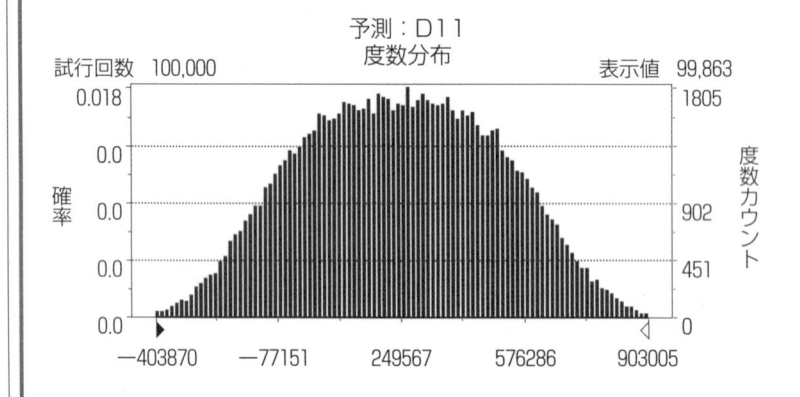

```
                     予測：D11
                     度数分布
試行回数 100,000                    表示値 99,863
  0.018                              1805
                                          度
  0.0                                     数
確                                    902 カ
率 0.0                                    ウ
                                      451 ン
  0.0                                     ト
  0.0                                  0
  ―403870   ―77151  249567  576286  903005
```

　上記分布図は、NPV を同じ変動を設定したデータに基づいてシミュレートしたものである。このように考えると、リスク資産の実態は上記のようなあるレンジの確率分布で表されることになる（使用ソフト：Crystal Ball（株式会社構造計画研究所））。

第5章

個人による実物不動産投資

第5章　個人による実物不動産投資

　個人による不動産投資には、いろいろな投資目的がある。遊休資産の有効利用、相続、そして純然たる投資等である。純然たる投資についても、なぜ投資をしなければならないのかによって、当然、マネジメントの手法、戦略は変わってくる。老後の予備的貯蓄の補填なのか、不動産投資事業を本格的に始めたいのか、等々である。

　個人による実物不動産投資であっても、個人を1つの投資ビークルと位置づければ、これまで本書で見てきた投資技術を役立てることができる。ファンドのような規模ではなく、たとえシングルアセットだけの運用であっても、そこには戦略が必要となる。個人の場合は出資者であり、融資等外部資金の借り手であり、同時に経営者となる。

　まず、ファンダメンタルズの変化から、投資環境の状況を整理してみよう。人口が減っていく中で日本全体の資産の絶対量は変わらないため、国民1人当たりの保有する資産の割合が増える傾向にある。

　保有する資産が増えるということは、リスクにさらされるエクスポージャーが増大することになる。かといって、一律国民1人当たりが資産を平均的に増やすというものではなく、資産を持てる人はますます多く持ち、持てない人はまったく持てないような分極化すると考えられる。

　となると、持てる人は、その有効利用も規模のメリットを享受でき、高度に専門化した不動産投資事業へ進化する可能性がある。不動産投資に対する傾向としては、アセットマネジメント・プロパティマネジメント等、高度な投資技術が要求される一方、投資市場が整備されて身近に優良な不動産投資技術が存在するようになれば、不動産投資市場への参入障壁が低くなり、個人投資家のニーズに都合の良いますます多様化した市場として成長・拡大することが考えられる。

　投資戦略の中にオルタナティブ投資の位置づけが明確になり、投資家が考える選択肢の中に不動産投資の位置づけがより明確になってくれば、より多く投資家・マネーが市場へ流入してくることが期待される。また、海外から

の投資技術の導入、インデックス等の整備等インフラ面での整備が市場自体を活性化させ、信頼性の高い市場へと進化させること等が考えられる。反面、このような進化した市場の高度に専門化した技術を使いこなすことができない個人投資家は、市場から淘汰される結果になろう。

　図表5－1は2005年1月時点で、東京の賃貸マンション市場に賃貸の募集が出されている全種類の物件のサンプリング調査によって、ランダムに選んだサンプルの築年数を集計したものである（川津商事株式会社調査（2005年1月））。

　調査時点の市場に出されている募集物件のうち、新築から築22年までの物件が全体の80％を占める。東京の賃貸マンション市場に限って見るなら、この調査から現在の賃貸マンション市場は、ほぼ25年の年齢と考えることができる。その中でも非常に大きなウエイトを占めているのが、バブル経済時の築18年前後の物件である。

　われわれは、このプロダクトライフサイクル25年という市場の中で、現存する資産を通じて「回復→過熱→不景気→回復→供給過剰→過熱」という市

図表5－1　東京サンプル・築年数ヒストグラム

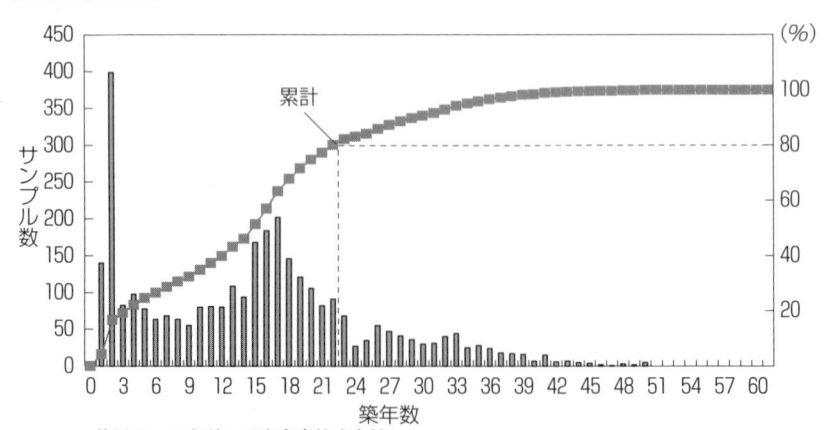

使用データ出所：川津商事株式会社

場サイクルの完結を実体験してきたことになる。25年前の日本は、高度成長の終焉及びその調整、さらに2度のオイルショックを経た後である。1980年後半以降、プラザ合意以降の円高によるバブル経済の景気局面に入っていく。さらに時が進み、バブルの崩壊からデフレ不況を経て、回復に向かうこの市場サイクルの完結をもって、一連の不動産投資技術の明確な進化を見たといえる。

　市場サイクルの完結を経験している市場の信頼性は非常に高いはずである。成長時のレバレッジ技術、ピーク時の出口戦略、ファンダメンタルズのダウンサイド局面における収益の劣下をマネジメントする技術、ディストレスアセットをマネジメントする技術、これらをサポートするセカンダリーマーケットの整備、バイアウトファンド等の存在等、市場サイクルの各局面における適材適所のマネジメント技術・投資戦略によって、市場のサイクルを停滞、断続することなく資産を運用することができる。

　このような中で、不動産投資そのものへ、ますます信頼性が高まる。この信頼性こそが、まさにオルタナティブ投資の代表としてだけでなく、不動産投資の社会的な存在意義ともなりえる。

　さて、このような市場の変化を背景に、ニュープレーヤーによるニューゲームは、個人の実物投資にどのような影響があるのであろうか。

　アセットマネジメント、プロパティマネジメント、ヘッジ技術を駆使して不確実性の少ない不動産収益にレバレッジを効かせ、高い収益を生み出す。このような新しい不動産投資がニュープレーヤーによるニューゲームであった。ただし、これらが可能となるのは、高度な投資技術を持ち、あるいはファンド等の投資形態をとり高度な投資技術を保有して、戦略的な高いレバレッジを効かせられる場合である。

　個人投資家の実物不動産投資といえども、このような技術に裏づけられた資産と市場の中で競争することになり、従来のような技術もリスク概念もな

いファンダメンタルズの成長とイールドギャップだけに頼った不動産投資では、通用しない時代になりつつある。

　当然投資の大小にかかわらず、高度な技術を持たない投資は市場から淘汰される。ただし、個人投資家はこのように苛酷な市場で新進気鋭のニュープレーヤーたちと対等に競争する必要はない。このような市場と共存する方法を考えることこそが要求される。

　REITや大型私募ファンドは、市場の中で最も優れた革新的な技術を使い、効率的に巨額な投資資金を投入し、優れた資産を加工して「高収益追求」という過激な市場競争を繰り広げている。ここで開発される高度な投資技術、ファイナンス技術は、いずれ将来の不動産投資市場全体を牽引する技術である。

　このような技術をアウトソーシングする、あるいは修得する機会も市場には多く存在する。個人の不動産投資がこのような技術を外部調達し、あるいは自ら修得することによって、また自らがニュープレーヤーになることによって、投資資産の収益劣下を防ぎ、戦略的な再投資等が可能となる。

　ニュープレーヤーの新しい技術の特徴的なものが「評価技術」である。デベロッパーから進められる物件をどのように評価すればよいかという問題である。簡単に言えば、市場に存在する将来大きな収益を生む格安物件をどのように探し出すかである。評価を専門に行う優良な投資アナリストが存在する市場であれば、個人の投資家といえども不確実性の低減は可能である。

　市場の進化により、ディストレスマネジメントビジネス等、さまざまなビジネスが存在することは、例えば個人投資家が購入した新築の投資物件について、運用期間が経過して相当の経年劣下が生じても、このようなニュープレーヤーのファンドに出口戦略として売却することが可能となる。

　出口戦略のある市場は、流動性リスクが低く、投資家、投資資金どちらも参入しやすい進化した市場となる。個人の投資家にとって非常にメリットの

ある市場となるわけだ。リスクをとれるファンドが存在し、また多くの投資家が育っている市場、資金・マネジメント技術・投資機会・新しい不動産ビジネスが頻繁に参入する市場であれば、個人の投資家にとっても、今まで以上に魅力ある投資環境になるといえよう。

　市場の活性化は、個人の実物不動産投資にも非常に大きなビジネスチャンスを提供する。市場サイクル中で登場した非常に大きなチャンスの時期である。

　J-REITが最初に組成された当時、配当利回り予想は5％台であった。その後大量の資金が流入して株価が1.5倍以上に値上がり、2005年現在、J-REITの利回りは配当3％台に割り込む状況にある。

　安全資産の指標としての10年物国債が、若干低めに推移して1.2％ほどであるとしよう。今や実物不動産投資市場の利回りも新築でネット5％台に入りつつある。一般の個人投資家が一棟クラスの不動産投資を行う場合、もう少しリスクを織り込むと6—7％以上の利回りを要求することになろう。

　年金投資に関係するアナリストの考え方では、ほかの優良な代替的投資が見つからない限り、10年物長期国債とJ-REITとのスプレッドが2％あるのは魅力的だということになるらしい。

　一般の個人投資家が、実物資産に投資をする上で、自ら新しいプレーヤーになるか、またはそのような技術にアクセスすることができれば、J-REIT市場の過熱が起きている中で、実物不動産投資の優位性が出てくるはずである。

　繰り返しになるが、人口減少により1人当たりが保有する不動産資産の割合は、確実に増えていく傾向にある。その中で「持てる人」と「持てない人」の格差が大きくなると考えられる。持たない人は相変わらず資産を持たず、持てる人は今以上に大量の資産を保有することとなろう。

これは単純に資産の量だけを考えるのではなく、良質な投資技術等の無形資産にもいえる。「資産を多く持つ」ということは、それだけリスクにさらされる機会が多くなるということである。レバレッジを効かせることは成長を目指すだけでなく、一部を保有することにより全体を支配し、リスクにさらされる機会を減らす手法でもあった。
　このような新しい考えは、家計に伝わる「家産」を他人と共有したくないという従来型の純血主義とは一線を画すものである。しかし、明確に言えるのは、以前のようにすべてのリスクを引き取れる時代ではないということである。進化したといえども、リスクマネジメント技術はまだ、巨額の資産を100％すべて保有し、完璧にそれをマネジメントするまでには至っていない。むしろ、技術上持て余す資産はオフバランスさせるのがリスクマネジメントの手法である。リスクをとるもの、リスクにさらされる許容範囲、投資ポジションを明確にする必要が出てきたわけである。
　プロパティマネジメント、アセットマネジメントの新しい技術は、決して総花的な話ではなく、有効的な技術・戦略を採るには有形・無形資産に対する再投資等、大きな資金が必要となる。そのような再投資がなされなければ、市場競争の中で敗者となってしまう。新しい投資技術ノウハウをアウトソーシングしていても、結果的には美味しい所取りをされてしまう可能性もある。
　極端なことを言えば、望めば多くの資産を取得することは決して難しくない。しかし多くの資産を維持することは、新しい投資概念なくしてありえない。むしろ維持する方が難しくなる。なぜなら、これからの資産は変動することが前提となるからである。
　従来のような安定をマネジメントするのではなく、変動をマネジメントする考え方へとスイッチする必要がある。従来型の資産家にとっては「変える」ということ自体がもっとも嫌う概念であった。
　これからはニュープレーヤーになる必要がある。そして今がニュープレーヤーになるチャンスでもある。

終章

終　章

●投資はリスクに対する挑戦

　不動産に限らず、投資においては「リスクポジションの範囲内で、如何にハイレバレッジを設定できるか」ということが、成長の成否を左右するといえよう。

　より高い競争優位ある投資収益を得る技術は、レバレッジの組成にあるといっても過言ではない。しかし、レバレッジのメカニズムを理解せず、リスクをマネジメントする能力のない者がレバレッジを多用すれば、ハイレバレッジはそのまま財務リスクとなり、ハイリスクとなる。

　ハイレバレッジが持つリスクをマネジメントするのが、ニューゲームの特徴の1つである。では従来の投資と差別化され、ニューゲームと呼ばれる投資を特徴づける技術は何であろうか。

　証券化の技術、オフバランスの技術、リスクヘッジの技術……等々、多くの新しい投資技術が登場しているが、やはり劣下した収益を改善させる投資技術、ディストレスアセットのマネジメントであろう。この投資技術が市場に登場したことによって、バブル経済からポストデフレ経済への市場サイクルが連結し、ダイナミックに変動する市場の中で不動産資産、つまりリスク資産を投資対象としたポジションがとれるようになったのである。

　特に日本にとってこの状況は「銀行が不良債権をゾンビのごとく生かし続ける……」といわれる状況からの決別でもあった。資産価値の下がったものから新しい再生収益を得るということは、市場全体が資産価値を下げ市場が収縮する一方で、ディストレスアセットビジネスにより収益を上げるチャンスでもあるということである。

　つまり、ファンダメンタルズの回復を待たなくては市場の収益回復ができなかった従来の不動産投資市場と違って、調整による収縮と再生ビジネスのビジネスチャンスの創造というプラスマイナスが同時に働き、市場のリスクが非常にマネジメントされやすいということになる。

　このような新たなリスクポジションへと果敢に挑戦するニュープレーヤー

が市場に登場した。そして、このような市場の技術革新に呼応して、リスクマネーが日本の不動産投資市場へ流入した。あるいはそのために新たなリスクマネーが登場した。そしてリスクマネーが市場原理に基づいて市場メカニズムを活性化させ始めた。これが本書の大筋であった。

しかし現実には、決して認めたくはないが、リスクマネー市場の拡大に乗じて、投資技術、戦略、市場メカニズムを理解せず「勘」と「度胸」だけで入札の高値を入れて相場を吊り上げる投機家（スペキュレーター）がいつの時代にも必ず登場する。市場の多様性からすれば、このようなスペキュレーターも当然市場には必要なプレーヤーではある。彼らは実体経済の成長に関係なく買い進み、ファンダメンタルズの成長をはるかに超えた相場を形成していく。

最近の有識者の定義では、ファンダメンタルズの成長を超過した部分、これがバブルの根源といわれている。市場サイクルの中で大きなパラダイムチェンジが起きる中で通常では説明できない大きな「超過」成長が現れる。三種の神器（テレビ、洗濯機、冷蔵庫）の登場、情報通信革命などによる循環サイクルでは説明できない超過成長である。これらは通常とは違う非常に大きな経済成長の源泉となる。日本の高度成長しかり、バブル経済しかりである。

ただし、日本の1990年代のバブル経済では、超過利益が新しい産業の創造に貢献せず、資産のインフレをもたらしただけであった。当然それは調整（バブルの崩壊）が生じた時に、その超過分の下落を伴う。超過が新しい投資を生まないバブルであるなら、経済を大きくパラダイムチェンジにつなげるエネルギーであっても、それはやはり抑制されるべきと考える。リスクに対する挑戦は、リスクさえとれれば何をしてもよいわけではない。

●**市場原理への妄信**

市場メカニズムによる経済システムにおいては、富める者はますます富み、

格差を生じることをいとわない欠点がある。

　日本の従来の間接金融システムでは、中央管制方式により、日銀、銀行のフロントレベルにおいて厳しいシステマティックな管理ができていた。また、企業の行動原理も護送船団方式の中でガバメントされていた。

　では、市場メカニズムにより拡大している新しいリスクマネー市場でのシステマティック、あるいはアンシステマティックな管理はどうなっているのだろうか。はたして「管理」と呼べるものが機能しているのだろうか。

　2005年になり、「ファンドバブル」という言葉が市場に登場した。これはファンドに大量のリスクマネーが流入している状況であり、裏を返せばファンドビジネスに対する市場の期待が非常に大きいことの現れでもある。日本の経済システムとリスクマネー市場との関わり方の将来性がどのようになっているのか、危惧することが多いのも事実であろう。

　高い収益を生むところにしか、市場原理に基づくリスクマネーは行かない。市場原理に任せておけば資源の配分の最適性を失うのが「市場の失敗」である。

　例えば国民の医療保険を市場原理に任せておくと、どのようになるのであろうか。

　この場合、儲かる所のセクター、例えば業績の良い企業の保険組合に高度なサービスが集まり、そうでない企業の保険組合では劣悪なサービスしか受けられない状況になってしまう。健康保険サービスという資源の最適な配分を損ねることになる。

　2005年、アメリカの最大手自動車企業GMの従業員に対する医療年金がアンダーファンディング状態となり、企業そのものの市場価値を下落させた。一方、健康保険サービスを市場原理にすべて委ねるのではなく、政府の規制の下で行ってきた日本の自動車産業は、好業績を市場で評価されてきた。これは非効率ではあっても、健康保険サービスという資源配分を市場だけに委ねてこなかった日本の国家戦略の勝利ともいえる。

市場に「リスク」という概念が生じて以来、企業活動に必要な経営資源だけでなく、すべての社会資産がリスクにさらされることになった。そして、これらがリスク市場のメカニズムに委ねられることになる。リスクマネー市場においても、育成拡大する段階においては市場メカニズムが正常に機能すると予想されるが、いずれ成熟期になり、さまざまなバイアスが現れて「市場の失敗」となる時期が来るであろう。

　その時までに、どのようなシステマティックな管理を用意し、どのような投資ガバナンスを育てることができるのだろうか。

　これには政府の役割が必要となる。官製部門の非効率性を改善するために市場原理が導入され、今「小さい政府」が標榜されている。確かにグローバル化社会の中で、政府の役割は低くなりつつある。しかしその一方で、市場のメカニズムに委ねるべきでない資産まで市場原理にさらされる危険性が今後出てこよう。

●新しい投資ビークル

　日本における戦前の事業投資の投資ビークルとしての株式会社では、出資者が絶大なる力を持っていた。極端な事を言えば、出資者でない管理者は「執事」「番頭」くらいの立場でしかなかったといえよう。

　高度成長からバブル経済にかけての投資ビークルとしての株式会社は、良い意味でも悪い意味でも経営者とデットファイナンス権者との癒着の時代であった。護送船団方式により、グループ以外の独立した出資者の意見は無視されてきた。そしてバブル経済の崩壊・デフレ経済を経て、経営者とデットファイナンス権者との関係以上に、新たな関係を求め始めた。その1つに、経営者とデットファイナンス権者にとって代わったリスクマネーの出し手という対立軸がある。

　株式会社は、経営者、従業員、株主、取引業者等の利益をコラボレートさせて活動する。そして外部資金を取り入れて物的資産を保有する点において、

終章

　最も優れた投資ビークルである。しかしそこには、それぞれのステークホルダーの目的利益が実現されなくてはならない。このような目的に違った利益セクターが存在するのではなく、純粋に投資を目的にした投資家が不動産投資の目的を明確にした投資ビークルを要求した場合、必ずしも株式会社が最適とはいえない。

　不動産に限らず、投資における最も大きなコストセクターは税金である。第2章で取り上げたMM理論では、税金のあり方によって企業価値が大きな影響を受けるというものであった。現に日本の株式会社の半数が赤字法人となっている。この考え方に従えば、投資家の意思、望むリスクポジションが投資ビークルの資本政策を決定するのではなく、節税を目的にした利益極限の考えが資本政策を決定するということになる。これが日本の株式会社である。

　本書で問いたいことは、節税に対するインセンティブによって、新しい投資技術の開発など成長に対する努力をないがしろにされてしまうことに対する危惧である。そのための新しい投資ビークルとして、第4章でLLP、LLCの考え方を紹介した。しかしこれらの新しい投資ビークルが機能するためには、パススルーした後の個人レベルでの節税手段に自由度があることが、これらの新しい投資ビークルの実効性を大きく左右することも、ここに明記しておく。

　理想かもしれないが、日本が、グローバルな市場で競争し、世界中のリスクマネーを取り込み、魅力ある市場になるためには、投資技術の進化により競争優位ある収益を得ることがあるべき姿と考える。そして、その本質を実行できる投資ビークルとして日本版LLC、LLPが機能するのであれば、日本の投資市場の活性化に大きく貢献するものと考える。

●ゲームとは

　「ニューゲーム」とは、大きな意味でマネーゲームの範疇に含まれる。そ

して確かにゲーム以外の何者でもない。したがってそこには規律（ルール）が必要となる。

　日本でよく問題になる、法制度の不備を突いてゲームを行うことに対して、「未整備だからといって何でもやってよいわけではない。そこには当然倫理観というものがあるはずだ。」とよく言われる。倫理観とは何か。多様な国の投資家、違った世代の考えに基づくそれぞれの投資家が参加する市場では、それぞれの違った倫理観が存在する。

　社会問題について考えてみよう。日本に降る硫酸性雨は中国からやって来るが、二国間に法は整備されていない。では日本の倫理観と中国の倫理観で解決できる問題だろうか。

　地球の温暖化現象が大きな社会問題になっている。原因は炭化燃料の使いすぎによる二酸化炭素の排出によるものといわれている。しか原因を突き詰めると「原因は地球の氷河期、氷期、間氷期の循環の中で起きる現象である。」といった異なった議論がいろいろと出てくる。

　このように、倫理観の異なるセクター間で生じる問題、何が真実の原因か明確に究明されていない問題が現在の社会問題の特徴である。世界中の国の違った倫理観が交じり合う中で最良の具体的な解決策（ソリューション）を見つけなくてはならない。

　多様な社会の中で複雑な関係を持つ問題のソリューションを見つける手法の１つとして、「ゲームの理論」がある。「ゲームの理論」から派生した研究としては1994年、そして2005年の都合５人のノーベル経済学賞受賞者を輩出している。2005年の２度目の受賞理由としては、ゲームの理論の分析を通じて対立と協力の理解を深めたとされている。多くの国の国家戦略的意思決定においても、このような考え方が大きく影響してきたといわれている。

　市場原理の導入により投資ビジネスを活性化させ、結果的に社会の厚生を大きくする。ここでの倫理観は多様性を形成する（Column 5 参照）。市場を活性化させるために、多様化するビジネスの均衡点（解決策）を見つけなくて

終章

はならない。そのためにゲームの手法を取り入れる。これが市場原理でいうところの「ゲーム」であると考える。企業倫理などの倫理観は市場原理と対峙するのではなく、多様性を形成するのである。市場原理の導入による市場活性化の効用を認めながら、多くの倫理観の存在つまり多様性を否定する人は、やはりオールドプレーヤーと言わざるを得ないだろう。市場原理におけるゲームの必要性・本質を見ず、ゲームのルールの重要性をないがしろにして社会厚生の実現ができるものではないと考える。

●ニューゲームの利益相反

　最近日本のマスコミで、アメリカの REIT 産業で大きな影響力のある**サミュエル・ゼル**[1]氏が、日本の REIT 産業の問題について言及している点を取り上げた論評を見かけた。それは、J-REIT の投資家とマネージャー間には利益相反の問題点があるという指摘であった。ゼル氏は、その点が J-REIT にとっての、米国が過去10年以上を経て築いた市場の規模と多様性に追いつくための障害になるとしている。

　利益相反の問題はいろいろあるが、その中にスポンサーとマネージャーとの関係がある。J-REIT の多くは、大手不動産、銀行、証券系の上場企業がスポンサーとなり、優良資産を提供して REIT を組成している。それに伴い、アセットマネージャーをスポンサー企業から出向させている状況が、マネージャーと投資家間の利益相反となる点がしばしば指摘される。アメリカの REIT 産業が、黎明期を通じて今の隆盛に至る過程においては、この利益相反を排除することが最も大きな課題であり、それを克服することによって今の評価があるという点をゼル氏は言いたかったのであろう。

　現在200社前後といわれる US-REIT 社の多くは独立系である。確かに、

---

[1] **サミュエル・ゼル**：典型的なディストレスアセットビジネスタイプの REIT の第一人者。「墓場のダンサー」と呼ばれるまさに不動産業界の典型的なハゲタカファンドである。96年にオフィス REIT「エクイティ・オフィス・プロパティーズ・トラスト」を設立して以来、吸収合併を繰り返し、現在アメリカ最大手 REIT となる。

233

現在のUS-REIT市場にはJ-REITに比べて、規模と多様性により利益相反を制御するガバナンスが市場にあると考えられる。現在の日本の状況とは一緒にされたくないというゼル氏の批判が行間からにじみ出るように感じられる。

第2章で取り上げたが、現在日本でブルーチップとなっているREITは、系列企業から優良な資産の提供を受けて組成されたものであり、最初からいきなり上場を果たしている。投資家は、このいきなり上場したREITの何を信用して、投資を行ったのだろうか。それはやはり、スポンサー企業のブランドであったはずである。逆に言えば、これらの企業がブランドという信用を提供した分、マネジメントフィーを要求しても当然のことといわざるを得ない。

日本ではREIT産業を育成するという大命題の下で、まず企業系のREITからスタートさせ、後発の独立系のREITの組成を育てたという経緯があり、その意味において企業系のREITが今の日本市場の育成に貢献した意義は、非常に大きなものであったのも事実である。

このような系列REITの利益相反の問題を大きく取り上げる一方で、系列REIT以外の本来の独立系REITの組成過程において当然採られるべき、私募ファンドの出口戦略としてのREIT成り戦略について、安易に批判する論者が多すぎる。逆に言えば、日本の投資市場では、投資概念における出口戦略の重要性を理解する論者があまりにも少なすぎる。

最近では、300億円前後の規模になり公開を前にした私募ファンドのことを、証券業界では"REITable（リータブル）"と呼ぶらしい。上場に伴うビジネスフィー獲得のために、REITを無理やり組成させる業界での玉を意味するものと考えられる。

本来の独立系REITとは、非公開ファンド（私募ファンド）から始まり、自ら優良物件を探し、保有して信用を得る中で、めでたく上場と相成る。もちろん上場しない戦略もある。これは不動産ファンドに限らず、どんな一般

終章

投資事業であっても同じであるはずである。

　上場・公開とは、投資概念における出口戦略である。投資概念に出口戦略がなければ、最後は自然衰退による清算あるいは強制的な破綻しかない。第3章で紹介した商店街の再生と同じである。出口戦略のない商店主の集まりである商店街は、必ず衰退する。不動産投資市場においても同様に、出口戦略を認めようとしないにもかかわらず利益相反の問題を取り上げる論評は、やはり投資の実務を知らなさすぎると言わざるを得ないだろう。

●もう一度アクティブ投資について

　株式投資におけるアクティブ投資と、本書で述べている不動産投資におけるアクティブな投資の違いにも言及しておく必要があろう。

　パッシブ投資、つまりインデックス投資が主流の株式市場においては、ファンダメンタルズの成長が広く浅く全体的に影響を及ぼす。しかし、アクティブな株式投資が多くなると、必ずしもファンダメンタルズの成長とは関係なく株価が動き出す。

　例えば、どこかで敵対的なM&Aが生じてビット合戦になれば、ファンダメンタルズや業績に関係なく当該株価は吊り上る。ヘッジファンドの戦略では、投資の対象としてリストラ等のイベントにも魔の手が及ぶ。それがあちこちで始まれば、当然景気、業績に関係なく市場が膨らむ。

　80年代アメリカの、業績、ファンダメンタルズの成長を蚊帳の外にして、LBO、M&Aのマネーゲームに奔走していた時代がまさにこれであり、アメリカが最も反省している点でもある。

　本書が目指す「アクティブな不動産投資」とは、一様に収益評価される不動産資産に対し、イールドギャップを期待した投資を同じように施すのではなく、差別化された投資技術により競争優位ある収益を目指すものである。

　ファンダメンタルズの変動により収益を劣下させた時に、周りと同じように一様にオーバーレバレッジを生じるのではなく、収益の劣下を起こさない、

あるいは劣下を改善させる投資である。または他社が評価できない将来の価値へと果敢にチャレンジする、競争優位あるマネジメント技術による投資を指す。

ファンドビジネスには実態とかけ離れたゲーム的な要素もある。しかし「アクティブ」な不動産投資に裏づけられた革新的な投資技術の主なものは、劣下した収益を改善するプロパティマネジメント、リスクを回避するリスクヘッジ技術、投資ビークルに貢献するアセットマネジメントであり、不確実性を少なくする技術である。これらの技術によって資産価値が上がり、結果的に市場全体の価値が上昇することは歓迎すべきと考える。

筆者のアクティブな不動産投資の考え方の背景には、MM理論の考え方がある。極論と言われるかもしれないが、MM理論が意味するところは、全体のリスク量は一定であるということである。つまり、ハイレバレッジを志向したからといって、社会全体のリスク量が増えるわけではない。それによってヘッジされるリスクもある。筆者の意味するアクティブな不動産投資とは、さらにリスクを技術でマネジメント・ヘッジしたところにハイレバレッジを多用するものである。

●若きニュープレーヤーへ

冒頭で紹介したように、アメリカのメジャーリーグでは近年、ハーバード大学等の最高学府を卒業した野球経験のない20代の若者が、球団のゼネラルマネージャーもしくはそれを補佐する立場に就いている。

アスレティックスのバリー・ジトを発掘したGM補佐ポール・デポデスタ（2004年ドジャーズGMに転出、2005年退団）もしかりである。彼らは、フリーエージェントの入札市場で最高金額を支払って登用するのではなく、独自の選手評価・ゲーム評価の手法を構築し、市場（ファーム）に埋もれて評価されていない選手たちを探して登用している。

作家マイケル・ルイスの言葉を借りるなら、ポール・デポデスタはハー

終　章

バード大学卒業後、従来の打率、打点のような指標に満足せず、メジャーリーグのあらゆる球団のあらゆるデータを解析して、最も勝率に貢献するデータを打者の長打率（SLG：Slugging Percentage）と出塁率（OBP：On-Base Percentage）であると結論づけた。この出塁率と長打率のデータを参考に、新たな選手を発掘したわけである（マイケル・ルイス著、中山　宥訳『マネー・ボール』（ランダムハウス講談社、2004年））。

今ではこれらの指標は、メジャーリーグの公式ホームページに各選手のデータとして紹介されている。そして見事に、年俸の高いスター軍団を配した大球団に立ち向かっている。彼らに見出された無名の選手は、やがてスターになり、球界全体の大きな宝となっていく。

現在、メジャーリーグはスター選手のFA（フリーエージェント）権の行使により、FA市場での高額契約を続出させて、市場でも優劣、勝ち負けが明確になり、大きな格差を生じている。しかし、新しいマネージャーたちは決して入札市場だけで選手を評価し、最高札を入れることによって選手を球団の資産としているのではない。これは将来大きな収益をもたらす、資産のソーシングの新しいビジネスモデルであるといえよう。そしてそれは、メジャーリーグという市場に多大な貢献をしている。

不動産のファンドビジネスでも、如何に安く、高い再生利益を生み出す資産を見つけ出すかが成功の秘訣となる。入札市場で一番札を入れて取得し、規模の成長を目指すことだけが、決して本来の投資ビジネスではないはずである。いずれ市場相場を引き上げ、自分自身の首を絞めることになりかねない。

市場価格を吊り上げるのではなく、市場に埋もれた、将来性の高い資産をどのように作り上げるか、見つけ出すかが、ニュープレーヤーに求められる本来の機能である。

収益が劣化し市場価値を下げている資産を、高収益を生み出す資産へと再

生する。その再生評価、不確実性を減らすマネジメント技術・再生技術・リスクをヘッジする技術に対する評価、これらができてはじめて市場における社会的存在意義が認められるはずである。

　市場にオファーされるビットだけに終始し、地価相場が高騰してさも資産価値が上がったような市場では、たとえニューゲームであっても社会的存在意義はない。それはバブルの再来でしかない。従来のオールドモデルにおけるソーシング技術と呼ばれた手法に替わる、市場に埋もれている資産の将来価値を適切に評価できる手法があってはじめてニュープレーヤーとして賞賛されるべきである。

　明確にリスクが市場に顕在化し始めた。不動産投資はリスクポジションである。

　リスクを嫌いチャレンジしない臆病なプレーヤーは市場に参加すべきではない。

　リスクの本質を理解せずマネジメントする技術を持たない市場参加者は破綻するのみである。

　リスクを理解し、リスクを適正に評価し、独自の投資技術を持ち、リスクマネジメントできるプレーヤーだけが大きなリターンを得るのである。

補論

不動産投資における収益の特徴

1 不動産投資の収益特性
2 東京・大阪・名古屋の賃貸マンション市場における賃料特性の調査

1 不動産投資の収益特性

　不動産投資においては、通常レバレッジ手法を用いて、より効率的に投下資本からの運用益を得るのが一般的である。しかしレバレッジ効果には、借入金利と収益率の関係において、正のレバレッジ効果と逆のレバレッジ効果がある。そしての正・逆のポジションチェンジは、経済のファンダメンタルズの変化、さまざまな投資行動に起因して頻繁に起きる。

　不動産投資の意思決定において、投資の開始時の静的な試算（予測）だけでなく、タイムシリーズで正のレバレッジから逆のレバレッジ効果へポジションチェンジするオーバーレバレッジが起きる可能性を把握することが、重要なリスクマネジメントとなる。

　現在市場の新しいニーズによって、シングルアセットの投資主体だけでなく、さまざまなファンド形態が登場しつつある。このような進化する投資ビークルは、ある意味でハイレバレッジに対するニーズでもある。オーバーレバレッジが生じるメカニズムを精査することは、これらのニーズに応える技術を提供することでもある。それにはまず、不動産の収益にはどのような特徴があるかを知る必要がある。

　日本では戦後、基盤産業の資金需要に応えるという国家的政策の下に、資金を仲介する金融システムが整備育成された。日本のビジネスモデルでもある「護送船団方式」と呼ばれる間接金融システムである。金融機関によって仲介された資金は、非常に規制された性格の資金であった（銀行によるガバナビリティー）。

　企業が蓄積する内部資金の成長以上の投資ビークルの成長は、資金不足を起こす。資金余剰の家計部門より、資金不足の企業部門への仲介金融が急増した。このように、経済のあらゆるセクターでデット資金を多用することにより、日本の国自体が非常に高いレバレッジを持った経済投資ビークルとなった。

　そして、この高いレバレッジ構造の経済システムは、当然逆レバレッジの

リスクを持つことになるが、逆レバレッジを起こさない非常に高い収益性が、この時代の日本経済を急成長させた特徴でもあった。戦後から高度成長時代を通じて高収益を生む第2次産業を主体とした経済構造が、この高収益をもたらしていた。この結果、高度成長、プラザ合意を経て、急速に日本国内に富の蓄積、資金の余剰が進んだ。

資金の余剰、エクイティ市場の整備による融資の激しい市場競争は、金融システムにおける規制緩和へとつながった。この激しい市場競争が、メインバンク制下のガバナビリティーを喪失させることになった。そしてバブル経済と呼ばれる時代、リスクプレミアムの過小評価の下に、多くの過剰投資、融資が行われた。日本のマクロ経済の立場から見ると、リスクプレミアムの過小評価が限界投資効率を下げ、投資を誘発し過剰融資が進んだことになる。

1990年以降、社会の成熟とともに、それまでの第2次産業を主体とした経済構造から、サービス産業を主体とした第3次産業、情報産業構造に移行し、高収益を生む経済構造から低収益な経済構造へと移行していった。

しかしこの時まだ、日本のファイナンス構造は、間接金融システムによって作り上げられた高いレバレッジ構造のままであった。それは企業部門の事業投資だけでなく、大きな住宅ローン等を抱える家計部門も同じであった。つまり、日本の企業、家計部門を問わず、至るところでオーバーレバレッジが生じたのである。高いレバレッジに対して、それに見合う収益を上げられない融資（投資）は、不良債権となった。

オーバーレバレッジを生じさせないようにするには、タイムシリーズで変化する市場のファンダメンタルズ、収益、金利の特徴をそれぞれ把握しておく必要がある。

金利についてはデリバティブ等の手法により、変動をヘッジすることが可能である。一方、不動産から得られる収益については、理論的にはプロパティマネジメントによりヘッジされるが、必ずしも成熟した質の高いプロパ

ティマネジメントが適材適所、市場に共通して無尽蔵に存在しているわけではない。日本の市場のすべての不動産投資が、プロパティマネジメントによってヘッジできることを期待できる段階までには至っていない。

オーバーレバレッジを生じさせる第一の原因は、収益性の劣下であった。このため収益性の特徴を把握することは、レバレッジを多用する上で非常に重要となり、収益インデックスの登場とともに、多くの収益性に関する研究がなされている。例えばGeltnerらによる鑑定評価による不動産収益率のSmooth, Unsmoothモデル議論は、さまざまな国でインデックスを使った比較研究へと発展した。日本でもIDSSインデックスを使い、FGWUnsmoothモデルのNCREIF、IPDとの比較研究がなされている（2001川口, Shilling, Cho）。

これらの研究に見られる不動産収益性の特徴は、鑑定評価に基づく収益インデックスは短期間のジャンプが平準化の中に埋没してしまう危険性があるということである。ジャンプとは、収益性が短期的に従来のトラフィックと異なる変動をする現象である。短期的であれ収益が落ち込むことは、一時的にしろオーバーレバレッジを生じ、当然、その分の資金準備等のヘッジ措置が必要とされる。そのほか、不動産収益に影響を与えるファンダメンタルズとして株式、債券等の収益分布、あるいはCPI等の分布形状の比較研究（日本以外）もなされている（2003 Maurer Reiner Sebastian）。

収益の特徴を理解せずにデリバティブによる金利ヘッジを多用しても、オーバーヘッジになってしまえば収益性を無駄に喪失する危険がある。レバレッジ戦略を有効に機能させるためには、収益の特徴を精査する必要がある。ここでは、不動産投資収益の特徴を考えてみる。

レバレッジは一般に、次のように示される。

$$投資成果 = a + (a - i) \times \frac{負債総額\ D}{エクイティ総額\ E}$$

投資収益性：a　　借入金利：i

（a-i）を a、投資収益性を ROA、分数式をレバレッジとすると、

　　a>i の時（ROA＋α×レバレッジ）⇒正のレバレッジ

　　a<i の時（ROA－α×レバレッジ）⇒逆のレバレッジ

となる。

　レバレッジのポジションチェンジは、収益性と金利の関係において生じる。しかし、金利と収益性の関係は、経済の動的な過程では、金利が変動して収益性より高くなる場合、収益性が上昇して金利より高くなる場合、あるいは収益性が低下して金利より低くなる場合、金利が低下して収益性より低くなる場合がある。

　日本の不動産投資市場における収益の特性から、どのポジションチェンジが投資に大きなリスクをもたらすオーバーレバレッジを生じるのか分析する必要がある。下記図表①では、IDSSインデックスの不動産総合収益率（単年度）と金利のポジションチェンジをグラフ化している。

　図表①によると、1970年以降、実に6回ものチェンジが生じており、1970年代後半、1980年代前半、1990年代が逆レバレッジ状態になっていることが分かる。結果は同じレバレッジのポジションチェンジではあるが、その中で最もシンボリックに、経済システムに大きな影響を与えたのが、1990年前後

■**図表①　ファンダメンタルズ（GDP）金利と不動産総合収益率**

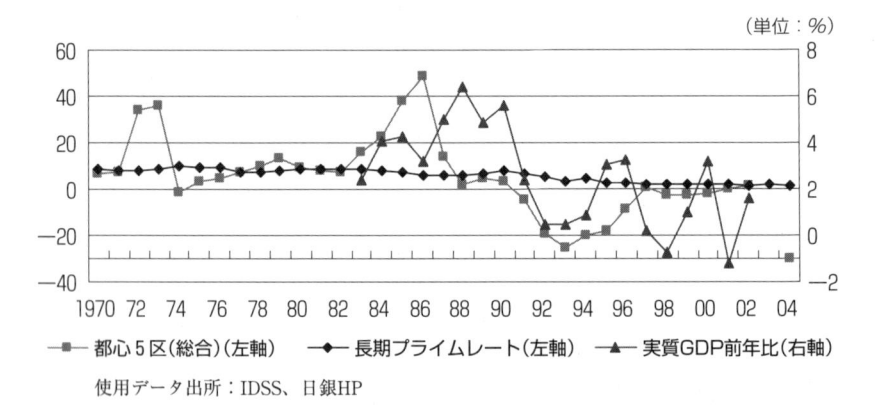

（単位：％）

―■― 都心5区（総合）（左軸）　―◆― 長期プライムレート（左軸）　―▲― 実質GDP前年比（右軸）

使用データ出所：IDSS、日銀HP

のバブル経済の拡大、収束・調整時期に起きた不動産投資の収益性の低下によるオーバーレバレッジである。

まず、バブル経済とその後の破綻におけるオーバーレバレッジを起点にして、経験則からみた不動産収益の特徴を整理してみる。1980年代後半、円高により国内に蓄積され始めた余剰資金が、不動産投資市場に流入した。図表①によると、1980年代を通じて、不動産収益率がGDP前年比に対し先行して変動しているが、1990年代にはGDPの変化率の方が先行して変動していることが見てとれる。

図表②は、東京都のオフィススペースの供給量（左軸）、東京都心の新規賃料指数（左軸）と東京圏の平均賃料指数（左軸）、東京都心5区の空室率の変化（右軸）をグラフ化したものである。

市場の動向としては、1980年代後半、既存の賃料そのものが直接ファンダメンタルズの成長に対して上昇したのではなく、まず、不動産投資の拡大に伴って、大量供給されていく新規賃貸ビルの新規賃料設定の上昇が生じた。この上昇した賃料に引っ張られて、賃料の更新、借賃の増減請求権に基づき、

■図表② 不動産市場の動向

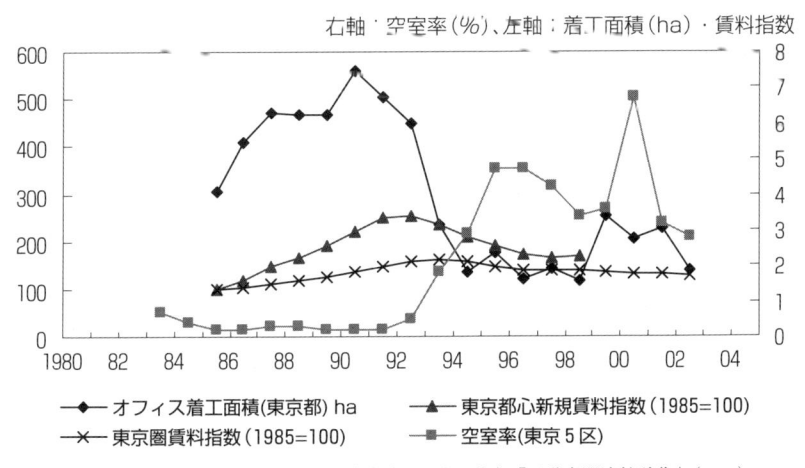

右軸：空室率(％)、左軸：着工面積(ha)・賃料指数

─◆─ オフィス着工面積(東京都) ha　　─▲─ 東京都心新規賃料指数(1985=100)
─✕─ 東京圏賃料指数(1985=100)　　─■─ 空室率(東京5区)

使用データ出所：IDSS、「建築統計年報」、三井不動産「不動産関連統計集」(2003)

既存の賃料が上昇し始めた。

　図表①の1980年代末の不動産総合収益率の上昇局面においては、オフィススペースの大量供給によって上昇が生じたといえる。既存の容積率等の規制が、実効性があるような一定の条件下では、容積率の規制緩和などによるオフィスビル等の供給がそのエリアの労働生産性を高め賃料を押し上げる効果があることは、その後の実証研究でも証明されている（八田・唐渡2001）。

　図表③から、インカム収益だけで考えると、1970年代から一貫して金利より低い収益性であったが、地価の値上がりを含めた不動産総合収益率で、非常に大きな正のレバレッジ効果を実現できる特徴を持っていた。次ページ図表④の金利変動からも分かるように、1980年代後半アメリカから求められていた2国間の貿易収支是正、それに伴う内需拡大を実現するための政策協調によって、金利（公定歩合）が非常に低く抑えられていた。インカム収益率は低いが、高いキャピタル収益率によって実現した高い投資収益率によって、非常に大きな正のレバレッジが1990年まで維持された。

　1990年代に入って国内のファンダメンタルズの成長がピークを過ぎると、日本経済の多くのセクターでは、高い収益率を維持できなくなった。このよ

図表③　インカム収益率と総合収益率

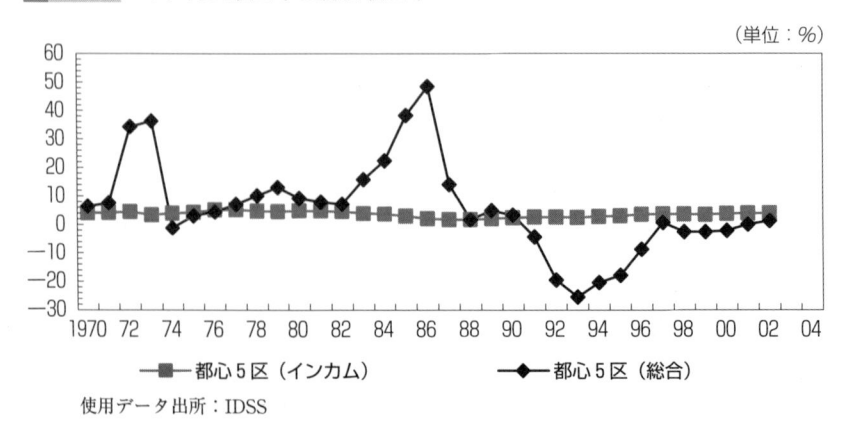

(単位：％)

使用データ出所：IDSS

補論　不動産投資における収益の特徴

■図表④　金利変動

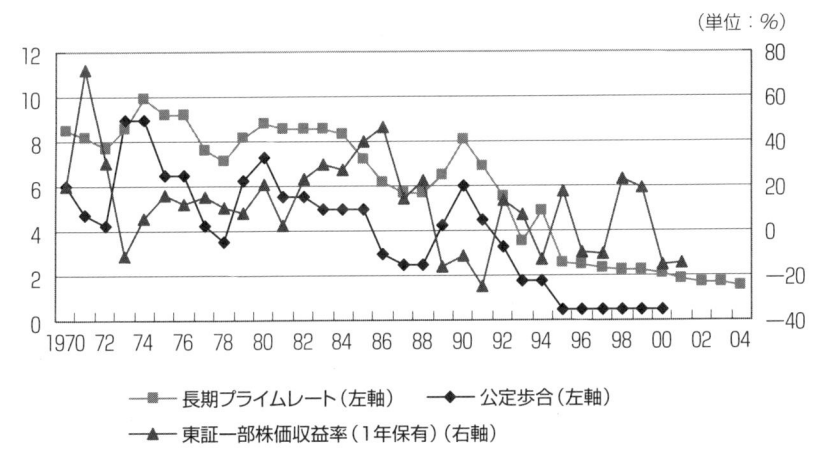

(単位：%)

　　　　■― 長期プライムレート（左軸）　　◆― 公定歩合（左軸）
　　　　▲― 東証一部株価収益率（1年保有）（右軸）

使用データ出所：日銀HP、(財)日本証券経済研究所「株式投資収益率」

うなファンダメンタルズの成長の減衰は、不動産賃貸市況にも大きな影響を与えた。しかし賃料の見直しは、それまでの家主にとって経験のないものであり、他のテナントへの影響を恐れて、テナント募集の賃料を下げることを市場全体がヘジテートした。しかしその分、空室率を悪化させることになった。

　不動産の運用のコスト構造は、他の一般投資事業に比べて変動費のウエイトが低い。入居率が半分になっても、管理費が半分になるかといえばそうではない。変動費が大きいコスト構造であれば、入居率が減ると変動費は大きく減り、収益全体の与える影響は小さいが、固定費の占めるウエイトが大きい分、入居率が減り、空室率が高くなっても経費がほとんど減らない状況になる。つまり、入居率の減による収入減以上に収益性をより悪化させることを意味する。

　前掲の図表②から、新築着工面積が減っているにもかかわらず、空室率が1992年以降急激に悪化し、新築賃料指数も低下していることが分かる。賃料水準の落込みと空室率の悪化、オペレーションコストの構造的特徴による不

動産投資市場の「収益の急激な悪化・落ち込み」である。この空室率の悪化がそのまま不動産収益率の急激な悪化となり、1980年代後半の政策協調による低金利政策から一転して、バブルを抑制する政策に転じた高金利との間にポジションチェンジが生じた。図表①の1990—91年である。

図表①からも分かるように、総合収益率のボトムは東京都心5区で1993年である。金利の低下も、図表④から分かるように、ボトムが1994年以降であり、不動産総合収益率の下げの方が早く、金利政策が後追いしている状況である。この間ずっと正のレバレッジにより高い成長を行っていた投資の多くがオーバーレバレッジを起こし、逆レバレッジとなった。

図表⑤では、都心5区のインカム収益率と金利のポジションを表している。不動産総合収益率からキャピタル収益率を除いた純粋な賃料収益率だけで逆レバレッジを解消していたのは、実に1996年頃である。この1990年から1996年までの間、逆レバレッジになった利益を生まない投資資産は放置された。そして、これら利益を生まない資産に貸し付けていたデットの蓄積がそのまま不良債権となり、その後1997年末の北海道拓殖銀行、山一證券の破綻へと続く金融恐慌の引き金となった事実は説明するまでもない。

図表⑤　インカム収益率と金利

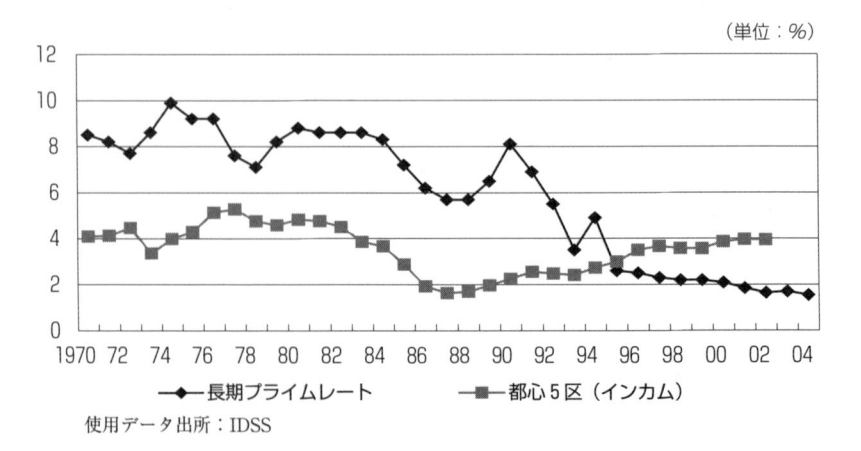

使用データ出所：IDSS

補論　不動産投資における収益の特徴

　さて、レバレッジを多用する不動産投資でオーバーレバレッジを起こすリスクは、ファンダメンタルズの成長、不動産の収益性、調達コストの金利間のスプレッドのミスマッチから起きる。これら3つの要素が相関して市場の中で同時に変動すれば、スプレッドは崩れることがなく、当初の設定で正のレバレッジ効果があれば、そのままオーバーレバレッジすることはないはずである。

　そこで次に、不動産収益率の変動の特徴を分析する必要がある。

　図表①から過去30年間に確認できるオーバーレバレッジの中で、最も大きな影響をもたらしたバブル経済とその破綻に見られたように、何らかの「収益性の急激な悪化・落ち込み」が、日本の不動産収益性における特徴としてあるのではないかという仮説を立ててみる。

　まず収益率分布の形状を調べてみる。理論上、投資収益率は正規分布として捉えることができる。この場合、平均と標準偏差によって、その正規分布が定義される。図表⑥は、東京証券取引所におけるTOPIXの営業日毎の50年間にわたるトラフィックである。

　この営業日の収益変動トラフィックの分布をとったものが、図表⑦である。このデータの記述統計は平均0.03%、標準偏差0.00747%、中央値0.041%、

図表⑥　TOPIX

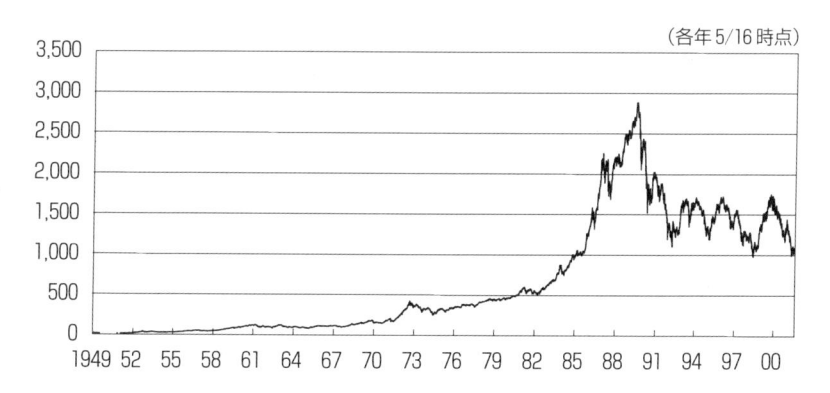

（各年5/16時点）

■ **図表⑦　TOPIXヒストグラム**

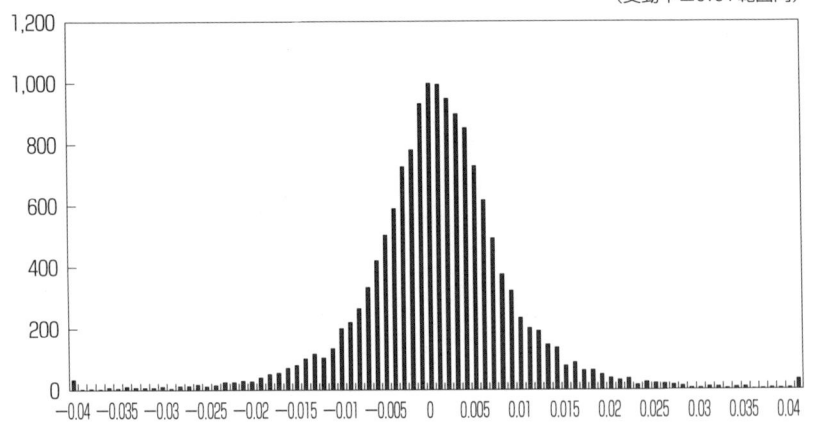

（変動率±0.04範囲内）

　尖度12.86、歪度−0.216である。尖度は0より大きければ正規分布より上に尖り、0より小さければ正規分布より扁平した形状を示す。

　歪度(1)は正（歪度＞0）であれば左に偏った形状（分散・尖度・歪度）を示し、負（＜0）であれば右に偏った形状を示す。左右対称に関しては、ほぼ正規分布に近い分布形状をしている。尖度が高く上に高くつきぬけ、裾（テール）が厚く（ファット）広がる形状（ファット・テール）が投資収益率の典型的な特徴である。

　次に図表⑧では、各指標の年次データの分布形状（分散・尖度・歪度）を比較している。IDSSのインデックスでも、インカム収益と総合収益では形状が異なる。インカム収益率は尖度が低く、歪度が右に偏っている。これに対して総合収益率はGDP成長率同様、左に偏っている。金利は長期と短期で歪度の向きがそれぞれ異なる。

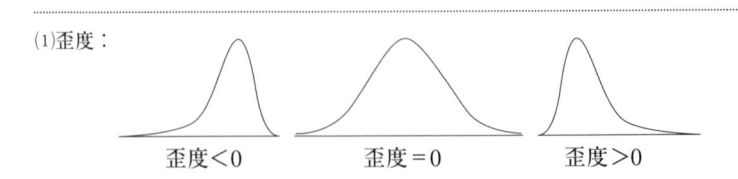

---

(1)歪度：

歪度＜0　　　歪度＝0　　　歪度＞0

補論　不動産投資における収益の特徴

図表⑧　各収益性の統計的特徴

	IDSS・総合収益率（都心5区）	IDSS・インカム収益率（都心5区）	長期プライムレート	短期プライムレート	労働生産性指数	実質GDP前年比	STIX・インカム収益率（東京都心）
平　均	4.80	3.56	5.94	4.38	1.38	2.54	4.95
標準誤差	2.97	0.18	0.48	0.39	1.12	0.48	0.40
中央値	3.84	3.66	6.90	4.50	2.60	2.75	5.44
標準偏差	17.33	1.03	2.81	2.33	3.87	2.15	2.10
分　散	300.45	1.05	7.92	5.42	14.99	4.60	4.42
尖　度	0.76	-0.86	-1.43	-1.11	-1.10	-0.89	-1.20
歪　度	0.43	-0.32	-0.43	0.11	-0.64	0.01	-0.14
データ期間	70-02	70-02	70-04	70-04	92-02	83-02	76-03

使用データ出所：IDSS、STIX（住信基礎研究所）、財政金融統計月報、金融経済統計月報他

　次ページ図表⑨は、IDSS の総合収益インデックスの日本全国の各主要なエリアの歪度と尖度を散布図にして、その特徴を観察した。歪度はほとんどのエリアでプラスであり、グラフのように歪度と尖度の相関性が極めて強い（相関係数96.7％）データとなっている。

　これは、尖度が高くなればなるほど、歪度が高くなることを意味している。つまり上に突き出れば突き出るほど、左に偏る傾向を持つ。総合収益率に関して言えば、歪度がプラスになりやすいという傾向は、収益が平均以下の領域で起きる頻度が高く、極端なマイナスが生じることがない。収益のアップサイドに関して極端に高い収益が、低い確率ではあるが生じる可能性があることを意味している。

　しかもこの図表⑨にプロットしたデータは、エリア別に関連した特徴は見られず、相関直線上をランダム位置している。地域的特性がなく一様にばらついているということは、これがある意味で普遍的な不動産投資収益率の特徴と見ることができると考える。これは住信基礎研究所の STIX を使っても、ある程度同じような相関性が見られる。

　図表⑩では、分布形状のイメージ図を作成した。収益分布図として見ると、

■ 図表⑨　日本の主要エリア総合収益率〔尖度・歪度〕ポジショニング

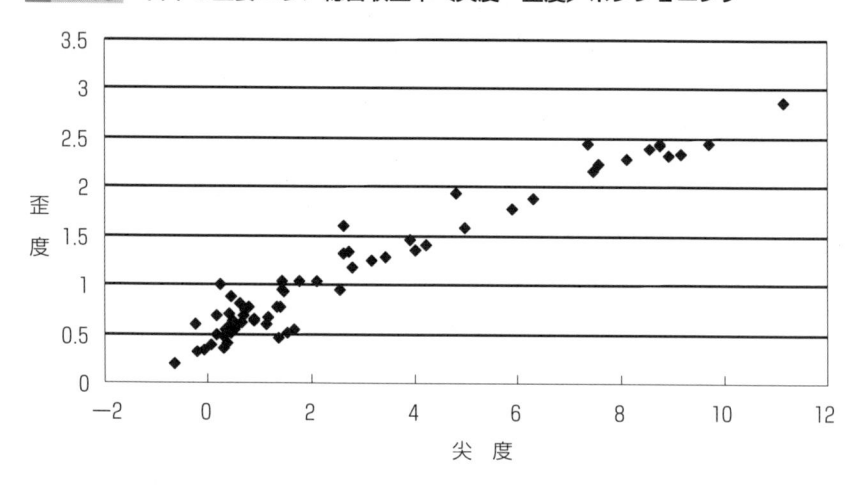

■ 図表⑩　主要エリアの収益分布図のイメージ

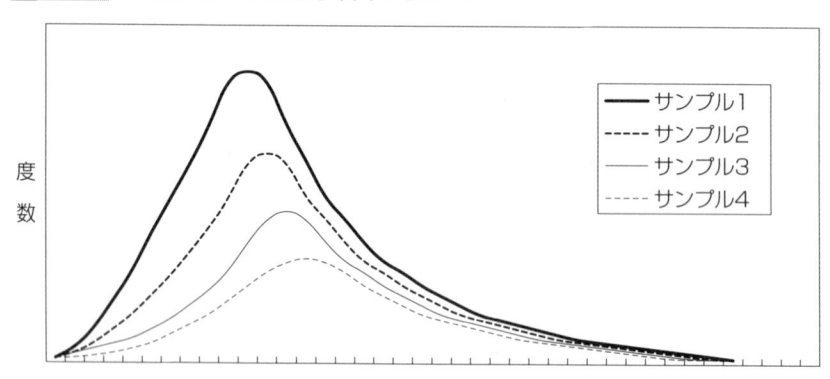

いろいろなエリアがあるが、尖度が高ければ高いほど歪度もプラスに大きくなり、尖度が低くなればなるほど歪度が小さくなる。

日本の特徴ある収益分布を抜き出して見てみると、図表⑪、⑫の2つのパターンが観察できる。図表⑪では明らかに左に偏った収益分布をしているが、さらに図表⑫のようにジャンプ（空白）が見られる分布もある。

一方、図表⑧のインカム収益（家賃）の分布だけで見ると、反対に尖度、

補論　不動産投資における収益の特徴

歪度共にマイナスになっている。収益率が広くばらつきがあり、なおかつダウンサイドリスクが深く広がる傾向がある。キャピタル収益ではなく、インカム収益に関しては急激な下落もありうる分布を示している。

　総合収益率の分布からは、左に偏った形状、あるいはジャンプがある形状を観察することができた。これはあくまで過去の事象を説明しているにすぎ

図表⑪ 〔東京圏外〕不動産総合収益率ヒストグラム

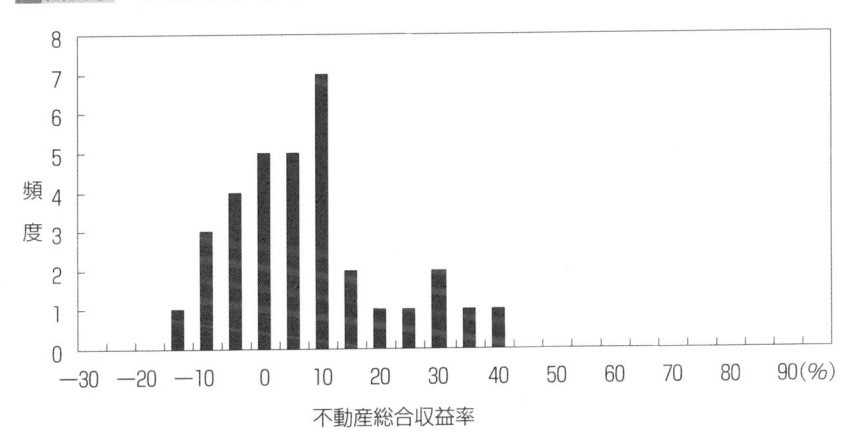

図表⑫ 〔東京都心5区〕不動産総合収益率ヒストグラム

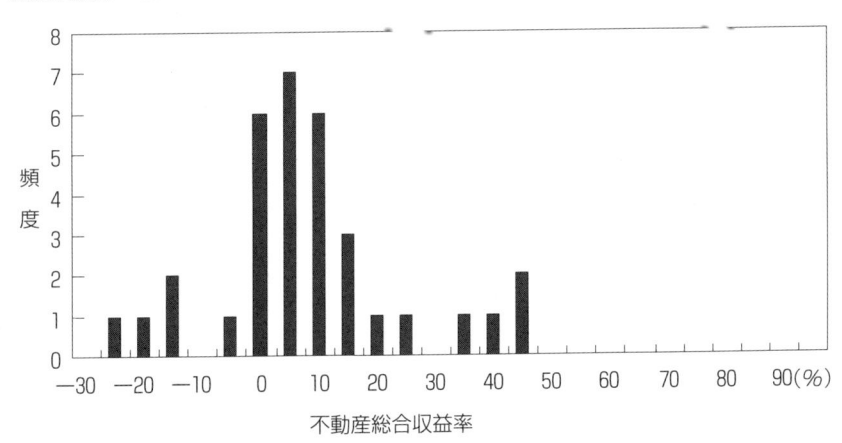

ないが、ヒストリカルな分析上では、収益性が下落する時、このような特徴を持つ場合がある。収益率のジャンプを証明するためにはもっと多くのデータを他の投資収益と比較する必要があるが、経験則から見てこのような特徴は受け入れ難いものではない。収益率がダウンサイドに偏る、あるいはジャンプが生じるという経済局面があるという仮説を持つ必要がある。

2 東京・大阪・名古屋の賃貸マンション市場における賃料特性の調査
(1) 調査分析の背景とその目的

　日本の各都市に存在する住居系の賃貸マンション市場は、従来の考え方では、それぞれの地域に独立した市場として存在し、各市場の特性は互いに影響し合うことなく、市場の持つ歴史・投資環境等の地域固有のファンダメンタルズによってその特性が形成されていると考えられてきた。

　それにはまず、賃借人の立場から、単純に東京のマンションの賃料と大阪のマンションの賃料とを比較して、安い方の賃貸マンションを選択するといった市場の代替性がないことから、このように判断されてきた。あくまで「東京に住む」という目的があってはじめて東京の市場で賃貸マンションを選択するのであって、各都市の賃貸マンション市場間には代替性がほとんどないためであった。

　一方、賃貸マンションに投資する投資家サイドの問題を見ても、遊休地の利用、相続対策、節税対策等の目的の範囲においても、東京、大阪、名古屋その他の市場を戦略的に選択する投資は少なく限られていた。しかし、資産ポートフォリオの中でオルタナティブな投資に対する関心が高まる中で、専門的なアセットマネージャーだけでなく個人レベルの小ロットの投資家においても、より高い利回りを求めて、さまざまな市場を比較した上で投資をしたいというニーズが出始めている。

　伝統的なポートフォリオ理論の考え方によると、地域分散投資にはリスク低減効果があるはずである。このようなリスク低減効果を求める上では、投資家は都市間の市場の特性を把握するニーズが本来あるはずである。

　しかし従来、特に賃貸マンション投資においては、日本全国に地域分散する不動産投資戦略は採られてこなかった。確かにリスク分散の考え方からは、地域に分散させるポートフォリオの考え方は理論的であるが、現実には日本の地域に分散することによって実現するリスクの低減は、あまり効果が期待

できない。

　シンクタンク各社から公表されている不動産総合収益率を東京、大阪、名古屋、仙台、札幌、福岡等でポートフォリオを組み、何らかの収益率を設定し、その条件下でリスクを最小にする組み合わせをエクセル等を使って試算すると、主要都市間の東京と大阪又は名古屋ではなく、東京と地方都市との組み合わせになる(2)。

　日本の特徴でもある、東京、大阪、名古屋、地方都市の順番で時系列の相関性が強い現状では、相関性の低い（もしくは逆）都市を探して組み合わせようとするポートフォリオ理論の考えにおいて、相関性が低く対極に位置する東京圏と地方都市の組み合わせになるのは当然である。しかし現実に、最近多く組成されている不動産ファンドに取り組まれる不動産の地域は、東京圏が中心となってはいるものの、大阪圏、名古屋圏等の大都市圏への分散にも広がっている。

　この点をファンドマネージャーにヒヤリングすると、日本では分散によるメリットより、デメリットの方が大きい。しかしその一方で、利回りが良く上質のマネジメントがなされている物件を求めれば、東京だけでなく、大阪・名古屋市場に存在する魅力ある物件を見過ごすことはできないとの見解がある。地方で規模のメリットを享受できる資産、上質なマネジメントを取得できるチャンスは少ない。

　従来と異なり、不動産ファンド等の出現による新しい投資スタイルを求める戦略によって、東京圏を中心に、ある程度上質なマネジメントと規模のメリットがある資産が存在する大阪圏、名古屋圏等限られた市場に投資が分散される傾向にある。そしてこれら一部の都市間には、市場間に裁定機会が存在する実証研究もすでに登場している(3)。

---

(2)川津昌作『不動産投資戦略』清文社（2004）　P102〜104
(3)不動産投資市場研究会（委員長：早稲田大学大学院　川口有一郎教授）研究報告「不動産投資市場における裁定機会とリスク特性に関する実証分析」

補論　不動産投資における収益の特徴

　このような不動産投資市場の新しい潮流の特徴は、市場間の裁定機会に対する投資行為にしても、ファンドの地域分散にしても、本来の分散によるリスクの低減が目的ではなく、より高いパフォーマンス（絶対的収益）の実現を求めた行動の結果であるという点にある。より高いパフォーマンスが求められる背景には、日本の不動産投資市場に市場原理の仕組みが急速に浸透してきたことにもよる。

　日本の投資不動産市場に市場原理を導入するきっかけとなったのが、不動産の証券化（セキュリタイゼーション：Securitization）の一番の功績ともいえよう。Kerry D. Vandell 氏は自身の論文(4)の中で、証券化の本質的な意味合いについて、商業不動産市場における"public"を作るのではなく、市場でのさまざまなファンダメンタルズによる倒産リスクを反映してプライシングすることが、公的性を示すのであるとしている。セキュリタイゼーションの重要性は、公開そのものではなく、市場での公開にふさわしいプライシングのあり方にあるというわけだ。

　このように言われた理由からも、今ファンドを組成するアセットマネージャーからの東京以外の市場の特性データに関するニーズが高いのも、当然のことといえよう。このようなニーズに応えるためにも、市場のプライシングがどのような属性によって影響を受けているかを調査し,比較分析することは、新しい投資スタイルにとって重要な情報となる。

　以下では、東京、大阪、名古屋の3市場において、どのような属性に影響を受けて賃料がプライシングされているかを調査分析した。

---

(4) Kerry D. Vandell「STRATEGIC MANAGEMENT OF THE APARTMENT BUSINESS IN A 'BIG REIT' WORLD」(1998) University of Wisconsin Center for Urban Land Economic Research in its series Wisconsin-Madison CULER working papers.

(2) サンプルデータに関する補足事項

　東京23区、大阪24区市内、名古屋16区市内の賃貸マンションをサンプル対象として、インターネット、民間の賃貸マンション情報誌[5]から抽出したサンプルを採用。サンプル総数7,265[6]（東京3,230サンプル、大阪1,888サンプル、名古屋2,147サンプル（調査時点2005年1月中））。実質賃料を非説明変数として、m^2数、築後経年数、主要駅からの徒歩分数、グレード、建物の階建数を説明変数としてヘドニック法にて分析。

■ 図表⑬　データ全体の記述統計量

	度　数	最小値	最大値	平均値
実質賃料	7,265	21,333	592,064	83,569.6
m^2数	7,265	9	217	33.8
築年数	7,265	1	50	14.1
徒歩分数	7,265	1	30	6.9
階数	7,265	1	54	5.9
グレード	7,265	0	20	7.0

[5]インターネット：アットホーム。雑誌：リクルート社、ミニミニ、ニッショー、アットホーム、アパマンショップ、賃貸住宅ニュース社
[6]サンプルデータ（Y軸：サンプル数、X軸：実質賃料）

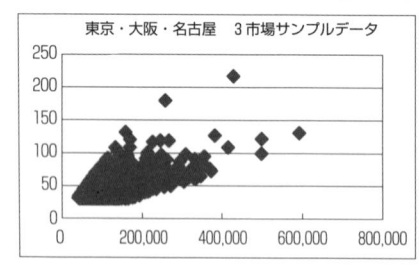

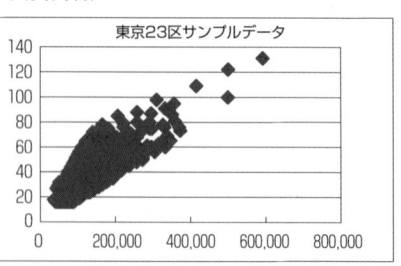

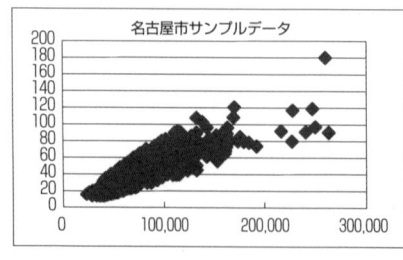

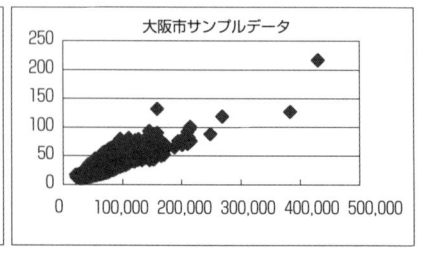

実質賃料Rの定義：

$R = MR + A/m + SD \times i/12$

　　R：実質賃料　　MR：名目月額賃料　　m：想定回転月数[7]　　i：想定市場金利2％

　　A：礼金償却金等の一時金　　SD：敷金、保証金

ヘドニック法によるモデル式：

　実質賃料＝定数項＋a×m²数＋b×築後経年数＋c×徒歩分数＋d×階建数＋e×グレード f×大阪ダミー＋g×名古屋ダミー＋h×（大阪ダミー×m²数）＋i×（大阪ダミー×築後経年数）＋j×（大阪ダミー×徒歩分数）＋k×（大阪ダミー×階建数）＋l×（大阪ダミー×グレード）＋m×（名古屋ダミー×m²数）＋n×（名古屋ダミー×築後経年数）＋o×（名古屋ダミー×徒歩分数）＋p×（名古屋ダミー×階建数）＋q×（名古屋ダミー×グレード）＋誤差項 ε

m²数：専有面積

築後経年数：新築を1年とした築後の経年数（築年数）

徒歩分数：徒歩分数は地下鉄、鉄道の主要駅からの徒歩分数

階建数：物件建物の地上階数

グレード：物件のハード面の設備[8]あるいはコンビニが近くにある等の利便性の特徴等を0－20等級に簡易区別

(3) 推定結果及び分析

　東京、大阪、名古屋の市場を都心区と周辺区とに分けて、市場にオファーされている実質賃料を非説明変数とし、属性（m²数、築後経年数、徒歩分数、階建数、グレード）を説明変数として回帰分析を行った（図表⑭）。調

---

[7] **回転数の目安**：部屋の間取りにより、各市場の仲介業者にヒヤリング調査を行い、1賃借人当たりの基準回転月数を設定（1R・1K30ヶ月＋α、2LK45ヶ月＋α、3LK60ヶ月＋α）

[8] 給湯、シャワー、エアコン、EV、オートロック、CATV、フローリング、TVホン、シャンドレ、追焚、インターネット、カードキー、浴室乾燥、B/T、SK、CS、ペット、有線、室内洗、宅配B、管理人、ウォシュレット、光ケーブル、食器洗浄器、TV等

■図表⑭　東阪名ダミー回帰分析　　　　　　　　　　　　（使用ソフト：SPSS）

	係数B	係数β	t-State	有意確率
（定数）	25,539.1		14.4	0.00
㎡数	2,205.6	0.937	92.9	0.00
築年数	－434.6	－0.108	－11.1	0.00
徒歩分数	－726.3	－0.074	－9.3	0.00
階数	1,764.1	0.158	16.6	0.00
グレード	1,323.2	0.108	8.4	0.00
大阪ダミー	－10,570.0	－0.120	－4.0	0.00
名古屋ダミー	－4,967.9	－0.059	－2.0	0.05
大阪ダミー＊㎡	－727.6	－0.324	－20.8	0.00
大阪ダミー＊築年数	－130.7	－0.025	－2.0	0.05
大阪ダミー＊徒歩	361.5	0.029	2.5	0.01
大阪ダミー＊階数	－764.1	－0.074	－4.5	0.00
大阪ダミー＊グレード	316.7	0.023	1.3	0.20
名古屋ダミー＊㎡	－957.1	－0.496	－29.5	0.00
名古屋ダミー＊築年数	－111.9	－0.023	－1.8	0.07
名古屋ダミー＊徒歩	278.6	0.026	2.1	0.04
名古屋ダミー＊階数	－737.6	－0.060	－4.1	0.00
名古屋ダミー＊グレード	－623.2	－0.057	－3.0	0.00

整済R2：78.1％。大阪ダミー＊グレード、名古屋ダミー＊築年数において若干有意差が認められないものの、概ね差があるものとして推定結果を用いる。プライシングにおける属性の影響度を検討する指標として、推定結果の通常の回帰係数ではなく、標準偏差によって各データを標準化した推定結果である係数βを使用した。係数の大きさが、プライシングに対するそれぞれの属性の影響度の大きさを示す。プラスの係数はその属性が正の影響度を持ち、マイナスの係数はその属性が逆の影響度を持つことを意味する。

　通常、築後経年数が増えるほど、賃料は安くなるはずである。同じように主要駅からの徒歩距離が多くなれば、賃料が安くなるはずである。これらはいずれもマイナスの係数となる。

　推定結果の図表⑮におけるアミかけ部分の数字は、いずれも有意確率５％

補論　不動産投資における収益の特徴

■ 図表⑮　東京・大阪・名古屋　3市場の標準化係数のウエイト比較

(使用ソフト：SPSS)

	T東京23区	T都心区	T周辺区	O大阪市	O都心区	O周辺区	N名古屋市	N都心区	N周辺区
m²数	0.74	0.88	0.75	0.81	0.88	0.85	0.84	0.85	0.88
築年数	−0.10	−0.13	−0.10	−0.17	−0.23	−0.24	−0.18	−0.26	−0.14
徒歩分数	−0.07	0.01	−0.07	−0.04	0.00	−0.04	−0.06	−0.05	−0.04
グレード	0.14	0.06	0.09	0.11	0.03	0.14	0.12	0.02	0.06
階数	0.09	0.02	0.14	0.15	0.06	0.02	0.09	0.04	0.09
調整済R2	0.70	0.86	0.73	0.83	0.86	0.84	0.80	0.83	0.82

都心：（東京都心区：港区、新宿区、渋谷区、品川区、千代田区、中央。大阪都心区：西区、北区、中央区、天王寺区。名古屋都心区：中区、東区、千種区）
周辺区：都心区以外の区

■ 図表⑯　3市場の係数ウエイト比較

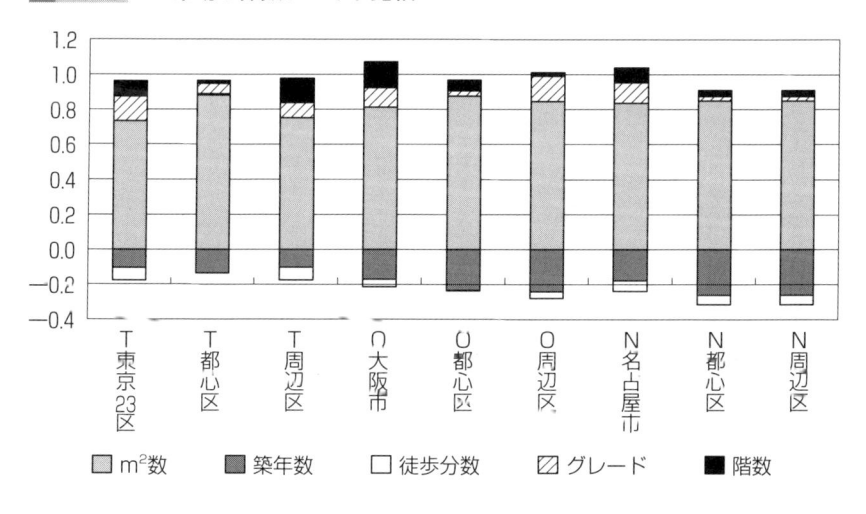

以上である。図表⑯では、それぞれの影響度のマイナス係数、プラス係数が分かるように棒グラフで表した。縦軸の0値以下がマイナス係数のウエイトである。全エリアを通じてm²数つまり面積が賃料決定に対して非常に大きな影響力を持っていることが分かる。反対に主要駅からの徒歩分数が他の属性の影響度より比較的小さいことが分かる。

また、各市場の違いを見ると、東京全体では、築年数が賃料に影響を与え

る割合は大阪、名古屋に比べて少ない。さらに名古屋は大阪よりこの属性が強く、賃料に与える影響が高いことが分かる。東京、大阪の都心区においては、徒歩分数が明らかに有意差をとれない。主要駅からの徒歩分数が賃料プライシングに与える影響は非常に曖昧であることがいえる。

これら都心区では、隣接する駅の徒歩圏がすぐにオーバーラップしてしまう状況にあり、不動産立地の要素が複雑に入り組み、賃料のプライシングに明確な影響を与えなくなっている状況が考えられる。

図表⑰で各市場の属性の相関マトリクスを見ても、どの市場の徒歩分数も、他のどの属性とも相関性が低く、「駅からの立地」という概念が、東京、大阪のような大都市では非常に曖昧になっている。相関性が低い中でも多少逆

■ 図表⑰　各市場における属性の相関係数

東　京	実質賃料	㎡数	築年数	徒歩分数	階　数	グレード
実質賃料	1.00					
㎡数	0.79	1.00				
築年数	-0.23	-0.05	1.00			
徒歩分数	-0.09	0.04	0.06	1.00		
階数	0.38	0.22	-0.23	-0.21	1.00	
グレード	0.42	0.27	-0.61	-1.10	0.42	1.00
大　阪	実質賃料	㎡数	築年数	徒歩分数	階　数	グレード
実質賃料	1.00					
㎡数	0.84	1.00				
築年数	-0.24	0.04	1.00			
徒歩分数	-0.05	0.06	0.05	1.00		
階数	0.36	0.18	-0.22	-0.21	1.00	
グレード	0.39	0.14	-0.49	-0.17	0.37	1.00
名古屋	実質賃料	㎡数	築年数	徒歩分数	階　数	グレード
実質賃料	1.00					
㎡数	0.85	1.00				
築年数	-0.22	0.01	1.00			
徒歩分数	-0.02	0.09	-0.01	1.00		
階数	0.31	0.15	-0.13	-0.22	1.00	
グレード	0.21	0.01	-0.38	-0.13	0.38	1.00

相関性があるのが、物件の階建数である。駅から離れるに従って、階建数が若干減る傾向が見られることを意味している。

この図表⑰より、東京では築年数とグレードとの間に明確な逆相関性（－0.61）が見られる。この逆相関は東京から大阪（－0.49）、名古屋（－0.38）へ行くにつれて弱くなることも分かる。東京では徒歩分数、築年数が賃料のプライシングにそれほど影響しない分、付帯価値あるいは設備等によるグレード差別化戦略を新築の段階で取り入れプライシングに反映させていると考えられる。

そして、これらの差別化となるグレードは、築年数に対して逆相関となっていることから、築年数が経年劣化して直接賃料に影響を与えるのではなく、築年数を重ねることによってグレードの評価価値劣化という形を経て賃料に影響を与えていると考えられる。

グレードと築年数との間の逆相関が明確であるということは、築年数の経過したものに対して、再投資によりグレードをアップする、いわゆるバリューアップ戦略が市場では確認できない状況にあるといえよう。この逆相関現象は大阪から名古屋へ行くに従って弱くなることが分かる。

次ページ図表⑱ではさらに詳しく、市場を都心区と周辺区とに分けて、賃貸マンションのm²数の規模別による比較を行った。

図表⑱から分かるように、賃料プライシングに一番大きな影響度を持っていたm²数を規模別に分けると、3市場の他の属性の影響度がより特徴的となっていることが分かる。東京全体では、グレード、階建数が、プライシングに対する影響度が非常に大きなウエイトを示している。特に東京の市中の不動産業者が取り扱う賃貸マンションの主力クラスである49m²まででは、グレードが非常に大きな影響度を持っていることが分かる。東京の都心区においては、徒歩分数、階建数等の属性が有意確率で信頼できる水準を確保できない状況にある。これらの属性の概念が、市場の中で明確なポジションを持っていないといえよう。

■ **図表⑱** 東京・大阪・名古屋　3市場の規模（m²数）別属性の影響度

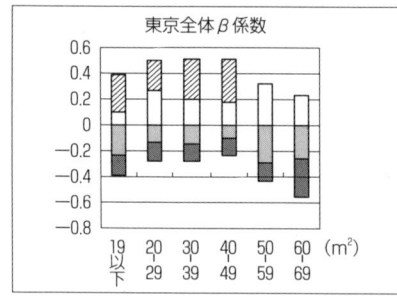

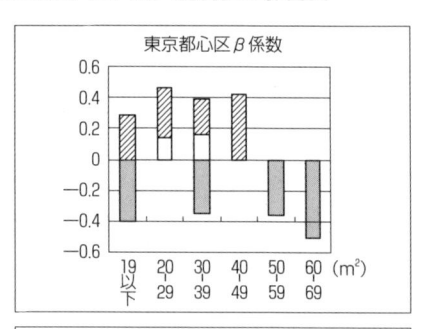

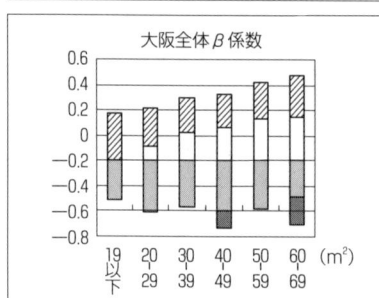

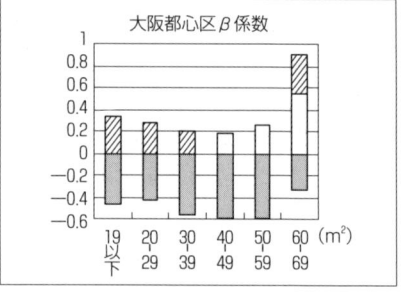

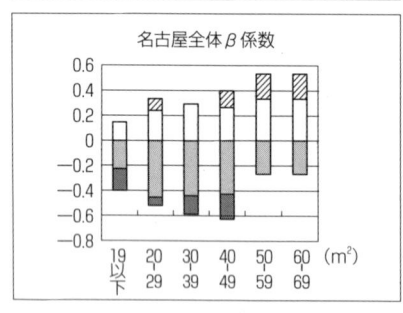

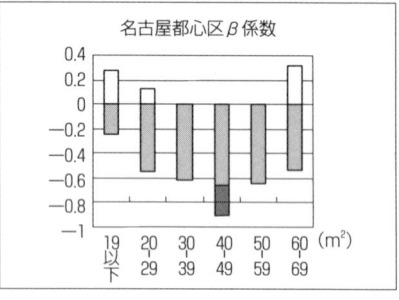

■ グレード　□ 階建数　■ 徒歩分数　■ 築年数

　大阪と名古屋は、β係数のグラフの分布形状が似ている。階建数について、両市場ともm²規模が大きくなるに従って、つまりファミリータイプになるに従って、その影響度が高くなっている。大阪の方が名古屋よりグレードの影響度が高いことも観察できる。特に名古屋の都心区ではグレードの影響度が見られず、もっぱら築年数による影響度が大きいことが分かる。

264

図表⑱からは、グレードのようなプロパティマネジメントによる戦略的な属性は、東京、大阪の影響度が高く、名古屋は低い。反対に築年数のような属性は東京から大阪、名古屋へ行くに従って比較的影響度は大きいといえよう。

　グレードは、設備その他使い勝手の便利性、近接するコンビニエンスストア等の有効施設等の付加価値を意味する。オートロック等の占有設備だけでなく、建物施設内にコインランドリーを設ける、コンビニを1階に誘致する等、戦略的な付加価値を意味する。

　市場規模から判断するに、大阪・名古屋より東京の方が当然プロパティマネジメントの業者が多く存在するはずである。このような付加価値が評価される市場であるからプロパティマネジメントが育つのか、あるいはプロパティマネジメントが多いから付加価値が高く評価されるのか、どちらも考えられるが、グレードの差の価値を見出し、プライシングに大きな影響力を持っているということは、その価値の多様性を評価できるという点について、市場の市場原理が進んでいるともいえよう。

(4) 調査の分析総括と今後の課題

　今回、賃料のプライシングにおける各属性の影響度を分析した結果、3市場は全般的に、主要駅からの徒歩分数が賃料に与える影響度は小さいことが明らかとなった。特に都心においては、徒歩分数等の不動産立地の概念が不明確になっていることが観察できた。

　徒歩分数、築年数等の影響が少ない市場では、逆にグレード等の付加価値の影響力が大きい。特にそれは市場競争の激しい、ある意味で市場の進化していく東京都心の市場において、より明確にこの傾向が見られることが分かった。

　市場の成長過程において、競争が非常に激しく進化した市場では、不動産ビジネスのアンバンドリングが生じるものと考える。東京ではプロパティマ

ネジメント、リーシング、コンバージョン等のビジネス業態が、大阪、名古屋等他の市場より成長していることが背景となっていると考えられる。

プライシングは、競争戦略の最も重要な要素である。東京市場においてはプライシングが激しい市場競争にさらされ、築年数、徒歩分数とは別に競争差別化するグレード等に大きく影響力を持っている。ビジネス戦略として、逆にグレードの差別価値にまだ市場が反応していない大阪、名古屋等の市場にプロパティマネジメント技術を集中的に投入することによって、差別化された付加価値を提供して、新たな競争優位的なポジションを獲得し、高いパフォーマンスを得る可能性があると考えられる。

今回の調査による属性の影響度が、本当に賃貸人のニーズに基づいて影響しているのか。流通市場における仲介業者のプライシングに対する戦略の問題によって、このような結果になっているのかは明言できない。最近、市場の成長に合わせて、さまざまな業態の仲介業者が市場に登場している。零細不動産業者を業務提携によってチェーン店化する企業、あるいは1つの仲介専門の企業が急成長した形態等がある。主要駅前に従来からあった駅前不動産がほとんど姿を消して、これらの広域仲介業者にとって代わられているエリアが、どの市場にも急増している。

プライシングは仲介業者にとって販売戦略の大きな要素でもあり、流通市場の寡占度が属性にどのような影響を与えるかについても、今後分析する必要がある。同様に、不動産投資市場におけるファンドの存在の今後の動向次第では、ファンドが要求する何らかのデファクトスタンダードのようなものが各市場に登場するかもしれない。

今後、市場における新しい投資形態としてのビークルの動向と、市場におけるリーシング、プロパティマネジメント業者のマーケティング動向の影響に関する分析を行う必要がある。

【参考文献】

- 大垣尚司『ストラクチャード・ファイナンス入門』日本経済新聞社（1997）
- 川波洋一・上川孝夫『現代金融論』有斐閣ブックス（2004）
- 井上民二・和田英太郎編『生物多様性とその保全（岩波講座・地球環境学〈5〉）』岩波書店（1998）
- 衣川 恵『日本のバブル』日本経済評論社（2002）
- 日下部聡・石井芳明監修、経済産業省産業組織課編『日本版LLC』金融財政事情研究会（2004）
- 掛谷建郎『米銀の崩壊と再生―金融自由化の誤算』日本経済新聞社（1993）
- ジュージ・ソロス『ソロスの錬金術』総合法令出版（1996）
- 今野 浩『金融工学の挑戦（中公新書）』中央公論新社（2000）
- 木島正明『金融工学（日経文庫）』日本経済評論社（2002）
- ロバート・C・ヒギンズ『ファイナンシャル・マネジメント』ダイヤモンド社（2002）
- 「年金情報」編集部『企業年金の真実』日本経済新聞社（2003）
- ジェームズ・オーウェン著、遠坂淳一訳『ヘッジファンド投資入門』ダイヤモンド社（2002）
- 萩尾博信・田中周二編、ニッセイ基礎研究所著『アセット・マネジメント・ビジネス近未来』きんざい（1999）
- ニコラス・ダンバー著、寺沢芳男監訳『LTCM伝説』東洋経済新報社（2001）
- 渡辺 茂『ROE（株主資本利益率）革命』東洋経済新報社（1994）
- D・A・アーカー、陶山計介他訳『ブランド・エクイティ戦略』ダイヤモンド社（1999）
- 拙著『不動産投資マネージメントの戦略』晃洋書房（2000）
- アーサー・M・ミッチェル、村井睦男『対米不動産投資の実際』日本経済新聞社（1989）
- ジム・パウエル著、高橋克彦訳『アメリカ不動産王国の素顔』有斐閣（1990）
- 片桐 謙『アメリカのモーゲージ金融』日本経済評論社（1995）

- マートン・ミラー著、斎藤治彦訳『デリバティブとは何か』東洋経済新報社（2001）
- 拙著『不動産投資の成長メカニズム』清文社（2002）
- 拙著『不動産投資戦略』清文社（2004）
- 川口有一郎『不動産金融工学』清文社（2001）
- J・C・ボーグル著、井手正介監訳『インデックス・ファンドの時代』東洋経済新報社（2000）
- ピーター・バーンスタイン著・青山　護訳『リスク』日本経済新聞社（1998）
- ジム・ロジャーズ著、林康史他訳『商品の時代』日本経済新聞社（2005）
- G.P.ベーカー他著、岩村　充監訳『レバレッジド・バイアウト』東洋経済新報社（2000）
- 八田達男・唐渡広志「都心における容積率緩和の労働生産性上昇効果」『住宅土地経済』No.41（2001）
- マイケル・ルイス著、中山　宥訳『マネー・ボール』ランダムハウス講談社（2004）
- 笹原顕雄「不動産証券化の実態調査について」『土地総合研究』2005年夏号
- Margaret E. Slade "THE LEVERAGE THEORY OF TYING REVISITED" (1997)
- René Garcia, Richard Luger, Éric Renault "Asymmetric Smiles, Leverage Effects and Structural Parameters" (2001)
- Michael Hudson, Kris Feder "Real Estate and the Capital Gains Debate" (1997)
- Gregory H. Chun, Brian A. Ciochetti, James D. Shilling "Pension Plan Real Estate Investment in an Asset/Liability Framework" (1999)
- Gregory H. Chun, J. Sa-Aadu, James D. Shilling "Dividend Yields and Expected Property Stock Returns" (1999)
- Jim Clayton, David Geltner, Stanley W. Hamilton "Smoothing in Commercial Property Valuations: Evidence from Individual Appraisals" (2000)
- Hoo Cho, Yuichiro Kawaguchi, James D. Shilling "Unsmoothing Commercial Property Returns : A Revision to Fisher-Geltner-Webb's Unsmoothing Method-

ology" (2001)
- David Geltner, William Goetzmann "Two Decades of Commercial Property Returns: A NCREIF Index Using Independent Appraisals" (1998)
- Raimond Maurer, Frank Reiner, Steffen Sebastian "Financial Characteristics of International Real Estate Returns: Evidence from UK, US, and Germany" (2003)
- Upinder S. Dhillon, J. Sa-Aadu, James D. Shilling "A Re-examination of REIT Security Offerings" (1998)
- Kerry D. Vandell 「STRATEGIC MANAGEMENT OF THE APARTMENT BUSINESS IN A 'BIG REIT' WORLD」(1998)

索 引

【A - Z】

401k　70
BIS規制　188
CAPM　39
DSCR　102
HLI　63
IRR　125
J-REIT　79
LLC（合同会社）　204
LLP（有限責任事業組合）　204
LTCM　10
LTV　6
MBO　63
MM理論　19, 44
NPV　125
REIT　31
ROA　7
ROE　7
RTC　30
SPC　5
TMK　116
UPREIT　175

【あ】

アービトラージ（裁定取引）　168
アカウンタビリティー　57
アクティブ投資　37
アセットマネジメント　93
アンシステマティックリスク　134
ウォーレン・バフェット　53
失われた10年　195
エージェンシーコスト　19, 97, 199
エマージング市場　32
エンロンのような不正会計処理　55
オーバーヘッジ　90
オルタナティブ投資　32

【か】

確定給付金制度　70
確定拠出年金　72
瑕疵担保　23
加重平均資本コストの最小化　19
株式会社　190
間接金融　24

期待収益率　*128*

金融クライシス　*194*

金利　*81*

金利キャップ　*90*

金利スワップ　*90*

ケインズ経済学　*154*

限界投資効率　*126*

公的再生　*27*

公的資金　*31*

合同会社（LLC）　*204*

行動ファイナンス　*53*

効率性　*77, 128*

護送船団方式　*26*

混合経済　*30*

【さ】

サービシング　*121*

最小二乗法　*47*

サミュエル・ゼル　*233*

産業再生機構　*161*

資金調達コスト　*126*

自己回帰性が強い　*42*

自己資本比率　*6*

自己相関性　*77*

市場型間接金融　*50*

市場の失敗　*199*

システマティックリスク　*92, 134*

資本コスト　*136, 140*

資本政策　*19*

資本の限界投資効率逓減の法則　*126*

ジャパンアズナンバーワン　*138*

収益　*3*

ジョージ・ソロス　*53*

信託受益証券　*115*

ストラクチャードファイナンス　*98*

正規分布　*47*

成長　*194*

セキュリタイゼーション（証券化）　*32, 33*

善管注意義務　*175*

総量規制　*138*

ソーシング　*80*

【た】

待機資金　*21, 22*

代行返上　*73*

ダイナミックな投資資産評価　*214*

タイムラグ　*142, 143*

ダヴィンチ・アドバイザーズ　*116*

多様性　*59*

地方銀行の資金運用　*110*

忠実義務　*174*

賃貸借株　*66*

ディストレスアセットマネジメント　27
出口戦略　4, 160
デットサービスカバレッジレシオ　102
デフレスパイラル　138
デュポン方式　180
導管性　208
特定目的会社（SPC）　5

【な】

内部収益率（IRR）　125
内部留保　190
ニュートラルなポジション　64
年金市場　66
農業バブル　153
ノーベル経済学賞　46

【は】

パートナーシップ　175
バイアウト　33
ハイレバレッジ　112
ハイレバレッジ・インスティテューション（HLI）　63
ハイレバレッジの体質が解消　196
ハゲタカファンド　22

パッシブ投資　39
バブル経済　148
バリューアップ　23, 168
バルクセール　23
ファンドマネー　22
ファンドマネージャー　206
ブラック＝ショールズモデル　43
ブランドプロパティマネジメント　87
不良債権　28
プロパティマネジメント　84
分別管理義務　174
ペイアウトレシオ　185
平均的な市場ポートフォリオ　40
ヘッジファンド　32, 61
ポートフォリオセレクション　37
ホットなリスクマネー　51

【ま】

マネーサプライ　24
マネジメント・バイアウト（MBO）　63
ミューチュアルファンド　41
モダンポートフォリオ理論　37
モラルハザード　90

索　引

【や】

有限責任事業組合（LLP）　204
予備的動機　69

【ら】

リーシング　80
利益誘導　90
リスク　4
リスク資産の期待収益率　40
リスクプレミアム　130
リスクヘッジ　89
リスクマネー　22
リゾート法　143
リップルウッド・ホールディングス　23
リミテッドパートナーシップ（LP）　31
流動性の罠　146
レーガノミクス　30, 35
レバレッジ　3
錬金術　65
レンダー　97

著者紹介

川津　昌作（かわつ　しょうさく）

- 1958年　生まれ
- 1981年　滋賀大学経済学部卒業
- 同年　　松下電器産業株式会社入社
- 1985年　川津ビル株式会社　代表取締役
- 同年　　川津商事株式会社　代表取締役
- 現　在　自ら不動産資産を運用しながら、不動産コンサルタントとして不動産の売買、仲介にも従事している。
  博士（経営学）名古屋学院大学大学院
  インターネットWEBサイト
  『不動産何でも相談室』主宰
  http://www.kawatu.co.jp/nagoya/

- 著　書　『不動産投資マネージメントの戦略』（2000）晃洋書房
  『不動産投資の成長メカニズム』（2002）清文社
  上記書籍は2004年、ハングル語に翻訳され韓国で発刊された。
  『不動産投資戦略』（2004）清文社

ニュープレーヤーによるニューゲーム
ハイレバレッジ不動産投資（ふどうさんとうし）

2006年4月5日　発行

著　者　川津昌作（かわつしょうさく）
発行者　小泉定裕
発行所　株式会社　清文社

　　　　URL：http://www.skattsei.co.jp
　　　　大阪市北区天神橋2丁目北2-6（大和南森町ビル）
　　　　〒530-0041　電話06（6135）4050　FAX06（6135）4059
　　　　東京都千代田区神田司町2-8-4（吹田屋ビル）
　　　　〒101-0048　電話03（5289）9931　FAX03（5289）9917
　　　　広島市中区銀山町2-4（高東ビル）
　　　　〒730-0022　電話082（243）5233　FAX082（243）5293

印刷・製本　亜細亜印刷

©2006　Shosaku Kawatsu　　　　　　　　　　　　　ISBN 4-433-27805-X（O）

著作権法により無断複写複製は禁止されています。
落丁本、乱丁本はお取り替えいたします。